Bauwelt Fundamente 143

Herausgegeben von
Ulrich Conrads und Peter Neitzke

Beirat:
Gerd Albers
Hildegard Barz-Malfatti
Elisabeth Blum
Eduard Führ
Werner Sewing
Thomas Sieverts
Jörn Walter

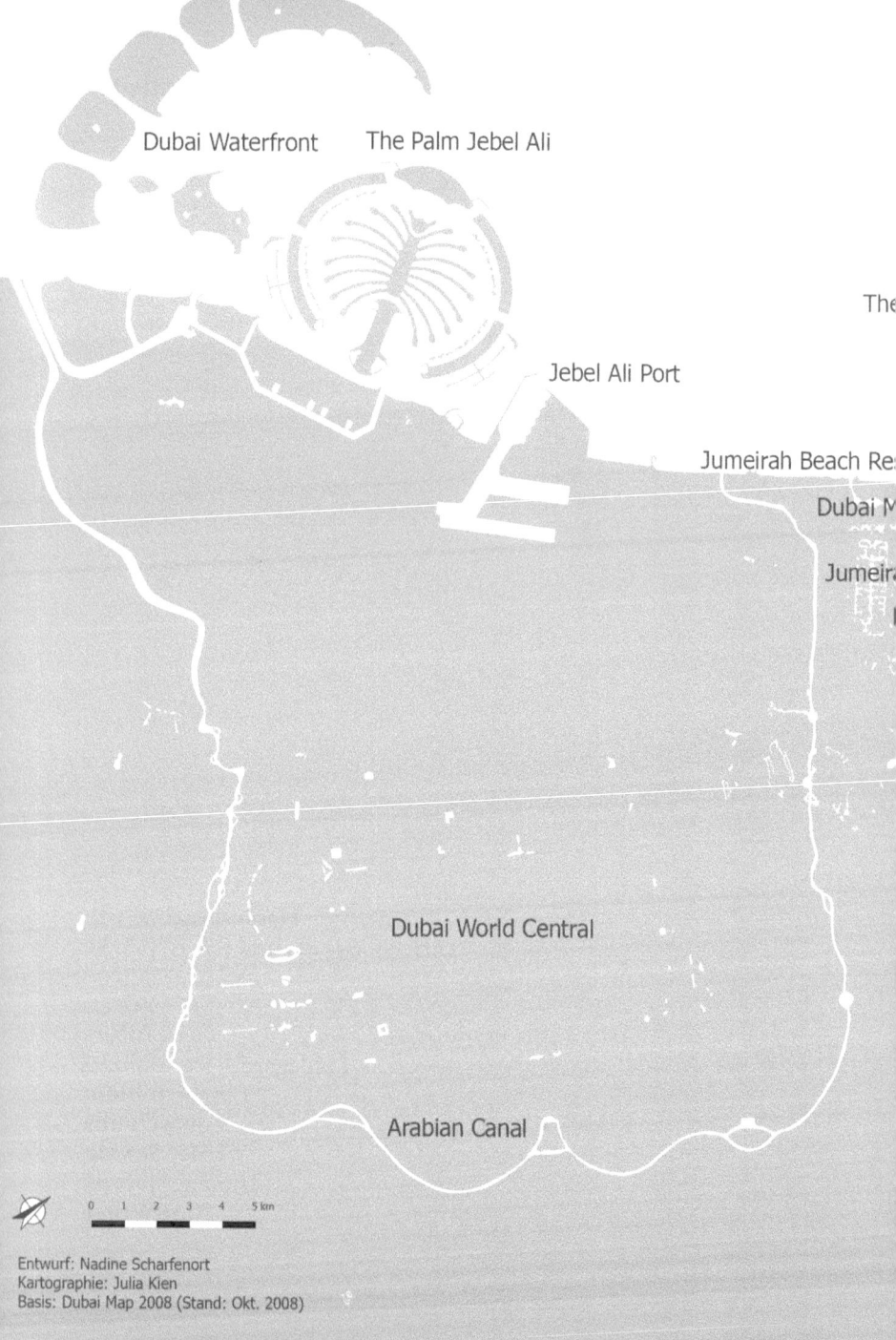

Elisabeth Blum
Peter Neitzke
(Hg.)

Dubai

Stadt aus dem Nichts

Bauverlag
Gütersloh · Berlin

Birkhäuser
Basel · Boston · Berlin

Umschlagvorderseite: Plakatwand auf dem Flughafen von Dubai. Foto: © Elisabeth Blum
Umschlagrückseite: Landgewinnung durch Sandaufspülung. Quelle: Nakheel, 2007

Fotos auf den Seiten 5, 17, 30, 42, 54, 73, 82, 83, 113, 120/121, 129, 166, 181, 187, 203, 204, 211 und 216 © Elisabeth Blum. Diagramme auf den Seiten 86 und 96, Foto auf Seite 167 © Heiko Schmid. Karten auf den unpaginierten Seiten 2 und 3 sowie auf den Seiten 32/33 und 46 © Nadine Scharfenort. Fotos auf den Seiten 130, 132, 135 und 140 © Kevin Mitchell. Die Abbildungen auf den Seiten 14 und 222/223 sind der Broschüre „Marina Residences – The Palm" des Projektentwicklers Nakheel entnommen. Rainer Hermanns Text auf den Seiten 205 bis 210 © Alle Rechte vorbehalten. Frankfurter Allgemeine Zeitung GmbH, Frankfurt. Zur Verfügung gestellt vom Frankfurter Allgemeine Archiv. Die Zitate auf den Seiten 171, 172, 228 und 229 stammen aus Al Manakh, hg. von Ole Bouman, Mitra Khoubrou und Rem Koolhaas, Stichting Archis, Niederlande, 2007.

Autoren, Herausgeber und Verlag übernehmen keine Verantwortung für nach Redaktionsschluß geänderte oder ungültige Internetadressen.

Bibliographische Information der Deutschen Bibliothek
Die Deutsche Bibliothek verzeichnet diese Publikation in der Deutschen Nationalbibliographie; detaillierte bibliographische Daten sind im Internet über http://dnb.d-nb.de abrufbar.

Dieses Werk ist urheberrechtlich geschützt. Die dadurch begründeten Rechte, insbesondere die der Übersetzung, des Nachdrucks, des Vortrags, der Entnahme von Abbildungen und Tabellen, der Funksendung, der Mikroverfilmung oder der Vervielfältigung auf anderen Wegen und der Speicherung in Datenverarbeitungsanlagen, bleiben, auch bei nur auszugsweiser Verwertung, vorbehalten. Eine Vervielfältigung dieses Werkes oder von Teilen dieses Werkes ist auch im Einzelfall nur in den Grenzen der gesetzlichen Bestimmungen des Urheberrechtsgesetzes in der jeweils geltenden Fassung zulässig. Sie ist grundsätzlich vergütungspflichtig. Zuwiderhandlungen unterliegen den Strafbestimmungen des Urheberrechts.

Der Vertrieb über den Buchhandel erfolgt ausschließlich über den Birkhäuser Verlag.

© 2009 Birkhäuser Verlag AG, Basel · Boston · Berlin, Postfach 133, CH-4010 Basel, Schweiz
und
Bauverlag BV GmbH, Gütersloh, Berlin

bau | | verlag

Eine Kooperation im Rahmen der Fachverlagsgruppe Springer Science+Business Media

Gedruckt auf säurefreiem Papier, hergestellt aus chlorfrei gebleichtem Zellstoff. TCF ∞

Printed in Germany
ISBN: 978-3-7643-9952-8

9 8 7 6 5 4 3 2 1   www.birkhauser.ch

Inhalt

Zur Einführung: Dubai, ein Zwischenbericht 8

Auf Sand gebaut?

Keller Easterling
Stadtstaatskunst 18

Nadine Scharfenort
Auf Sand gebaut. Urbane Rivalität und Gigantomanie
auf der Arabischen Halbinsel 31

Geschichte, Verfassung

Heiko Schmid
Dubai: der schnelle Aufstieg zur Wirtschaftsmetropole 56

Naseef Naeem
Die Gesetzgebungsarbeit Dubais und die Verfassung
der Vereinigten Arabischen Emirate:
Grauzonen der Kompetenzverteilung 74

‚Dubai Corporation'

Heiko Schmid
Herrscherfamilie und Unternehmer in Dubai 84

Heiko Schmid
‚Dubai Corporation' – Herrscher oder Unternehmer? 94

Heiko Schmid
Geheimnis des Erfolgs: Konkurrenz und strategische Allianz 104

Transit Hotel Dubai

Transit Hotel Dubai. Gespräch mit *Michael Schindhelm*,
Culture Director Dubai Culture and Arts Authority 114

Das Dubai-Experiment

Kevin Mitchell
In What Style Should Dubai Build? 130

Jost Kreussler,
„We do it our way – and you do it our way" 141

George Katodrytis
The Dubai Experiment 150

Die Architekten Dominic Wanders und Hannes Werner im Gespräch
Man produziert Bilder und startet das Marketing 157

Nadine Scharfenort
Requiem für Satwa 182

Die unsichtbare Stadt

Susan Thieme
Dubai chalo! oder Wer baut Dubai? 188

Rainer Hermann
Arbeiten und schlafen in Dubai 205

Mythen und Blasen

Wolfgang Lipps
Der Immobilienmarkt in Dubai. Stand der Dinge, Aussichten 212

Lucia Tozzi
Willkommen in der Immobilienwüste! 226

Autoren, Herausgeber, Gesprächspartner 230

Zur Einführung: Dubai, ein Zwischenbericht

Wenn in diesem Buch von Dubai die Rede ist, dann nicht vom alten Dubai, nicht von der quirligen Stadt am Creek mit ihrer hochbetriebsamen Stadtgesellschaft. In *Dubai – Stadt aus dem Nichts* geht es um das neue Dubai. 75 km Stadt auf Wüstengrund entlang der Sheik Zayed Road, mit allen erdenklichen Superlativen ausgestattet – bis hin zu dem Slogan „Die Erde hat ein neues Zentrum". Zwei Dubais, wie sie unterschiedlicher nicht sein könnten.

Dubai-Strip

Wie Las Vegas[1], die immer wieder zitierte andere Wüstenstadt mit ihrer markanten städtebaulichen Identifikationsfigur, ist auch Dubai aus zwei aufeinanderstoßenden Bewegungsachsen zusammengesetzt. *Strukturell* entspricht das alte Dubai der Freemont Street, dem traditionellen ‚Main Street'-Distrikt, Ort der Fußgänger und der Nahperspektiven, das neue Dubai mit der Sheik Zayed Road dem ‚Strip', der Auffahrtachse für große Geschwindigkeiten und schnelle Wahrnehmungen aus der Perspektive der Limousinen und Offroader. Anders aber als beim Las Vegas-‚Strip' mit seiner dichten Folge imposanter Hotels und Casinos – Venturis „Enten" und „dekorierte Schuppen" –, liegen zwischen den Turm-Clustern und dicht gefügten, in geometrischen Mustern arrangierten Villenquartieren des neuen Dubai ausgedehnte Brachen, öde Resträume, durchzogen von groben Erschließungsinfrastrukturen, fußgängeruntauglich. Wüste Flecken, nicht Wüstenflecken. In einer ferneren oder näheren Zukunft sollen sie urbanisiert werden oder gar, wie Amer M. Moustafa träumt, zusammenwachsen „zu einem Ort, wo Menschen und ihr gesellschaftliches Leben die treibende Kraft sein werden"[2] – ein Projekt, das mit der weltweiten Finanz- und Wirtschaftskrise Projekt bleiben könnte.

Luftbildstädtebau

Die aus der Weltraumperspektive herangezoomten Inselaufschüttungen sind eine Pracht, einzigartig schöne Luftbilder. Insbesondere wenn man die Fotografien von ihrer Entstehung zu sehen bekommt.
Auf dem Boden der Palm Jumeirah angekommen, stellt sich diese Pracht ganz anders dar. Stellen Sie sich vor, jemand nähme Sie auf eine Besichtigungstour mit. Gespannt nähern Sie sich dem *trunk*, dem Stamm der Palme: Inmitten einer mehrspurigen Fahrbahn mächtige Betonstützen und Brückenelemente, die eine Hochbahn tragen sollen. Zu beiden Seiten grobschlächtige Wohntürme, so dicht gedrängt, daß jede denkbare Perspektive hinter der mechanischen Repetition der die Sicht dominierenden, nahezu identischen Fassaden verschwindet. Der Ortstermin ist lehrreich: Die Vitalität, die Dubai aus der Vogelperspektive verspricht, verschwindet, sobald man sich die Geschichte aus der Nähe ansieht.
Autogerechte Vorfahrten, für anderes bleibt auf der Palme fast kein Raum. Vom Meer ist nichts zu sehen. Kein Ausblick auch dort, wo die abgeschrankten Palmwedel (*fronds*) ansetzen. Die aus schierem Verwertungsinteresse dicht nebeneinander gesetzten Villen lassen keinen Raum für Durchblicke. Fürs Auge weit weg sind die unmittelbar hinter den Häusern zwischen den einzelnen *fronds* liegenden Wasserarme.
Dubai von oben und aus unmittelbarer Nähe – zwei Welten.

Vergessen im Taumel des Baugeschehens

Für die Wahrnehmung architektonischer Objekte und städtischer Räume ist eine Lektion bekanntlich von großem Gewicht: daß man städtische Räume in der Planung mit den Augen derer entwickelt, die sich in ihnen bewegen, daß das menschliche Auge nicht nur aus der Vogelperspektive zum Träumen gebracht werden will. Wo diese Lektion nicht beachtet wird, entstehen, wie Le Corbusier sagt, nichts als tote Architektur, tote Räume. Wo Raumübergänge fehlen, wo vernachlässigt wird, wie Außenräume und Innenräume visuell und im Hinblick auf die Erkundungen der Sinne und der körperlichen Bewegung im Raum zusammenhängen, reduziert sich das räumliche Geschehen und begrenzen sich räumliche Erfahrungen. Ist diese Lektion im Taumel des Baugeschehens schlicht vergessen worden? Aus den Fehlern bei der Konzeption und der Planung der Palm Jumeirah habe man für die zweite Palme gelernt und entsprechende

Schlüsse gezogen, sagt uns der zuständige Planer der Palm Jebel Ali im Januar 2008.

Der Schein von Stadt

Ortswechsel. Von ferne signalisieren die zu einer eindrucksvollen Silhouette zusammengeschobenen Türme: Stadt, Stadtmitte. Aus der Nähe jedoch steht man vor unwirtlichen Funktionsgruppen aus High-rise buildings mit Tiefgarageneinfahrten, serviced Apartment- und Bürogebäuden, in vielfältigsten geometrischen Konfigurationen arrangiert, hochgezogen und aus sich wiederholenden Fertigteilen montiert, glatt oder strukturiert, ‚modern' oder ‚klassisch', ‚arabian heritage' oder ‚postmodern'. Shumon Basar sagt, in Dubai lasse sich „architektonische Individualität" an Fassadenverkleidungen festmachen: „Applied like make-up for buildings, cladding comes flat-packed and is stuck onto the concrete. Bronzed steel, aqua blue glazing or pink granite finish? Instant differentiation!"[3] Als Lieferanten solcher Baukunst sind die von Rem Koolhaas „Virtual Unknowns" Genannten[4] in Dubai wie überall sonst rund um den Globus tätig, von Qatar bis Seoul, von Bahrain bis Shanghai …
Was in Dubai aus größerer Entfernung Stadt zu sein scheint, entpuppt sich an Ort und Stelle als bloßer *Schein von Stadt*: Wüstenimplantate, semiurbane Fragmente, gated housing developments, thematisch konzentrierte kontrollierte Unternehmensstandorte, Funktionszonen.

Objektbesessenheit, Raumvergessenheit

Objektbesessenheit und Raumvergessenheit kennzeichnen den Städtebau des neuen Dubai. Und so gibt es nichts, was nicht unmittelbar dem Zweck der Türme dient. Der Städtebau des neuen Dubai bevorzugt das Private auf Kosten des Öffentlichen. Und so ist das neue Dubai kein Ort für Menschen, die es gewohnt sind, Stadtquartiere zu Fuß zu erkunden: heiße Gegenden ohne schattenspendende Arkaden oder Baumalleen. Es gibt weder Trottoirs noch Läden, Bibliotheken, Sportstätten, Schwimmbäder. Die Angestellten der multinationalen Unternehmen, Banken, Versicherungsgesellschaften, Agenturen und Medienbüros, die hier arbeiten, brauchen im Nahbereich offensichtlich weder Cafés, Restaurants, Buchhandlungen noch Fotogeschäfte, Elektronikläden, Optiker, Coiffeure, Uhrenläden, Reinigungen oder diverse Handwerksbetriebe. Was in funktionierenden Städten wie dem alten Dubai die Lebendigkeit der Erdgeschoßzonen ausmacht, fehlt im neuen Dubai. Fürs Einkaufen gibt es Shopping Malls, große, größere und riesengroße wie die jüngst eröffnete, 223.000 m² große Mall of the Emirates. Und wer außerhalb der Bürogemeinschaft Gesellschaft sucht, muß die trostlosen Funktionszonen mit dem Auto verlassen; denn die Treffpunkte – Hotellobbys, Hotel- und Golfclubrestaurants, viel mehr wird nicht geboten – liegen weit auseinander. Das sogenannte gesellschaftliche Leben ist *indoor* und klimatisiert.

Unterkomplexe Lebensstile

Eine vorwiegend aus importierten ‚Stadtnomaden' zusammengesetzte Gesellschaft ließe sich hilfsweise als mobile Funktionsintelligenz beschreiben: gut bezahlte Fachleute, im Firmenjargon ‚Expatriots', zufällig und instrumentell aggregiert, in den steuerfreien Free Zones des Emirats temporär und zweckbezogen agierend, vielfach isoliert lebend, allenfalls mit punktuellen, hochselektiven Kontakten, ohne politische oder kulturelle Kohärenz.[5] Transitorische Existenzen ohne feste Strukturen, wie sie für die Formation von *Gesellschaften* nötig sind, von hoher Fluktuation: „consultants, traders, in-transit business travelers"[6], jederzeit bereit, wieder aufzubrechen, mit einem „check-out-date" im Kopf, wie Todd Reisz schreibt[7], die meisten „uninterested in investing in society or befriending their neighbours, and with the majority content to treat their job as a stepping stone to another destination or as a temporary residence before eventually returning home"[8].

Verglichen mit den Arbeits- und Lebensbedingungen zunehmender Vergesellschaftung, wachsender und aufeinander bezogener Integration und gesellschaftlicher Differenzierung charakterisiert die Mitglieder der hier skizzierten Aggregation eine Praxis des Rückzugs aus den komplexen Formen menschlicher Organisation: vergleichsweise gering ausgebildete Diversifizierungsbedürfnisse, minimale Unterschiede im Lebensstil. Vorzugsweise bleiben sie unter sich. Von ihnen betriebene Geschäfte benötigen nicht – außer wenn, wie in der jüngsten globalen Finanz- und Wirtschaftskrise, die angeblich alternativlose Selbstregulierung des ‚Marktes' nicht mehr funktioniert und der Ruf nach dem sonst verschmähten Staat laut wird –, was eine Stadtgesellschaft auszeichnet: das Öffentliche, den Reichtum einer Konfliktkultur, die als Grundelixier zur Komplexität und zur hohen sozialen Ausdifferenzierung moderner Gesellschaften gehört. "... the forces of globalization and the postmodern conditions they impose", beobachtet Amer Moustafa, "have increasingly privileged the private! The privatization of all aspects of urban life is evident ..."[9] Am Beispiel des Resorts Madinat Jumeirah zeigt sich exemplarisch, daß die Transformation der Stadt in ein „indoor setting" die „Privatisierung der sozialen Beziehungen" fördert.[10] Zugespitzt: die Selbstisolierung sozial homogener Klassen, eine aus Exklusionsinseln zusammengesetzte Welt. Gemeinsam ist ihr ein *profundes Desinteresse* an allen Formen stadtgesellschaftlichen Lebens. Ihr Bild von Stadt, von städtischer Vitalität und städtischer Kultur orientiert sich nicht an der Idee, teilzuhaben an einem gemeinsam beanspruchten, gemeinsam genutzten, bereicherten und gehegten, immer aber auch potentiell riskanten städtischen Raum, für den man gar in irgend einer Form Verantwortung trägt. Im Gegenteil: Dubais großenteils temporäre Bewohner sind nur an einem von den Fährnissen funktional durchmischter Städte befreiten Raum interessiert. Die Stadt, die sie meinen, ist ein Ort privatistischer Selbstbezüglichkeit.

Die Rohheiten des Privatistischen

Wie zeigt sich das Dilemma des Privatistischen? Einem vielleicht unangemessen wirkenden Vergleich könnte es gelingen, dessen Grenzen und Ärmlichkeiten sichtbar zu machen, auch wenn es sich in dem einen Fall um die existentielle, im anderen um die luxuriöse Seite handelt. Man könnte „Bekanntes aus ungewohnten, inkongruenten Perspektiven" neu beleuchten[11] und beispielsweise fragen, was informelle Siedlungen und das neue Dubai gemeinsam haben. Nichts auf den ersten Blick natürlich. Auf den zweiten jedoch, daß beide – wenn auch höchst unterschiedliche – Erscheinungsformen ein und derselben, *strukturell* ähnlichen Investitionspolitik sind: In beiden Fällen wird nahezu ausschließlich in den *privaten* Raum investiert.

Im Fall der informellen Siedlungen agieren die von der herrschenden Planungstheorie und Planungspraxis Ausgeschlossenen aus purer Not. Die Landbesetzer haben keine Wahl – ihre ökonomischen Mittel sind begrenzt, mehr als einfachste Hütten oder Häuser für ihre eigenen Bedürfnisse zu errichten können sie sich nicht leisten. Gezwungenermaßen werden sie selbst zu Investoren und ‚Städtebauern'.

Bei Dubais neuen Stadt-Clustern liegt der Fall anders. Hier bleiben die Investoren und ihre Kundschaft unter sich. Hier beruht die Investitionspolitik auf einem *manifesten Desinteresse* an den komplexen Formen des gesellschaftlichen Lebens und entsprechenden öffentlichen Räumen. Hier wie dort ist ein je anderes Bild der vernachlässigten Stadt zu sehen. Beide Verfahrensweisen, die aus der Not entstandene wie die aus dem Luxus geborene, sind Erscheinungsformen einer Politik der Exklusion.

Investment-Urbanismus

Das *Bild* der Retortenstadt spiegelt das ökonomische Interesse, das einen solchen Städtebau antreibt. Steuerfreie Free Zones sind *funktionsoptimierte Infrastrukturen zur privaten Profitmaximierung*. Was dabei herauskommt, kann man im neuen Dubai besichtigen: die Vulgarität des Privatistischen, die Vulgarität der „billigen" Stadt – billig im Sinne einer Stadt, in der nichts kosten darf, was nicht irgend einem privaten Nutzen dient. Je mehr Enklaven von zahlungsfähigen Investoren eingerichtet und von zahlungsfähigen Bewohnern und Besuchern genutzt werden, desto geringer das Interesse an öffentlich genutzten Stadträumen. Und so ersetzen private Räume das städtische Leben, Erfahrungen in sozial homogenen Exklusionsräumen jene gesellschaftlicher Komplexität.
Dubai ist womöglich der Prototyp einer Stadt, wie es sie bisher in dieser Ausprägung nicht gibt. Einer Stadt, die aus dem Geist des Investment-Urbanismus entsteht, einer Stadt der reduzierten Komplexität. Die Übersetzung des Programms einer restringierten, konfliktarmen Gesellschaft, wie wir sie bisher von gated communities kennen, auf den Maßstab der Stadt: festgelegte Regeln und fast nichts auszuhandeln.

Die unsichtbare Stadt

Privilegierte und Unterprivilegierte leben in Dubai scharf voneinander getrennt. Wo ihre Wege sich kreuzen, wie in Haushalten mit Dienstpersonal, scheut man sich nicht, die Klassenunterschiede bereits mit den Grundrissen international vermarkteter Immobilienprospekte deutlich zu machen: Der *fensterlose* Maid's Room erreicht zuweilen nicht einmal die Größe des dem Master's Bedroom benachbarten Ankleideraumes ...

Im Maßstab der Stadt zeigen sich die Unterschiede genauso kraß. Al Quoz zum Beispiel ist auf der offiziellen Dubai Map kein Ort architektonischer Prominenz. Unweit der Großbaustelle Business Bay gelegen, aus deren Mitte der Burj Dubai rund 800 m hoch aufragt, ist Al Quoz ein Ort ohne eigentliche Adresse. Hier leben die nach Hunderttausenden Zählenden, die Dubais Türme bauen: Underclass-Nomaden aus Bangladesh, Indien, Nepal, Pakistan, Sri Lanka und anderen asiatischen Ländern, nach Berufsgruppen mit Minimalstandard untergebracht in sogenannten Labor Camps. Morgens mit Bussen der Baufirmen zu den Baustellen gekarrt, abends in die trostlosen Unterkünfte zurückgefahren, am arbeitsfreien Tag in die Stadt und zurück – anderes ist für sie nicht vorgesehen. Ahmed Kanna nennt sie die „unsichtbare Stadt, die die sichtbare baut"[12]. Und gerade weil 80 Prozent der Arbeitsmigranten ‚provisorisch' in Dubai sind, werden sie, schreibt Rem Koolhaas, einen radikalen Einfluß auf die Zukunft der Stadt haben. Weil sie nie Bürger sein werden, werde ihre Loyalität stets eine bedingte sein. Sie konstituieren keine Polis, sondern „eine provisorische Gemeinschaft der Entrechteten ..."[13]. Al Quoz, das ist die anonyme Seite Dubais.

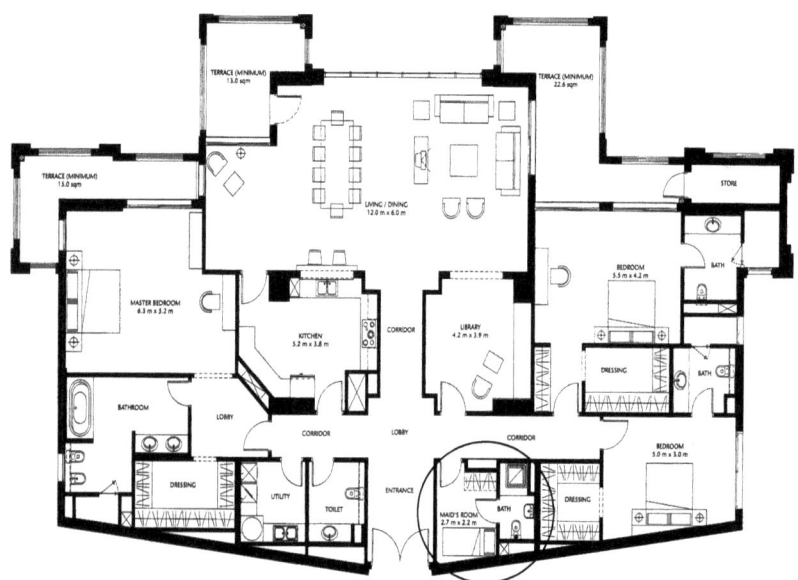

Marina Residences The Palm. Maid's Room in Unit A

Krise. Atempause?

Wer weiß, ob die Karawane aus Investoren, Agenten, Technikern, Arbeitern und Touristen nicht weiterzieht, wenn die Ende 2008 eingeleitete Redimensionierung des Phantastischen anhält. Die dramatisch sinkenden Immobilienpreise, schreibt die *New York Times*, sorgen für eine Abwärtsspirale, die Teile von Dubai wie eine Geisterstadt erscheinen läßt. Zehntausende haben dem Land bereits den Rücken gekehrt, Zahlen stellt die Regierung nicht zur Verfügung. „Statt einen Schritt in Richtung größerer Transparenz zu tun, scheinen sich die Emirate in die umgekehrte Richtung zu bewegen. Ein neues, bislang als Entwurf vorliegendes Gesetz sieht vor, die Beschädigung des Ansehens des Landes oder seiner Wirtschaft als Verbrechen anzusehen, das mit Bußen bis zu einer Million Dirham (ca. 272.000 US-Dollar) bestraft werden kann ..."[14]
Warum niemals Zeit blieb, Nutzen und Konsequenzen eines Unternehmens reiflich zu überdenken?[15] Jetzt zwingt die weltweite Finanz- und Wirtschaftskrise Dubai zu einer Atempause.

*

Nicht zuletzt im Lichte einer Krise, die auch das Selbstbild und die Perspektiven Dubais zu korrigieren begonnen hat, muß der vorliegende Band als *Zwischenbericht* verstanden werden. Um die Umrisse eines möglichst vielseitigen Bildes einer Stadt, die unserem Bild und unserer Idee von Stadt so wenig entspricht, und einer Gesellschaft, die mit den uns vertrauten Begriffen zu charakterisieren schwerfällt, zeichnen zu können, ist das Buch buchstäblich vielstimmig: zusammengesetzt aus Gesprächen, Berichten, Lageeinschätzungen und Analysen.
Über ihre Erfahrungen in Dubai haben wir mit den Architekten Dominic Wanders, Hannes Werner und Jost Kreussler gesprochen. Die an der American University of Sharjah lehrenden Architekten George Katodrytis und Kevin Mitchell äußern sich in ihren Essays über die Erscheinungsbilder und die Bildsprache der Architektur in Dubai. In ihrem Essay skizziert Keller Easterling am Beispiel Dubai die Werkzeuge und Techniken der ‚Stadtstaatskunst'. Nadine Scharfenort berichtet über ein lebendiges Quartier, das einem städtebaulichen Großprojekt weichen muß, und beleuchtet die Rivalitäten auf der Arabischen Halbinsel. Naseef Naeem diskutiert verfassungsrechtliche Fragen in Dubai und den Vereinigten Arabischen Emiraten. Heiko Schmid zeichnet den rasanten Aufstieg

Dubais nach und untersucht den Zusammenhang von Familienherrschaft und unternehmerischer Praxis, Susan Thieme die Bedingungen und Praktiken der Arbeitsmigration, Rainer Hermann die Lebens- und Arbeitsbedingungen derer, die das neue Dubai bauen. Wolfgang Lipps analysiert den Immobilienmarkt in Dubai und dessen Krise, Lucia Tozzi berichtet von der weltweit größten Immobilienmesse ‚Cityscape‘, Dubai. Und wir haben Michael Schindhelm, Direktor der Dubai Culture and Arts Authority, zu seinen Beobachtungen und Ideen befragt.
Gespräche, Lageeinschätzungen und Analysen. Ein Zwischenbericht.

Im Februar 2009   Elisabeth Blum, Peter Neitzke

Anmerkungen

1 Robert Venturi/Denise Scott Brown/Steven Izenour, Lernen von Las Vegas, Bauwelt Fundamente, Bd. 53; Heiko Schmid, Ökonomie der Faszination. Dubai und Las Vegas als Beispiele inszenierter Stadtlandschaften, Habilitationsschrift Ruprecht-Karls-Universität, Heidelberg, 2007
2 Amer A. Moustafa: My Dubai, in: Al Manakh, hg. von Ole Bouman, Mitra Khoubrou und Rem Koolhaas, Stichting Archis, Niederlande, 2007, S. 15
3 Shumon Basar: Dubai: Self-help for those wanting to build a 21st Century City (http://static.londonconsortium.com/issue04/pdf/basar_selfhelp.pdf)
4 zit. nach Al Manakh, a. a. O., S. 198
5 Dank für Anregungen an den Soziologen Rudi Schmidt, em. Prof. Universität Jena
6 George Katodrytis, The Dubai Experiment, in diesem Band S. 150ff
7 Vgl. Todd Reisz, Workers City, in: Al Manakh, a. a. O., S. 306
8 Christopher M. Davidson: Dubai. The Vulnerability of Success, New York (Columbia University Press) 2008, S. 192
9 Amer A. Moustafa: My Dubai, in: Al Manakh, a. a. O., S. 15
10 Fatih A. Rifki, Amer A. Moustafa: Madinat Jumeirah and the Urban Experience in the Private City, in: Al Manakh, a. a. O., S. 26
11 Niklas Luhmann, Die Gesellschaft der Gesellschaft, Erster Teilband, Frankfurt am Main 1998, S. 42
12 Ahmed Kanna: Dubai in a Jagged World http://www.merip.org/mer/mer243/kanna.html. Kanna ist Herausgeber des bei Harvard University Press, Cambridge/Mass. 2008 erschienenen Buches *The Superlative City. Dubai and the Urban Condition in the Early Twenty-First Century.*
13 Rem Koolhaas: Frontline, in: Al Manakh, a. a. O., S. 195
14 "Laid-Off Foreigners Flee Dubai", New York Times, 11. Februar 2009
15 Vgl. „Krisen-Knick in Dubais Selbstbewusstsein", Neue Zürcher Zeitung, 9. Januar 2009

Keller Easterling

Stadtstaatskunst

Es gibt eine Reihe von Hauptstadtpaaren – Beijing und Shanghai, Washington und New York, Brasilia und Rio de Janeiro oder Ankara und Istanbul –, bei denen die politische Hauptstadt des Landes eine nüchternere Stadt im Hinterland ist, die zweite im Bunde indes die wirtschaftliche Kapitale, meist eine Hafenstadt mit einer langen Tradition des Welthandels und des Kosmopolitismus. Dieser wird manchmal unterstellt, sich als graue Eminenz zu verkleiden, anscheinend generös auf Macht und offizielle Rechte zu verzichten, um jenseits der hinderlichen Bestimmungen des Staates Reichtum und übernationale Macht anhäufen zu können. Die zeitgenössische Version der wirtschaftlichen Hauptstadt ist häufig nicht einfach das Alter Ego der politischen Hauptstadt, sondern so etwas wie ein unabhängiger Stadtstaat – ein Nachfahr von Venedig und Genua, als diese den Welthandel beherrschten. Die Genetik der Macht wird zu Beginn des 21. Jahrhunderts reprogrammiert, und es entsteht ein neues urbanes Ordnungsmuster, das sich über das alte Netzwerk der Finanzzentren wie London, Frankfurt oder São Paulo legt und die Thesen der Globalisierungstheoretiker des späten 20. Jahrhunderts von Peter Hall bis Saskia Sassen verstaubt erscheinen läßt. Zeitgenössische Weltstädte wie Hong Kong und Singapur sind nicht nur Kreuzungspunkte von Kapital- und Warenströmen, sondern auch Zentren globaler Lizenzunternehmen, Holdinggesellschaften und Franchiseagenturen wie PSA in Singapur oder Hutchison Port in Hong Kong, die wahrhaften Abkömmlinge der Organisationen wie der Niederländischen oder der Britischen East India Company. In den Free Enterprise Zones der neuen Weltstadt verschmelzen Freihandel, Piraterie und Söldnertum; im Finanzsektor entstehen extranationale Territorien in den Grenzen von Stadtstaaten.
So weit zur Vorrede. Mittlerweile hat sich sogar das Britische Empire daran gewöhnt, daß Singapur und Hong Kong sich von ihrer kolonialen Vergangenheit ökonomisch und kulturell emanzipiert haben und zu ernsthaften Konkurrenten der einstigen Welthauptstadt London geworden sind. Die neue Weltstadt Dubai aber erscheint allen Großmächten immer noch

als eine politische Konstruktion ohne Verortung. Im folgenden werde ich meine Ausführungen auf die jüngste Geschichte der Vereinigten Arabischen Emirate (VAE) und insbesondere auf Dubai konzentrieren, Fakten sammeln und Deutungsmuster anbieten, was unter dem Begriff ‚Stadtstaatskunst' zu verstehen ist.

Die Vereinigten Arabischen Emirate sind eine Föderation von kleinen monarchischen Reichen, die während der pompösen Gründung von Nationalstaaten im Europa des 18. und 19. Jahrhunderts unbeachtet im Abseits blieben. Anstatt das Territorium zu einem Nationalstaat zusammenzuzwingen und diesen zu einem ultimativen politischen Ordnungsprinzip zu erheben, bauten im Mittleren Osten ganz verschiedene Kräfte internationale Handelsnetze und die zugehörige politische, personelle und technische Infrastruktur weltweit auf. Mit der Ölkrise begann der Rohstoff zum Machtfaktor zu werden, und auf den alten Kontinenten formierten sich partikulare, vor allem nationale Interessen neu. Zu diesem Zeitpunkt waren die VAE bereits eine ‚nationslose Gesellschaftsformation' und konnten es sich leisten, angesichts eines langsam steigenden Wohlstands ein Regierungs- und Herrschaftsprinzip zu etablieren, bei dem sowohl nationale als auch demokratische Strukturen simuliert werden, um die Diktatur der Familiendynastien zu festigen. Eine Mischung aus Verhandlungsmaterialismus und Herrscherdekreten wird zur Basis eines Unternehmertums, dem es gelungen ist, sich von hinderlichen nationalstaatlichen Regulierungen zu befreien und internationale menschenrechtsorientierte Vereinbarungen zu ignorieren. Das ist der wohl entscheidende Faktor zur Definition von Stadtstaatskunst.

Der Aufstieg von Dubai zur Weltkapitale darf aber nicht zu der Annahme verführen, daß die transnationale Souveränität anwachse, während die nationalstaatliche Souveränität unablässig schwinde. Tatsächlich beweist sich hier die Dichotomie globaler Aktivitäten, bei denen staatliche und nicht-staatliche Kräfte das für sie günstigste politische und wirtschaftliche Klima zu schaffen trachten, indem sie ihre Macht abwechselnd eindämmen, ausspielen und rearrangieren. So suchen die Unternehmen beispielsweise bequeme, der nationalen Rechtsprechung entzogene Räume (Sonderwirtschaftszonen, Freihandelszonen), während sie zugleich die Gesetzgebung von Staaten und Staatenbündnissen (NAFTA oder GATT) in ihrem Sinne zu beeinflussen versuchen. Die Standpunkte aller, seien es nun Nationen oder Unternehmen, sind deswegen doppelgesichtig und spiegeln die widersprüchliche, gespaltene Loyalität zwischen nationalen und internationalen Interessen.

1976 veröffentlichte Robin Moore, nach *The Green Berets*, *French Connection* und anderen Trivialromanen, *Dubai**. Die Handlung im Telegrammstil: 1967. Fitz, der wortkarge Held, ein amerikanischer Geheimdienstoffizier, wird wegen seiner propalästinensischen und antisemitischen Äußerungen gefeuert. Der Sechstagekrieg beginnt. Dubai ist, ähnlich wie der noch nicht in den mittleren Jahren stehende Held, noch nicht zur Ruhe gekommen, ein Ort für Abenteuer und Geschäfte. Es gibt nur wenige moderne Gebäude, ein paar Hotels und die Maktoum-Brücke über den Dubai Creek. Goldschmiede und Perlentaucher werben um Kundschaft wie seit hundert Jahren. Während Herrscher Sheikh Rashid die Elektrifizierung plant, fällt der Generator der Klimaanlage in Fitz' Strandhaus bei 49° Celsius und 100 Prozent Luftfeuchtigkeit aus. Der Ölboom lockt die üblichen Verdächtigen nach Dubai: die Mafia, die CIA, die Juden, die Bösen und die Blondinen. Die Handlung stolpert durch klimatisierte und nichtklimatisierte Räume, nach Teheran und Washington, mal treffen sich die Protagonisten in Puffs, mal in Palästen. Fitz bringt in Dubai Dinge in Gang. Sheikhs und Diplomaten belohnen ihn mit Dollars und Anerkennung. Er schafft es, einen kommunistischen Aufstand in der Wüste niederzuschlagen, er ist der liebenswerte, rauhbeinige und verletzliche Held, er bekommt am Ende sein Mädchen, die Tochter eines Diplomaten, die früher an der Main Line in Philadelphia gelebt hat und nun mit ihm die mittleren Jahre gemeinsam „am Creek" in Dubai zubringen will.

Die Mischung des Romans aus Kalter-Kriegs-Heroismus und Softporno ist zwar fiktiv, aber seltsamerweise ist der Roman informativer als das meiste, das gegenwärtig in schnell fabrizierten coffee-table books und Werbebroschüren über die Erfolgsgeschichte der Vereinigten Arabischen Emirate geschrieben wird. Selbst kluge und eigentlich scharfzüngige Architekturkritiker sind in die Falle getappt und schreiben enthusiastische Blogs über hyperbolische Erschließungsprojekte, neue künstliche Inseln vor der Küste, Themenparks oder Shoppingfestivals, die alle noch ein wenig größer sind als ihre Vorgänger. Kein Wort von der komplizierten Geschichte ausländischer Interventionen, die auch vor Gewalt nicht zurückschreckten. Lange betrachteten die USA und Großbritannien die VAE lediglich als Vorposten westlicher Techniken der Politik, und ab und an gab es sogar Lob dafür, daß die Emirate ein besonders gelehriger Schüler seien. Die VAE nehmen auch solche herablassenden Töne hin und sind zufrieden, wenn die internationale Presse einstimmt.

Robin Moores *Dubai* endet 1970, ein Jahr vor der Gründung der Föderation. Abu Dhabi und Dubai waren Geschwisterterritorien, deren Bewoh-

ner vom Stamm der Ban Yas abstammten, der zwischen den Perlentauchstellen an der Küste und der im Hinterland gelegenen Wüstenoase Al Ain hin und her zog. Abu Dhabi, ein Küstenarchipel mit etwas Süßwasser, wurde zum Zentrum des Geschlechts der Al Nahyan. Im Jahre 1833 spaltete sich eine Gruppe ab und siedelte unter Sheikh Maktoum bin Butti weiter östlich, in Dubai, einem kleinen Fischerdorf. Seit 1820 hatten die Briten Vereinbarungen mit diesen kleinen Scheichtümern an der Küste geschlossen, um die Piraterie einzudämmen. 1892 unterzeichneten die sogenannten Vertragsstaaten eine wechselseitige Vereinbarung, die den Briten im Austausch gegen militärischen Schutz exklusive Handelsrechte einräumte. Amerikanische und britische Unternehmen schlossen in den späten Zwanzigern bis in die Mitte der dreißiger Jahre des vorigen Jahrhunderts die ersten Ölkonzessionen ab. Trotzdem wurde in Abu Dhabi erst nach dem Zweiten Weltkrieg nach Öl gebohrt, und erst 1958 wurde Öl in vermarktungsfähiger Menge entdeckt. Schon bald wurde deutlich, daß Abu Dhabi nicht nur hinsichtlich seiner Größe, sondern auch seiner Ölproduktion die dominierende Stellung hatte. Dubai, wo es weit weniger Ölvorkommen gab, begann mit dem Ölexport erst 1969. Schon früh wollte Dubai den Tourismus, das Finanzwesen und den Handel als seine Haupteinnahmequellen entwickeln. Als die Briten sich 1968 aus den Territorien östlich von Suez zurückzogen, strömten ausländische Geschäftsleute aus aller Welt in die VAE, und die Range Rovers wichen japanischen Autos. Zu diesem Zeitpunkt waren die Vertragsstaaten unentwickelt, es gab keine Straßen, keine Gesundheitsversorgung und kein sauberes Wasser. „Wir lebten im 18. Jahrhundert, während der Rest der Welt, selbst unsere Nachbarn, ins 20. Jahrhundert vorgestoßen waren. Wir hatten Besuchern nichts zu bieten, wir hatten nichts zu exportieren, wir waren für die übrige Welt schlicht bedeutungslos. Armut, Analphabetentum, schlechte Gesundheitsbedingungen, eine hohe Sterblichkeitsrate herrschten bei uns bis weit in die sechziger Jahre. Die Aufgabe der Regierung besteht darin, Gelegenheiten zu schaffen", beschreibt Sheikh Mohammed bin Rashid al Maktoum die Situation in Dubai in den ersten Jahren nach der Unabhängigkeit.
Als Emirate und Nationalstaat reproduzieren die VAE teilweise westliche Regierungsformen, doch sie tun das unter ganz anderen gesellschaftlichen und gesetzlichen Voraussetzungen, die es dem Land gestatten, sich viele der Komplikationen vom Hals zu schaffen, die eine verfaßte Demokratie mit sich bringt. Das führt in westlichen Augen zu Widersprüchen, wie zum Beispiel bei der Definition des öffentlichen Raums innerhalb einer Stadtlandschaft, die als ein privat gestaltetes Produkt verstanden wird. Die

Staatsangehörigen der VAE sind nicht nur die Wählerschaft für die Volksvertretung, sondern auch Nutznießer und Vermittler eines großen Teils der Geschäftstätigkeit des Landes: Sie sind zugleich wohlhabende Elite und Wohlfahrtsempfänger.

In Dubai vollzieht sich derzeit eine städtebauliche Entwicklung, die im Guinness-Buch der Rekorde verzeichnet wird: das höchste Gebäude der Welt, die größte künstliche Insel, die größte Shopping-Mall, das größte Unterwasser-Hotel weltweit und so weiter. In Abu Dhabi verweist man auf eine andere Geschichte. Seinem legendären Herrscher Sheikh Zayed wurde einmal die größte Bestechungssumme der Welt angeboten: 42 Millionen US-Dollar für die Aufgabe der Ansprüche auf die Oase Al Ain. Daß sich Sheikh Zayed diesem Ansinnen zu einer Zeit verweigerte, als er selbst nur ein paar hundert Rupien besaß, entsprach seiner Philosophie, Abu Dhabis entstehenden Reichtum unter allen Bürgern gerecht zu verteilen. Nachdem Sheikh Zayed 1966 zum Herrscher geworden war, gewährte er als eine seiner ersten Maßnahmen jedem Bürger Landzuweisungen. An allen Unternehmen, die in den VAE tätig sind, müssen Staatsangehörige der VAE als Kompagnons oder Nutznießer beteiligt sein. ‚Kompensationen' sind zentraler Bestandteil des gesetzlichen Regelwerks. Rüstungsverträge mit den VAE müssen zunächst mit der Kompensationsgruppe verhandelt werden. Die Verträge müssen profitabel sein, und ein Staatsangehöriger der VAE muß im Besitz von 51 Prozent der Anteile sein. Außerdem muß der Vertrag ein Kompensationsgeschäft außerhalb der Ölindustrie vorsehen. Bislang haben diese Kompensationsprojekte den Aufbau einer ganzen Reihe von Industrien finanziert, darunter Fischfarmen, medizinische Dienstleistungen, Schiffsbau und sogar freizeitbezogene Einrichtungen wie Poloplätze. Da die Zahl der Staatsbürger klein ist, ist es den VAE gelungen, das in der Regel korrupte Verhältnis zwischen Regierung und privaten Lobbys in eine Form der Hyper-Repräsentation zu verwandeln. Nur 18 Prozent der Einwohner haben die Staatsbürgerschaft der VAE. Die Mehrheit der Bevölkerung (65 Prozent) sind Asiaten. In Dubai wird diese direkte Unterstützung für eine überschaubare Zahl von Staatsbürgern als eine Aufgabe der staatlichen Wohlfahrt und zugleich als die moralische Pflicht der Regierung betrachtet.

Die VAE haben Vertragsarbeiterabkommen institutionalisiert, die in einigen Fällen über anfallende Gebühren den Staatshaushalt mitfinanzieren, den Staat ansonsten aber völlig aus der Verantwortung entlassen. Für die Betreuung und die Unterbringung der Arbeiter in Gruppen sind Regeln aufgestellt, für deren Einhaltung allein die Agenten und Agenturen, die

die Arbeitskräfte angeworben haben, verantwortlich sind. Werden Regeln nicht eingehalten, droht die Ausweisung. Auf diese Weise ist Dubai zu einem der ethnisch vielfältigsten Orte auf Erden geworden, denn die Arbeitsimmigranten stammen aus vielen Ländern Schwarzafrikas und Südostasiens. Die Vertragsarbeiterabkommen haben zwar eine gewisse Transparenz geschaffen – und das ist sicher einer illegalen Beschäftigung von Armutsflüchtlingen vorzuziehen –, sie delegieren aber zugleich alle Verantwortung an die Arbeiter aus dem Ausland. Die wenigen Regeln, die dabei aufgestellt wurden, werden zwar überwacht, nicht aber die Gepflogenheiten jenseits dieser Regeln.

Wenn man davon ausgehen darf, daß es ein weltweites Handelsnetzwerk gibt, an dessen Knotenpunkten nationale und internationale Gesetze und Bestimmungen umgangen und staatliche Eingriffe vermieden werden, dann sind die VAE so etwas wie deren Schaltzentrale. Die ‚Freihandelszone' hat sich zuerst als die ideale ‚Betriebseinheit' eingebürgert. In den letzten Jahrzehnten haben sich Freihandelszonen, Transferzonen, Sonderwirtschaftszonen und dergleichen so entwickelt, daß Unternehmen dort in aller Regel von der Steuerpflicht, von Arbeitsschutzbestimmungen und Umweltauflagen befreit sind und die logistischen Erfordernisse zum Weiterversand oder zur Weiterverarbeitung von Waren sowie zum zollfreien Handel ohne Einschränkungen gewährleistet sind.

Auch die VAE werben mit Nachhaltigkeit, verantwortungsvoller Industriepolitik und fortschrittlicher Technologie. Dabei wird immer wieder die Partnerschaft von Sheikh Zayed und Sheikh Rashid beschworen. Beide finanzierten experimentelle Projekte zur Diversifizierung der nationalen Wirtschaftsstruktur. Dubai fördert ein Projekt, das Aluminiumproduktion mit Meerwasserentsalzung verbindet. Sheikh Zayed ließ Millionen Palmen zur Klimaverbesserung pflanzen und plant, die Wasserverwaltung und die Wildtiere mit Hilfe von Satelliten zu überwachen. Dieses modernistische Drehbuch ist zudem mit Traditionalismus und ererbtem Wissen über die Umwelt und die natürlichen Ressourcen verknüpft. Sheikh Zayed verstand es, die gesellschaftliche Modernisierung geschickt mit traditionellen Gebräuchen wie Falkenbeize, Pferde- und Kamelrennen zu verbinden, und genoß dafür allgemeine Bewunderung, ja Verehrung bis zu seinem Tod im Jahre 2004. Sein Porträt ist überall zu finden, selbst auf Werbebillboards und Talismanen. Auf der offiziellen Website über sein Leben ist zu traditioneller Musik mit New-Age-Beats die Silhouette eines Falken zu sehen, der von palmwedelgedeckten Lehmhütten über die Wüste zur Skyline von Dubai fliegt.

1979 stellte Sheikh Rashid in Dubai zwei Projekte fertig, mit denen die Stadt zu einem regionalen Zentrum am Golf und im Mittleren Osten wurde: das World Trade Center und den Hafen Jebel Ali. Das World Trade Center signalisierte die Bereitschaft, Partner aus der Region zu fördern, und stärkte das Image Dubais als Drehkreuz am Golf. Direkt an der Grenze zwischen Dubai und Abu Dhabi gelegen, war der Hafen Jebel Ali der größte künstlich angelegte Hafen der Welt. In der Freihandelszone konnten Ausländer unbeschränkt Grundbesitz erwerben und zahlten keine Steuern. Der Korridor zwischen dem World Trade Center und dem Hafen Jebel Ali, in seiner Länge mit Manhattan vergleichbar, füllte sich seit 1990 schnell mit Wolkenkratzern entlang der Autobahn, die in Dubai Sheikh Zayed Road und in Abu Dhabi Sheikh Rashid Road heißt.

Sheikh Mohammad trat die Nachfolge seines Bruders Sheikh Maktoum an, der das Land von 1990 bis zu seinem Tod im Januar 2006 regierte hatte. Sheikh Mohammad ist der führende Kopf hinter den jüngsten Gigaprojekten in Dubai. Auf seiner Website ist er gleich viermal abgebildet – in traditioneller Tracht, im Geschäftsanzug mit Brille, in Uniform und in lässiger Sportkleidung mit Sonnenbrille und Basecap. Unter seiner Herrschaft hat Dubai Sieben-Sterne-Hotels gebaut und Baufelder erschlossen, bei denen Megaprojekte nur eine Teilmenge sind. Dubailand, die riesige, 20.000 km² große Touristenattraktion, soll 45 Megaprojekte und 200 Unterprojekte umfassen. Andererseits ist traditionelle Nabati-Poesie die besondere Vorliebe von Sheikh Mohammad. Eines seiner bekanntesten Gedichte, das er 2003 schrieb, wird als das „sechste Rätsel" bezeichnet und wurde zum Gegenstand eines Wettbewerbs. Niemand fand die richtige Lösung. Nachdem „mehrere tausend" der Wahrheit nahekommende Lösungen prämiert worden waren, gab Sheikh Mohammad die einzig richtige Antwort bekannt: Sie lautete „Dubai".

Im Jahre 2000 wurde die Dubai Internet City, der erste IT-Campus als Freihandelszone eröffnet. Seitdem trägt so gut wie jede neue Enklave den Namenszusatz „City". Geplant oder bereits fertig sind die Dubai Health Care City, die Dubai Maritime City, die Dubai Silicon Oasis, das Dubai Knowledge Village, der Dubai Techno Park, die Dubai Media City, die Dubai Outsourcing Zone, die Dubai Humanitarian City, die Dubai Industrial City, die Freihandelszone des Dubai International Financial Centre und die Dubai Textile City. Ganz Dubai wird so zu einer der „freien Zonen" der Welt; hier werden Produktionsgeheimnisse verwahrt, verbotene Produkte und Verfahren erforscht und globale Identitäten gewaschen.

Dubai teilt seine Erfahrungen im Grundstücksgeschäft mit regionalen Partnern. Am 20. Dezember 2005, als Abu Dhabi Gastgeber eines Gipfels der Golfstaaten war, kündigte Sheikh Mohammad den Baubeginn für die King Abdullah Economic City an, eine künstliche Insel, die nördlich von Dschiddah und Mekka vor der Küste ins Rote Meer gebaut werden soll. Das Unternehmen Emaar, das sich als weltgrößter Projektentwickler bezeichnet, natürlich mit Sitz in Dubai, steuert Erfahrungen bei, die die Firma bei der Errichtung großer, künstlicher Inseln vor der Küste zwischen Abu Dhabi und Dubai gesammelt hat. Der Bau der ersten Insel, The Palm Jumeirah, begann 2001, nun werden zwei weitere, palmwedelförmige Gebilde hinzukommen: Palm Jebel Ali und Palm Deira. Zwischen diesen Projekten sorgt ein weiterer künstlicher Inselarchipel, The World, der die Gestalt der Erdkontinente nachbildet, für eine weltweite Mediensensation. Inselgrundstücke, die nach dem entsprechenden Teil der Welt bezeichnet wurden, verkaufte man als Privatanlagen an Popstars wie Rod Stewart oder Elton John. The World ist gewissermaßen eine zynische zeitgenössische Adaptation der Freistadt, bietet, gegen Geld natürlich, Immunität und Steuerfreiheit, ist Schlupfwinkel für die Piraten der Global Economy. Dagegen erscheinen die Erfindungen der Erlebnisindustrie, die sich in Dubai Raum verschaffen, wie Mutationen der Portman / Hines / Jerde-Atriummalls, die Hybridhotels wie Burj al Arab oder Ski Dubai, eine überdachte Skipiste in der Wüste, fast schon wie städtebauliches Kinderspielzeug.

Fährt man über die Grenze zwischen Dubai und Abu Dhabi, wechselt nicht nur der Straßenname von Sheikh Zayed Road zu Sheikh Rashid Road, auch der Unterschied der politischen Einstellung in den beiden Emiraten wird unmittelbar deutlich. Der Wolkenkratzerwald weicht gepflegten Palmenhainen und ernsten staatlichen Gebäuden. Abu Dhabis Urbanismus ist konservativer, beschwört Würde und Tradition. Das Emirat erscheint wie die ältere, verantwortlicher handelnde Schwester, die sich einem ökologischen und philanthropischen Ethos, das von Sheikh Zayed begründet wurde, verpflichtet hat. Dubai stellt unverhohlen seine Ambition zur Schau, eine Global City werden zu wollen. Abu Dhabi strebt danach, seine Stellung als regionale und nationale Hauptstadt zu festigen.

Wenn die VAE insgesamt mehr werden sollen als eine Bezugsquelle für Öl, ein Umschlagplatz für Güter oder ein Zwischenaufenthalt für Arbeitsmigranten und Touristen, müssen sie sich auch darum bemühen, politisch-kulturelle Signale an den Rest der Welt auszusenden. Sheikha Lubna al Qasimi ist erster weiblicher Minister der VAE und Protegé von Sheikh

Mohammad. Früher war sie bei der Dubai Port Authority beschäftigt und Geschäftsführerin von Tejari, einem E-Kommerz-Unternehmen, heute ist sie Ministerin des Landes für Wirtschaft und Planung. Zu ihren gegenwärtigen Aufgaben gehört die Beschaffung von Jobs und Führungspositionen für Staatsangehörige, die sonst auswandern würden oder geringere Qualifikationen mitbringen als ausländische Bewerber. Die daniederliegende Wirtschaft in vielen anderen Ländern der Golfregion bedroht die Stabilität insgesamt, bietet andererseits aber auch Möglichkeiten, Investitionen und Philanthropie miteinander zu verbinden. Die VAE arbeiten dabei mit anderen Staaten ebenso zusammen wie mit global agierenden Unternehmen aus den Machtzentren in aller Welt, um Innovationen zu finanzieren und sich technologisches Fachwissen zu verschaffen.

Abu Dhabi möchte sich gegenüber Dubai als ein Zentrum des Kultur- und Bildungstourismus profilieren. Saadiyat Island, eine Insel, die als „halb so groß wie Bermuda" angepriesen wird, soll der Sitz der Guggenheim-Stiftung werden. Frank O. Gehry hat gerne zugestimmt, einen weiteren Ableger zu erbauen, einen „Traum aus Himmel und Wasser". Das Guggenheim Abu Dhabi (GAD) soll um ein Viertel größer werden als das Haus in Bilbao und bis 2012 fertiggestellt sein. Ein Zentrum für darstellende Kunst von Zaha Hadid, ein Nationalmuseum von Jean Nouvel sowie ein Meeresmuseum von Tadao Ando wurden gleich mit in Auftrag gegeben. Mit solchen Bauten soll Saadiyat Island ein „internationaler kultureller Treffpunkt für den Mittleren Osten" werden, „der mit den besten der Welt mithalten kann". Die Insel wird außerdem Wohn-, Geschäfts-, Bildungs- und Erholungsviertel umfassen. Geplant sind Wohngebiete für 150.000 Einwohner, zwei Golfplätze, 29 Hotels, ökologische Reservate und eine Marina für insgesamt tausend Boote. Die sechs Stadtquartiere von Saadiyat Island sollen in drei Bauabschnitten bis 2018 entstehen. Vielleicht ebenso wichtig wie das Lizenzwesen im Museumsbereich ist heute das Franchising im Universitätsbereich. Saadiyat Island wird, so wie die Education City in Qatar, die King Abdullah Economic City oder jede andere Universitätsbrutstätte auf IT-Campus oder in medizinischen Komplexen weltweit, Filialen berühmter Universitäten aufnehmen, unter anderem der Pariser Sorbonne.

Monarchien und Markenfirmen verstehen sich gleichermaßen auf die Erfindung von Mythen. Ehrgeizig in ihrem Unterfangen, machen sie umfassenden Gebrauch von traditionellen Bildvorstellungen, wobei sie aus den Wirkungen irrationaler Wünsche und Werte Kapital schlagen und Fetische als Waren verwerten. Betrachtet man die Bildwelt von Burj al Arab mit ihren edlen Hengsten, Säbeln, Turbanen und den geblähten Segeln der Dhows, stellt man fest, daß die Sheikhs, anders als zum Beispiel Jon Jerde oder vergleichbare postmoderne Architekten, fast ehrlich mit den überkommenen Mythen umgehen. In diesem Sinne ist Dubai ein großer Cartoon, ein lebendiger Indikator für die zeitlose, sich wechselseitig stützende Partnerschaft von Macht und Fiktion.

In vielen Ländern sind technologische Innovationen anscheinend nur möglich, wenn kein finanzielles Risiko vorhanden ist. Die VAE haben sich in fast allen Geschäftsfeldern für Beweglichkeit und nicht für Beharrung entschieden, hier sollen zum Beispiel einige der experimentellsten Projekte im Schienenverkehr realisiert werden. Die VAE planen, das Netz der Arabian Railway, das Abu Dhabi und Dubai miteinander verbindet, in ein größeres Netzwerk, das zahlreiche Staaten in der Golfregion verbindet, zu integrieren, so daß es dann möglich sein wird, von Dubai nach Damaskus und von Beirut nach Kairo mit dem Zug zu reisen. Dubai baut darüber hinaus eine vollautomatische U-Bahn, Abu Dhabi will diesem Vorbild folgen. Auch alternative Energietechnologien stehen auf der Agenda der VAE. Im November 2006 finanzierte Abu Dhabi eine globale Energiekonferenz, auf der alternative Energien diskutiert wurden. Mit dem Petroleum Institute als Gastgeber und der Abu Dhabi National Oil Company als Sponsor griff die Konferenz die Themen des Kyoto-Protokolls auf und betonte die Notwendigkeit ressortübergreifender Forschung, um mittels Solarenergie, Wasserkraft und Thermalenergie den Energiebedarf zu decken, wenn die Ölreserven eines Tages erschöpft sein sollten.

Andererseits stehen die Vereinigten Arabischen Emirate in dem Ruf, zu den Staaten mit den schlechtesten Arbeitsbedingungen zu gehören. Human Rights Watch wirft dem Land Diskriminierung, Ausbeutung und Mißbrauch vor. Viele ausländische Arbeiter, insbesondere Frauen, sehen sich Einschüchterung und Gewalt, auch sexuellen Übergriffen, seitens der Arbeitgeber oder der Polizei- und Sicherheitskräfte ausgesetzt. Im September 2005 kam es zu einem Protestmarsch von Arbeitern, die auf ihre schlechte Behandlung aufmerksam machen wollten. Das Arbeitsministerium der VAE schätzt, daß sich bereits im Jahre 2005 etwa 10.000 Arbeiter in 18 Streiks organisierten. In Dubai werden arbeitsrechtliche Verstöße, etwa ausbleibende Lohnzahlungen, vom Ministerium verfolgt, das Geldstrafen ausspricht und Verbesserungen zumindest in den Fällen anordnet, die ihm bekannt werden. Mit der Zahl der Arbeitsimmigranten ist aber auch das Ausmaß der Korruption exponentiell gewachsen. Arbeiter, vornehmlich aus Asien, sind in überfüllten Arbeitercamps untergebracht, in denen sich 50 bis 60 Menschen ein Haus und sechs bis zehn ein Zimmer teilen. Die legalen, halbwegs transparenten Arbeitercamps sind hauptsächlich für Männer bestimmt, viele von ihnen arbeiten auf den Großbaustellen in den Emiraten. Die Hausangestellten sind hingegen überwiegend Frauen, die isoliert in Privathäusern leben. Der Wirtschaftsboom hat so viele Arbeiter ins Land gebracht, daß die Überwachungsbehörden überfordert sind.

Zudem glauben viele Staatsangehörige der VAE, die Gewährung von Rechten an ethnische oder religiöse Gruppenzugehörigkeit knüpfen zu dürfen. Diese Diskriminierung kann sogar extremer ausfallen als in den Handelsrepubliken des 15. Jahrhunderts wie Venedig, wo Mitgliedern von „Schicksalsgemeinschaften" die Bürgerrechte erst nach sehr langem Aufenthalt oder nach Eheschließung mit einem Einheimischen verliehen wurden. In den VAE herrscht eine gesellschaftliche Hierarchie, die der Unterscheidung in *nobili* und *cittadini* in Venedig ähnlich ist, nur daß es keine gemeinsame städtische Volkskultur gibt. In ihren isolierten Lagern können die asiatischen Gastarbeiter zwar einen gewissen Unternehmergeist entwickeln und Schwankungen beim Wechselkurs oder Preisunterschiede bei Gütern und Waren ausgleichen. Sie haben aber fast keine Verbindung zur Gesellschaft außerhalb des Lagers und darum – anders als im Königreich Venedig – keine Möglichkeit, durch Maskerade und Camouflage, durch Verstand oder Intrige aufzusteigen und den Status des souveränen Bürgers zu erlangen. In Dubai gibt es zwar eine Hotline, wo Verstöße gegen Arbeitsrechte gemeldet werden können, aber auch eine, um verdächtige Aktivitäten oder illegale, zu deportierende Ausländer zu melden.

In mancher Hinsicht sind die VAE ein Musterbeispiel für die Gier nach Macht, die sich raffiniert verkleidet. Doch können es sich die VAE tatsächlich leisten, die Regeln und Glaubenssätze, die die Moderne im 20. Jahrhundert dekretierte, zu ignorieren? So setzt sich die Politik in den Emiraten bereits über erstarrte Gepflogenheiten einer islamischen Gesellschaft hinweg, wenn es um einen flexiblen Alltagsmaterialismus geht. Die VAE halten diese und andere Widersprüche aus: Wenn es nur die richtigen Akteure sind und es genügend davon in aller Welt gibt, werden die Geschäfte glücken. Eifererturm und Wagenburgmentalität wären dem Erfolg auf dem internationalen Parkett nur abträglich, und wachsender Wohlstand stabilisiert die Herrschaftsstrukturen und die religiösen Traditionen. Die VAE haben längst erkannt, daß Beweglichkeit in geschäftlichen Dingen der Bewahrung konservativer Positionen dienlicher ist als es Verbote oder religiöser Eifer sind.

Von den VAE wird nie ein Krieg ausgehen. Die Emirate haben eine Reihe geschmeidiger Taktiken entwickelt, um sie gegebenenfalls von Stellvertretern ausfechten zu lassen und parallel weltweite Piraterie zu betreiben, teils primitiv, teils raffiniert. Einige dieser Taktiken und Techniken hebeln die eingewurzelten Korruptionssysteme aus, um neue nationale Instanzen und Mechanismen zwischenstaatlicher Absprachen zu initiieren, andere verstärken diese Korruptionssysteme und verlagern sie in rechtsfreie Räume, die so organisiert wurden, daß sie globale Übereinkünfte unterlaufen. Die VAE halten sich aus allen völkerrechtlichen Konflikten heraus und halten stattdessen das Geld im Fluß. Solange es den Emiraten gelingt, genug Informationen über andere Mächte zu sammeln, wird niemand sie zwingen können, ihre eigenen Karten aufzudecken.

Einige Global Cities, die über keine Schwesterstadt verfügen, haben bereits begonnen, künstliche Weltstadt-Doppelgänger zu erfinden. Navi Mumbai oder New Songdo City im Weichbild von Seoul sind vor allem dazu gedacht, Geschäftsvorgänge zu legalisieren, ohne daß der Staat sich einmischt. Womöglich liegt aber gerade in einer solchen Exterritorialität ungewollt ein subversives Potential. Was wird in der Dubai Humanitarian City oder in Saadiyat Island erlaubt sein, was wird verboten bleiben? Welche Möglichkeiten bietet eine solche „Freihandelszone" für Bildung und Kultur? Bereits heute herrscht innerhalb der Grenzen der Dubai Media City Meinungsfreiheit, und es gibt keine Pressezensur. In solchen Fällen verschiebt sich der Zweck der „Zone" als eines rechtsfreien Raums zur Abwicklung von globalen Geschäften im großen Maßstab hin zu einer Sphäre, in der delikate kulturelle Strukturveränderungen möglich werden. Diese Prozesse könnten sogar so weit gehen, daß kritische Fragen, die das ganze Land betreffen, etwa nach der Ungleichheit der Geschlechter oder nach einer fehlenden Volksvertretung, gestellt werden können und beantwortet werden müssen. Was wissen wir schon davon, wie durchlässig anscheinend apolitische Konstruktionen in den VAE tatsächlich sind und ob deren politische Nutzbarkeit dem anfänglich intendierten politischen Ziel nicht doch zuwiderlaufen kann.

Der Sozialkritiker Mike Davis schießt seine kontroverse Botschaft aus der linken Ecke heraus ab, wenn er in seinem Text „Dubai: Sinister Paradise"** davon spricht, daß er sich die Zukunft Dubais „wie einen Alptraum aus der Vergangenheit: wie eine Begegnung zwischen Walt Disney und Albert Speer an den Gestaden Arabiens" vorstelle. Wirkt diese Aussage nicht einerseits absurd, andererseits – angesichts der Tatsache, daß die politische Rechte die Region als einen Freihafen des Faschismus bezeichnet –

nicht schon wieder realistisch? Weder linke noch rechte Doktrin, noch eine Politik des Widerstands von innen heraus sind komplex genug, um in diesen politischen Gewässern zu navigieren.

Man müßte mehr über die Spielregeln, über die beteiligten Akteure und die Winkelzüge in Erfahrung bringen, um die räumlich-politischen Aktivitäten in den Vereinigten Arabischen Emiraten besser verstehen zu können. Neben kulturellen Drehbüchern existieren sich schnell ändernde politische Skripte, denen die Verankerung im Nationalen und der Bezug auf irgendeine politische Theologie fehlen. Die Werkzeuge und Techniken der „Stadtstaatskunst" sind wendig genug, um vielen verschiedenen politischen Zielen zu dienen.

Aus dem amerikanischen Englisch von Christian Rochow. Erstveröffentlichung: Bauwelt, Heft 24/2008. Nachdruck mit Dank an Felix Zwoch

---

* Dt. Dubai, deutsch von Hannelore Neves, Wien/München (Molden) 1978 (A.d.Hg.)
** In New Left Review (September/October 2006) veröffentlicht unter dem Titel „Fear and Money in Dubai"; dt. „Gier und Luxus in Dubai", Lettre International, Heft 75 (2006)

Nadine Scharfenort

Auf Sand gebaut.
Urbane Rivalität und Gigantomanie
auf der Arabischen Halbinsel

„*They said we could never create islands in the middle of a city (Jumeirah Islands)*
They said trees could never grow in the sea (Palm Jumeirah)
They said the world could never be flat (The World)
But we continue to say, ‚What's next!'
What's next is a project inspired by the very principles that govern Dubai."[1]

Von den weltweit 13 Supertowers werden derzeit sieben in Dubai gebaut (gtai, 22. Mai 2008), und trotzdem ruht die Konkurrenz nicht. Noch vor Vollendung des *Burj Dubai*, nach einem mehrfachen Redesign mit 818 m Höhe zumindest vorübergehend das höchste Gebäude der Welt, übertreffen sich die Meldungen zu abenteuerlichen Vorhaben auf der Arabischen Halbinsel, die den Burj Dubai weit in den Schatten stellen werden und selbst kühne asiatische Bauvorhaben von den Spitzenplätzen ablösen. Dabei geht es nicht allein um das Erreichen von Höhen- und Schnelligkeitsrekorden, sondern, durch Schaffung von Wohnraum für Privilegierte, um mehr: um Exklusivität. Mit dem 1.140 m hohen *Nakheel Tower* (*Nakheel Harbour & Tower*, als Dubais künftige ‚Hauptstadt' gehandelt) wurde die Herausforderung zunächst aus den eigenen Reihen aufgenommen. Im Wettstreit um architektonische Höhenklassen sind jedoch inzwischen einige weitere Rekordbauten aus den einander übertrumpfenden Golfstaaten hinzugekommen. So soll der in Djidda (Saudi-Arabien) geplante *Mile High Tower* 1.609 m und die in Kuwait beabsichtigten Gebäude *Burj Mubarak al-Kabir* (im Großprojekt *Madinat Al Hareer*) eine Höhe von 1.001 m sowie gar 1.850 m (*Al Jaber Tower*) erreichen. Auch

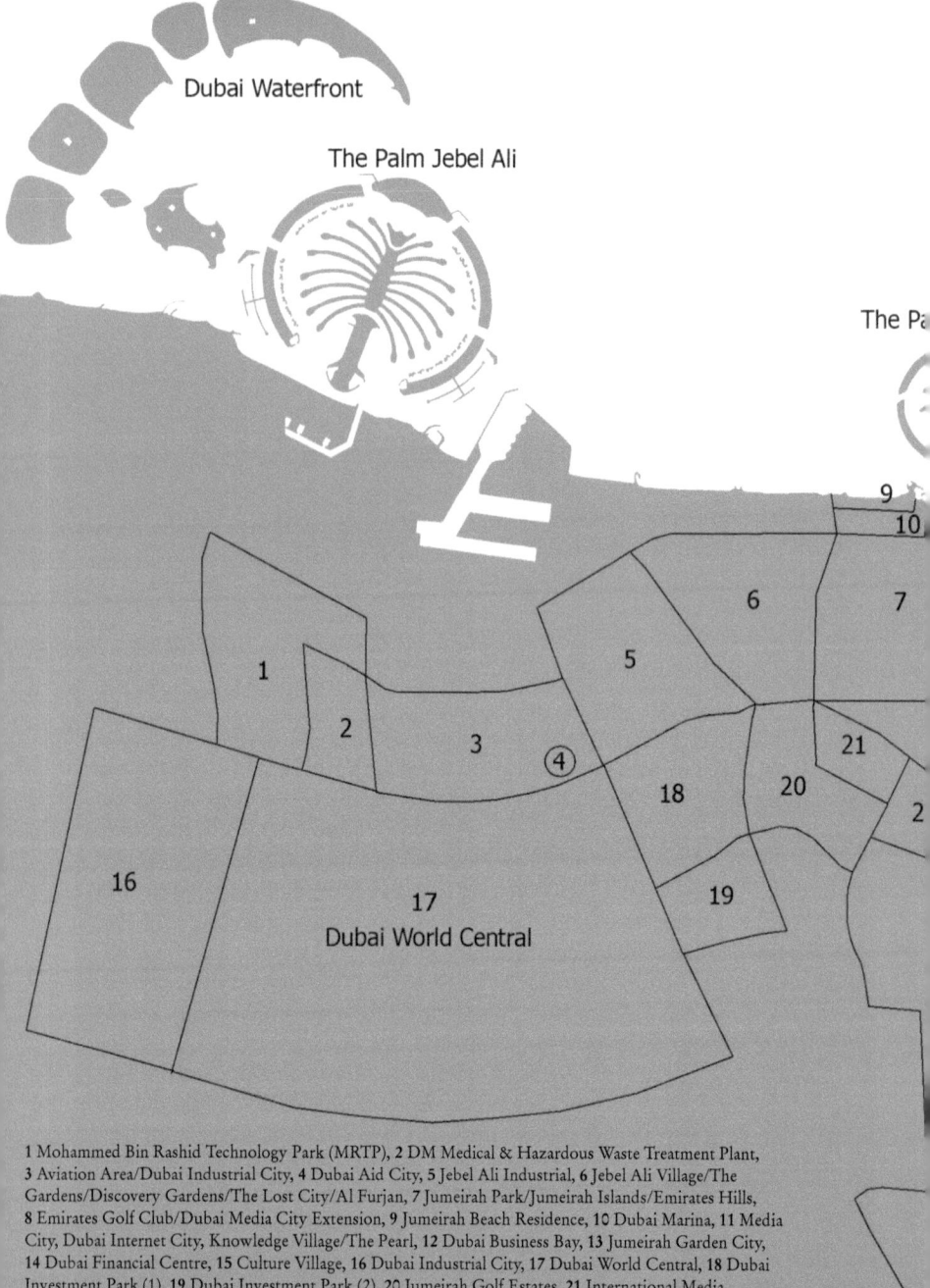

1 Mohammed Bin Rashid Technology Park (MRTP), 2 DM Medical & Hazardous Waste Treatment Plant, 3 Aviation Area/Dubai Industrial City, 4 Dubai Aid City, 5 Jebel Ali Industrial, 6 Jebel Ali Village/The Gardens/Discovery Gardens/The Lost City/Al Furjan, 7 Jumeirah Park/Jumeirah Islands/Emirates Hills, 8 Emirates Golf Club/Dubai Media City Extension, 9 Jumeirah Beach Residence, 10 Dubai Marina, 11 Media City, Dubai Internet City, Knowledge Village/The Pearl, 12 Dubai Business Bay, 13 Jumeirah Garden City, 14 Dubai Financial Centre, 15 Culture Village, 16 Dubai Industrial City, 17 Dubai World Central, 18 Dubai Investment Park (1), 19 Dubai Investment Park (2), 20 Jumeirah Golf Estates, 21 International Media Production Zone, 22 Dubai Sports City, 23 Jumeirah Village, 24 Motorcity, 25 Arjan, 26 Dubiotech, 27 Dubailand, 28 Arabian Ranches, 29 Mohammed Bin Rashid Gardens, 30 Meydan City, 31 The Lagoons, 32 Dubai Festival City, 33 Khor Dubai, 34 Silicon Oasis, 35 International City, 36 Academic City

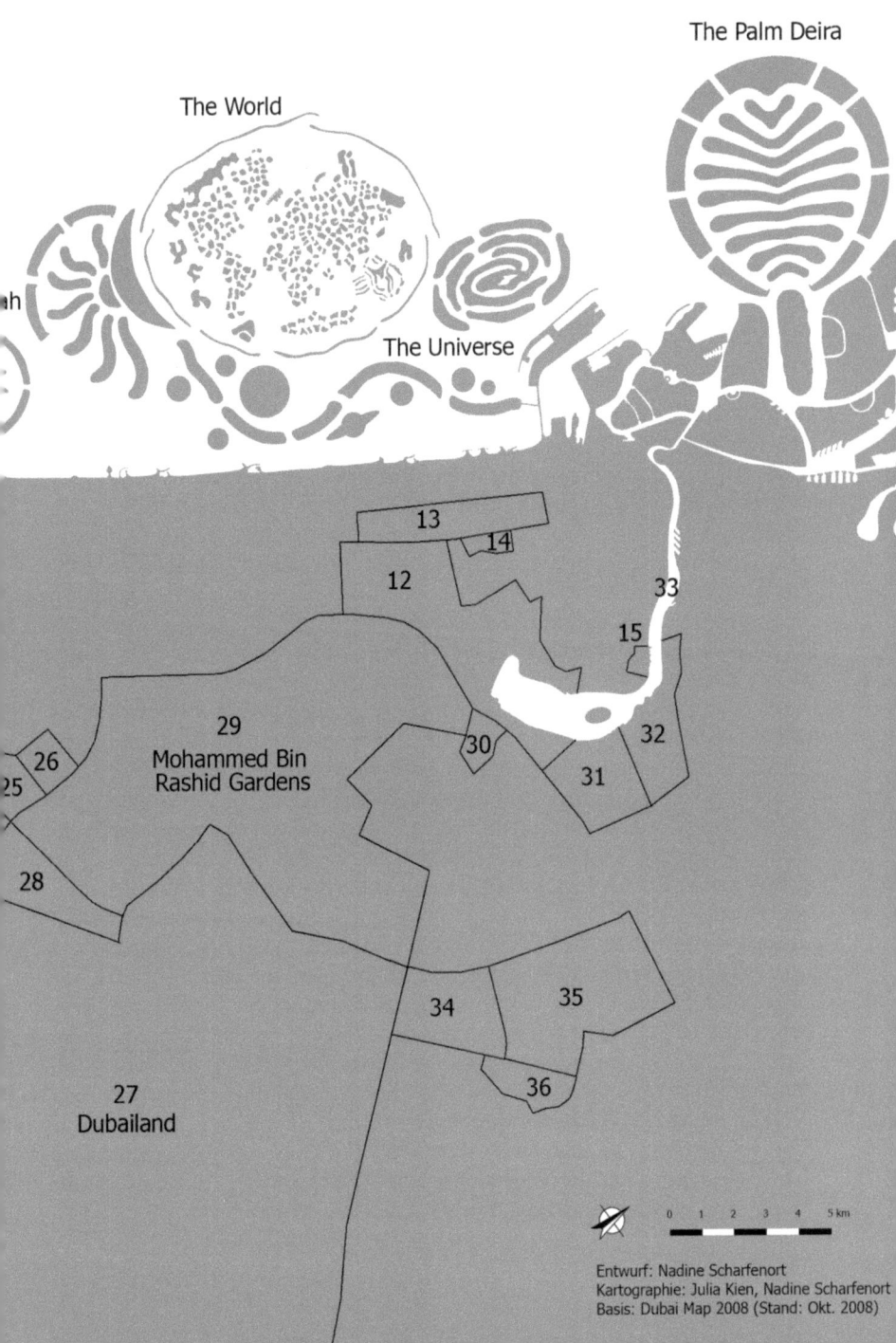

in der Hauptstadt Bahrains Manama ist mit dem *Murjan Tower* (1.022 m) ein Tower in Planung, der die Liga der Supertowers durch ein weiteres Prachtobjekt ergänzen wird. Wenn auch nicht durch ihre Höhe, so doch durch die ihre Fläche bestechen die derzeit in Saudi-Arabien in Mekka errichteten *Abraj Al-Bait Towers*, die mit 1,4 Millionen m² den weltweit größten und mit 485 m höchsten Gebäudekomplex bilden. Der aus insgesamt sieben Hochhäusern (27 bis 33 Geschosse) bestehende Komplex, zu dem auch ein Luxushotel gehören wird, kann nach Fertigstellung rund 65.000 Menschen beherbergen (Souq 2006-3, S. 18).

Infrastrukturprojekte

Die steigende Finanzkraft, die hohe Akzeptanz der angebotenen Immobilienprojekte und die bisherigen Marketing-Erfolge Dubais haben auch die Nachbarn in der Golfregion auf den Plan gerufen. In den Mitgliedstaaten des Golfkooperationsrates (Gulf Cooperation Council GCC) sind im Jahre 2006 Projekte im Wert von weit über 880 Mrd. US-Dollar (Souq 2006-3, S. 18) realisiert worden.
Mehr als die Hälfte des Volumens entfiel auf Bauvorhaben, der Rest wurde in die Industrie, den Erdöl- und Erdgassektor, die Energie- und Wasserversorgung und andere infrastrukturelle Vorhaben investiert (Scharfenort 2007a). Allen, nicht zuletzt auch aus der weltweiten Finanzkrise (2008) resultierenden, Preissteigerungen und Projektverzögerungen zum Trotz werden zur Erweiterung der Raffinerie-Kapazitäten über 60 Vorhaben mit einem Investitionsvolumen von rund 150 Mrd. US-Dollar umgesetzt, von denen alleine 28 (95 Mrd. US-Dollar) auf Saudi-Arabien entfallen (gtai, 2. September 2008). Grundsätzlich soll auch die Aluminiumindustrie in den Staaten des GCC, die einen Anteil von 4 Prozent an der weltweiten Aluminiumproduktion hat[2], ausgebaut werden. Angesichts der derzeit nachlassenden Nachfrage werden allerdings viele Vorhaben nochmals auf Rentabilität geprüft (gtai, 17. November 2008). Eines der wichtigsten Investitionsfelder ist neben der erneuerbaren Energie – großes Potential bietet insbesondere die Solarenergie (gtai, 28. November 2007) –, die Trink- und Brauchwasserversorgung sowie die Abwasserbehandlung. Einer stetigen Verknappung der Wasserressourcen steht aufgrund des Auf- und Ausbaus von Industrien, von intensiven Bau- und Bewässerungsmaßnahmen und des hohen Bevölkerungswachstums eine kontinuierlich steigende Nachfrage nach Wasser gegenüber. Auf der Basis des vorhandenen Defizits von

15 Mrd. m³ (2006) Wasser wird bis 2025 ein Anstieg auf 31 Mrd. m³ prognostiziert (gtai, 11. September 2006).
Auch die Stadtentwicklung insgesamt birgt erhebliche Investitionspotentiale. Besonders die *Transport- und Logistikeinrichtungen* erfahren eine starke Erweiterung ihrer Kapazitäten; allen voran werden die Seehäfen (Investitionsvolumen über 20 Mrd. US-Dollar, vgl. Tabelle 1), sowie die Flughäfen (50 Mrd. US-Dollar, vgl. Tabelle 2) erweitert, die eine Schlüsselposition im internationalen Waren- und Passagierverkehr einnehmen.

Tabelle 1: Geplante Hafenprojekte in den arabischen Golfstaaten und Saudi-Arabien

Land	*Name*	*Mrd. USD*
Qatar	Masaieed Port	5,5
	Ras Laffan Port	1,2
Kuwait	Bubiyan Island	1,0
Saudi- Arabien	King Abdullah Economic City Seaport	5,0
	Ras Al Zour Port	0,7
	Red Sea Gateway Terminal	0,5
VAE	Khalifa Port & Industrial Zone/Abu Dhabi	2,5
	Jebel Ali Expansion/Dubai	4,2

Quelle: gtai, 5. September 2008 (zusammengestellt aus Pro Leads, Gulf News)

Obwohl die *Luftfahrt* weltweit kriselt, rüsten die kleinen Golfstaaten ihre Flughäfen auf. In der Region, deren Fläche etwa mit der Norwegens und deren Einwohnerzahl mit denen Österreichs vergleichbar ist, gibt es derzeit sieben internationale Flughäfen, die zugleich Standorte eigener Fluggesellschaften sind: Kuwait International Airport: Kuwait Airways; Bahrain International Airport: Gulf Air: Doha International Airport/Qatar: Qatar Airways; Abu Dhabi International Airport/VAE: Etihad Airways; Dubai International Airport/VAE: Emirates[3]; Sharjah/VAE: Air Arabia; Ras Al-Khaimah International Airport: RAK Airways. In Dubai wird außerdem ein zweiter Flughafen (Al Maktoum International) realisiert, der in seiner geplanten Endausbaustufe (etwa 2030) mit einem jährlichen Passagieraufkommen von 120 Mio. und einem Frachtumschlag von 12 Mio. Tonnen der weltweit größte Flughafen sein soll (www.dwc.ae).

Tabelle 2: Geplante Flughafenprojekte in den arabischen Golfstaaten und Saudi-Arabien

Land	Name	Maßnahme	Mrd. USD
Bahrain	Bahrain International	Kapazitätserweiterung von 3 Mio. auf 12–15 Mio.	0,8
Qatar	New Doha International	Neuer Flughafen für 48 Mio. Passagiere/Jahr	11
Kuwait	Kuwait International	Neues Terminal, 3. Start- und Landebahn für 20 Mio. Passagiere	2,8
Saudi-Arabien	King Abdulaziz International, Medina, Yanbu, Tabuk, Hail, Madin Saleh, Gurayat	Landesweites Modernisierungs- und Erweiterungsprogramm	11,3
VAE	Abu Dhabi International	3. Terminal, 2. Start- und Landebahn	6,8
	Ajman International	Neuer Flughafen mit angrenzendem kommerziellem Entwicklungsgebiet	3,3
	Al Maktoum International	Neuer Flughafen in Jebel Ali	10
	Dubai International	Kapazitätserweiterung auf 70 Mio. Passagiere	3

Quelle: gtai, 9. Oktober 2008 (zusammengestellt aus MEED, Gulf News, Emirates Business 24/7)

Die VAE leisten sich die aufwendigsten Flughafenausbauten, Projekte, in die auch die kleineren und ärmeren Emirate involviert sind. In den kommenden Jahren wird es auf einer Achse von etwa 200 km in den Emiraten Abu Dhabi, Dubai, Sharjah, Ajman und Ras Al-Khaimah insgesamt sechs internationale Flughäfen geben. Ras Al-Khaimah plant außerdem in Zusammenarbeit mit der US-amerikanischen Firma *Space Adventures Ltd.* die Errichtung eines *Spaceport* (265 Mio. US-Dollar) für kommerzielle Flüge ins Weltall (AMEinfo, 19. Februar 2006, gtai, 9. Oktober 2008).

Tourismus, Kongresse, Messen, Events

Mit einem jährlichen Zuwachs von durchschnittlich 9 Prozent ist der Nahe Osten laut Welttourismusorganisation (WTO: www.world-tourism.org) zur Zeit im globalen Vergleich der am schnellsten wachsende Reise- und Tourismusmarkt, wobei die VAE – und besonders Dubai – weltweit zu den Top-20 Destinationen zählen (vgl. Tabelle 3).

Tabelle 3: Kennzahlen zur Hotellerie auf der arabischen Halbinsel (ohne Jemen)

Land	*Anzahl Hotels 2008*	*Anzahl Hotels 2010*	*Hotel- zimmer 2008*	*Hotel- zimmer 2010*	*Aus- lastung in Prozent*
Bahrain	77	91	7.028	10.799	73
Qatar	29	56	6.064	13.057	69
Kuwait	25	46	4.010	8.512	60
Oman	62	80	5.733	8.922	72
Saudi-Arabien	92	130	22.766	31.653	64
VAE	297	537	49.494	122.593	80

Quelle: gtai, 22. Mai 2008 (zusammengestellt aus MEED)

Der Tourismussektor bildet damit in Dubai wie auch in den Großstädten der kleinen Golfstaaten und Saudi-Arabien (hier vor allem Pilgertourismus) einen wichtigen Wirtschaftsfaktor und trägt als Einnahmequelle erheblich zum Bruttoinlandprodukt bei. Die Inbetriebnahme von Kongreß- und Messezentren wie des *Dubai International Convention und Exhibition Centre* und der *Dubai Airport Expo* (beide unter der Schirmherrschaft des *Dubai World Trade Centre*[4]) sowie die stark gestiegene Zahl an Austragungen von Veranstaltungen im Segment Meetings, Incentives, Conventions, Exhibitions (MICE) – zum Beispiel GITEX, BIG5, *Dubai Cityscape, Dubai Airshow, Arabian Travel Market, Gulfood* –, diverser Events – *Dubai Shopping Festival, Dubai Summer Surprises, Gulf Film Festival, Desert Rhythm Festival* –, von Auftritten renommierter Künstler wie, unter anderen, Phil Collins, Celine Dion, Kylie Minogue, Shakira, Sting, Robbie Williams und hoch dotierter Sportveranstaltungen – *Dubai World Cup, Dubai Marathon, Dubai Tennis Championships* – haben den Zustrom von Besuchern aus aller Welt gefördert: 6,95 Mio. in 319 Hotels (2007) gegenüber 2,19 Mio. in 258 Hotels (1998) (Government of Dubai 2008). Mit der Errichtung der *Dubai Healthcare City* – 7 Kliniken, 870 Betten; Freihandelszone für medizinische Einrichtungen aller Art mit Gesundheitsdienstleistungen sowie Forschung und Entwicklung nach internationalen Standards – soll mittelfristig nicht nur der Exodus von Patienten ins Ausland gestoppt werden. Dubai soll sich auch als Destination für Gesundheitstouristen entwickeln (www.dhcc.ae).

Die wiederholte Expansion des *Dubai International Airport* seit seiner Inbetriebnahme im Jahre 1959, zuletzt die Eröffnung des Terminal 3 am 14. Oktober 2008 (vgl. GN, 14. Oktober 2008), die einen Jahresdurchlauf von mehr als 60 Mio. Passagieren (2007: 34,3 Mio., GN, 20. Juli 2008) ermöglichen soll, sowie der kontinuierliche, außerordentliche Zuwachs in allen Preissegmenten des Hotelgewerbes begünstigen zudem Dubais Attraktivität im internationalen Fremdenverkehr. Dubai wird sich wohl nachhaltig als Shopping- und Handelsmetropole sowie als Destination für den internationalen Geschäftstourismus etablieren können. Zugleich ist es Dubai, etwa durch den Ausbau des Finanzsektors mit der Gründung des *Dubai International Financial Centre* und des *Dubai International Financial Exchange*, in den vergangenen Jahren gelungen, die in geopolitischer Hinsicht strategisch günstige Position zu den Märkten in den Middle East and North Africa- (MENA)-Staaten, Europa, Afrika, Südasien und Rußland geschickt auszubauen (Koch 2007) und sich zu einem Drehkreuz zwischen Ost und West zu etablieren.

Projekte auf Saadiyat Island, Abu Dhabi.
Von oben nach unten:

Louvre Abu Dhabi,
Architekt: Jean Nouvel

Maritime Museum,
Architekt: Tadao Ando

Guggenheim Abu Dhabi,
Architekt: Frank O. Gehry

Performing Arts Centre,
Architektin: Zaha Hadid

Die als CO_2-neutral geplante Ökostadt
Masdar („Quelle") soll ausschließlich
durch erneuerbare Energien versorgt
und streng nachhaltig ausgerichtet sein.
Planung: Foster + Partners

Kulturelle Infrastrukturprojekte

Der Tourismus ist allerdings nur eines von vielen Standbeinen Dubais. Mit der Ankündigung des großflächigen, kulturellen Entwicklungsprojekts „Khor Dubai" (روخ, arab.: khor = Flußlauf, hier: Creek) zieht Dubai mit seinem Erzrivalen Abu Dhabi (Kulturprojekt *Saadiyat Island*: Einrichtungen für Kunst, Kultur und kulturelle Bildung, unter anderem Dependancen des Louvre und des Guggenheim Museum[5]) gleich. Auf einer Länge von 20 km zwischen dem Mündungsbereich des Creek und dem Großprojekt *Dubai Business Bay* sind ein von *Zaha Hadid* entworfenes Opernhaus, zehn Museen, 14 Theater, 11 Galerien und neun öffentliche Bibliotheken in Planung, die sich unter anderem auf die Bereiche Musik, Literatur und Dichtung spezialisieren sollen. Ziel ist, der Metropole den bislang fehlenden kulturellen Impetus zu geben und langfristig das weltweit größte und umfassendste Kulturreiseziel zu schaffen (GN, 27. März 2008). Neben einem Museum, das sich dem Leben des Propheten Mohammed widmet, sind Museen für Kultur, arabisches Erbe, zeitgenössische Kunst und für die Wissenschaften geplant. Als Teil eines ‚Universalmuseums' werden drei der bedeutendsten deutschen Museen – die *Staatlichen Museen zu Berlin*, die *Staatlichen Kunstsammlungen zu Dresden* und die *Bayrischen Staatsgemäldesammlungen* – eine Niederlassung in Dubai eröffnen (Die Welt, 25. Mai 2008). Weitere Angebote – Galerien, Workshops, Kinos – sollen die kulturelle Vielfalt abrunden. Unterstützt wird das Projekt durch die am 8. März 2008 gegründete Kulturverwaltung *Dubai Culture and Arts Authority* mit *Michael Schindhelm* als Kulturdirektor und *Scott Desmarais* als Direktor für Strategie und Unternehmensentwicklung. Die Hauptaufgabe besteht darin, Dubai in den kommenden Jahren im Rahmen des *Dubai Strategic Plan* (2008-2015) zu einem globalen Kunst- und Kulturzentrum zu entwickeln und dem Anspruch gerecht zu werden, führende arabische Stadt zu sein (Highlights – Dubai Strategic Plan 2015).

Aber auch die föderalen Partner Abu Dhabi und Sharjah (1998 für sein Engagement von der UNESCO mit dem Titel Kulturhauptstadt der Arabischen Welt ausgezeichnet) sowie die Nachbarländer Qatar, Bahrain und Kuwait suchen Anschluß an Dubais Tourismuserfolge und ziehen mit ambitionierten Projekten gerade im Bereich der kulturellen Etablierung nach: „Kultur" und „Franchise" sind die Schlüsselbegriffe der Metropolen der arabischen Golfregion zur Eröffnung von Niederlassungen international renommierter Museen, die als Wertmaßstab und Werbeträger fungieren (Die Zeit, 18. Januar 2007). Das Erfolgsrezept „Westliche Museen für westliche Besucher" soll insbesondere vermögende Kulturtouristen anziehen (Die Zeit, 15. März 2007). Zugleich wird das kulturelle Angebot durch die Eröffnung weiterer Museen und Künstlerhäuser erweitert. Abu Dhabi hat mit dem Abschluß von Verträgen für Dependancen des Louvre (Architekt: Jean Nouvel, Eröffnung 2013) und des Guggenheim-Museums (Frank O. Gehry, 2013) bislang den größten Coup gelandet. Ergänzt wird die kulturelle Meile auf Saadiyat Island durch weitere Museen: ein Nationalmuseum (Norman Foster, 2013), ein Zentrum für Darstellende Kunst (Zaha Hadid, 2015) und ein Maritim-Museum (Tadao Ando, 2015) (Le Monde, 6. Februar 2008). Doha eröffnete am 22. November 2008 ein Museum für Islamische Kunst (Pei/Wilmotte) und wird sein kulturelles Angebot um ein Museum für Photographie (Santiago Calatrava), ein Museum für qatarische Kunst (Jean Nouvel, 2013), eine Nationalbibliothek, ein Museum für zeitgenössische Kunst, ein Naturhistorisches Museum sowie ein Konferenzzentrum in der *City of Education* (alle Arata Isozaki) ergänzen. Im Rahmen des strategischen Entwicklungsplanes (Bahrain 2030 National Planning Development Strategies) ist in Bahrain unter anderem ein Opernhaus auf der Halbinsel *Muharraq* in Planung. Noch heißen die kulturellen und für Künstler interessantesten Städte im Orient *Kairo* und *Beirut* – jedoch sind aufstrebende Städte wie Dubai, Doha und Abu Dhabi auf dem Weg, ihnen den Rang abzulaufen.

**Urbane Rivalitäten am Arabischen Golf:
Trendsetter, Beobachter, Mitstreiter**

Nicht nur Dubai, sondern auch die Nachbaremirate arbeiten an einem nachhaltigen und unverwechselbaren Image. Der Wettbewerb um Spitzenpositionen im regionalen, und die konkurrenzfähige Integration in das globale Städtesystem verlangt innovative und nachhaltige Entwicklungsstrategien: Das Hinzutreten neuer Akteure und die wirtschaftliche und gesellschaftliche Diversifizierung sowie die Veränderung des Konsum-, Freizeit-, Wohn- und Mobilitätsverhaltens der Einwohner und Besucher erforderten die Schaffung neuer Rahmenbedingungen, um den Ansprüchen aller Nutzergruppen gerecht werden zu können (Scharfenort 2009).
Abu Dhabi, die Hauptstadt der Vereinigten Arabischen Emirate, hat sich trotz immensen Reichtums aufgrund seiner Erdölreserven (94 Pro-

zent der Gesamtressourcen der VAE) bislang wirtschaftlich konservativ entwickelt. Seit dem Tod des langjährigen Herrschers Sheikh Zayed bin Sultan Al Nahyan im November 2004 weht jedoch ein neuer Wind. Abu Dhabi pflegt nun seinen Ruf als aufsteigende Kulturmetropole, baut den Tourismussektor aus und strebt seine Etablierung als führender Entwickler im Bereich alternativer Energiequellen an. Ein Pionierprojekt ist dabei die „Ökostadt" *Masdar* (مصدر, arabisch Quelle, Ursprung) auf einer Fläche von 640 Hektar, die Wohn- und Arbeitsstandort für wenigstens 50.000 Menschen sein und ausschließlich durch alternative Energiequellen versorgt werden soll. Masdar fungiert dabei nicht nur als Produktions-, sondern auch als Forschungsstandort für die Generierung und Nutzung alternativer Energien, vor allem der Solarenergie (www.masdaruae.com, gtai, 28. November 2007[6]).
Durch den Ausbau des Angebots renommierter MICE-Veranstaltungen und (sportlicher) Events wird die Hauptstadt zunehmend für Besucher aus aller Welt attraktiv und zieht mediales Interesse auf sich: Die *Red Bull Airshow* lockt jährlich mehrere tausend Besucher an, ab 2009 wird das Abschlußrennen des Formel-1-Grand Prix auf *Yas Island* ausgetragen und östlich des Zentrums entsteht auf der Insel *Saadiyat* das oben erwähnte Kunst- und Kulturzentrum, das unter anderem mit Dependancen des Guggenheim-Museums und des Louvre aufwarten kann. 2008 wurde zudem ein Fünfjahres-Plan vorgestellt, in dessen Rahmen die Wettbewerbsfähigkeit Abu Dhabis gefördert werden soll: Dabei werden nicht nur bestehende Barrieren für ausländische Investoren beseitigt, auch die Rolle der Privatwirtschaft sowie der Wissenstransfer (Technologie, ökonomische Erfahrung) werden maßgeblich gefördert (gtai, 11. Juni 2008). Langfristig strebt Abu Dhabi auch eine weitaus höhere usländische Kapitalbeteiligung an (2006: rund 4 Mrd. US-Dollar). Dem Entwicklungsplan Vision 2020 zufolge soll die bebaute Fläche von gegenwärtig rund 46 km^2 auf rund 95 km^2 verdoppelt werden. Die Einwohnerzahl soll sich zudem bis zum Jahr 2030 von knapp 1 Million auf 3 Millionen erhöhen (Souq 2006-3, S. 20, Gulf News 19. September 2007).
Der Staat *Qatar*, dessen Erdgasreserven nach Rußland und Iran mit einem Anteil von rund 14 Prozent zu den weltweit drittgrößten zählen, erwirtschaftet etwa 60 Prozent seines Bruttoinlandprodukts mit Erdöl und Erdgas (gtai, 6. Juni 2007) und hat sich im Jahre 2006 als größter Produzent von Flüssiggas (*Liquified Natural Gas*, LNG) profiliert (gtai, 8. November 2007). Einen wesentlichen Beitrag dazu leistete die 1997 rund 80 km nordöstlich der Hauptstadt Doha gegründete weitläufige Industriesiedlung

Ras Laffan (106 km² Fläche, davon 8,5 km² großer Hafen; Expansion auf 205 km² Fläche geplant), die mit mehreren Gasverflüssigungsanlagen und Industrieanlagen der Petrochemie ausgestattet ist und als *Energy Capital of the World* (www.raslaffan.com) gehandelt wird. Bis zum Jahre 2015 sind Projekte mit einem Investitionsvolumen von rund 130 Mrd. US-Dollar geplant, wobei die Entwicklung der Erdgaswirtschaft, auf die etwa die Hälfte der Investitionen fallen, nach wie vor im Mittelpunkt steht (Souq 2006-3, S. 24, gtai, 5. September 2006, gtai, 20. März 2007).

Doch trotz Qatars Spezialisierung auf die Förderung und Verarbeitung von Erdgas und der Petrochemie fließen private und ausländische Investorengelder bereits verstärkt in Nicht-Energie-Sektoren mit dem Ziel, Qatar – und vor allem die Hauptstadt Doha – als Dienstleistungsstandort und Reiseziel zu etablieren. Zwischenzeitlich hat sich Doha unter den Golfstaaten zum Sport-, Freizeit- und Bildungszentrum entwickelt. Mit Doha weist Dubai derzeit die größte Schnittmenge auf und steht folglich zu Dubai in heftiger Konkurrenz. Die 2005 gegründete Freihandelszone *Qatar Financial Centre* (QFC) hat, ähnlich wie das *Dubai International Financial Centre*, mit Onshore-Finanzplätzen ein neues Umfeld mit internationalen Regulierungsstandards geschaffen (Handelsblatt, 10. April 2006). Nach eigenen Angaben verhandelt Qatar über strategische Partnerschaften mit europäischen Börsen, was dem Finanzplatz durch die Verbindung mit den globalen Märkten eine erhebliche Aufwertung bescheren dürfte. Die *Hamad Medical City* – 1.100 Betten; bis 2012 werden außerdem das *Sidra Medical Centre* und *Al Wakrah Hospital* sowie drei Gesundheitszentren geschaffen – ist ein vergleichbares Pendant zur *Dubai Healthcare City*, das eine exzellente medizinische Versorgung gewährleisten und den Gesundheitstourismus fördern soll. Mit der Weiterentwicklung der *University of Qatar*, dem Aufbau einer *Education City*, die in direkter Nachbarschaft zum *Qatar Science and Technology Park* (QSTP) liegt und Kooperationen mit ausländischen Eliteuniversitäten hat Qatar grundlegende Schritte in Richtung einer ‚Wissensgesellschaft' eingeleitet. Qatars Tourismusbranche profitiert nicht nur von Geschäftsreisenden, sondern gleichfalls von alljährlich stattfindenden Großveranstaltungen. Neben Dubai hat sich Doha in den vergangenen Jahren einen Namen als Gastgeber von Sportereignissen mit Weltformat gemacht: Bei Tennis, Fußball, Segel-, Rad- und Motorsport genießt Doha als Veranstalter sportlicher Ereignisse – *West Asian Games 2005*, *Asian Games 2006*, *ATP Doha*, *Tour of Qatar-Doha International GP*, Läufe zur Motorrad-WM, Superbike WM – große Beliebtheit. Ähnlich wie in Dubai entste-

hen in Qatar etliche luxuriöse Immobiliengroßprojekte (teils auf künstlichen Inselgruppen, wie zum Beispiel Pearl-Qatar), die zum Teil auch im internationalen Fondsgeschäft gehandelt werden. Noch sind in Doha die allgemeinen Lebenskosten, die in Dubai in den vergangenen Jahren explodiert sind, verhältnismäßig moderat, was den Standortvorteil Dohas unterstreicht.
Im Gegensatz zu seinen Nachbarn hat *Bahrain* bereits vor Jahren aufgrund seiner wesentlich geringeren, aber intensiv genutzten und voraussichtlich bis zum Jahr 2023 Erdöl- und 2013 erschöpften Erdgasvorkommen (gtai, 23. Oktober 2008) einen konsequenten Diversifizierungs- und Liberalisierungskurs eingeleitet. Ein weitaus differenzierteres Handelsrecht und Privatisierungsprogramme versehen bestehende Standortvorteile mit neuen Anreizen für Investoren: Seit über 30 Jahren ist Manama führendes Offshore-Finanzzentrum am Arabischen Golf und hat sich zwischenzeitlich trotz immer stärker werdender Konkurrenz durch Mitbewerber (Dubai, Doha) im *Islamic Banking*[7] etabliert. Die *Aluminium Bahrain Co.* zählt mit einer Kapazität von 800.000 Tonnen neben der *Dubai Aluminium* (Dubal) zu den größten Aluminiumschmelzen des Nahen Ostens. In bezug auf die Schaffung von Wohnungen, Geschäften, Büros und (Einzelhandels-) Flächen fällt Bahrain derzeit im Vergleich zu Dubai, Abu Dhabi oder Doha zwar quantitativ zurück (gtai, 22. Oktober 2008), zieht jedoch mit Großvorhaben wie der *Bahrain Investment Wharf*, mit *Durrat al-Bahrain*, *Bahrain Bay*, *Bahrain Financial Harbour*, der den ohnehin starken Bankensektor weiter fördern soll, oder *Abraj al-Lulu* nach, die nicht nur die wirtschaftliche und touristische Infrastruktur ergänzen (gtai, 12. Juli 2007), sondern zugleich als Image-Produzenten ähnlich den gestalterisch einfallsreichen Landgewinnungsprojekten Dubais fungieren. Der derzeitigen Einzelhandelsfläche von 280.000 m² (18 Einkaufszentren) werden in den kommenden Jahren weitere 370.000 m² hinzugefügt, die Bürofläche soll bis 2012 auf etwa 1 Mio. m² verdoppelt werden. Es wird erwartet, daß die geplanten Projekte der Immobilienbranche zukünftig guten Umsatz bescheren, jedoch ist die Investorenstruktur bislang nur wenig diversifiziert: etwa 90 Prozent Bahraini, 10 Prozent Saudi-Araber (gtai, 22. Oktober 2008). Die Eröffnung eines Wissenschafts- und Technologieparks (Bahrain International Investment Park, BIIP) soll die Niederlassung von Entwicklungsfirmen für erneuerbare Energien, Wasser- und Umwelttechnik sowie aus dem IT-Bereich fördern.
Nach rund zwei Jahrzehnten Zurückhaltung will sich auch *Kuwait* mit der Veröffentlichung eines Fünfjahres-Entwicklungsplans in den urba-

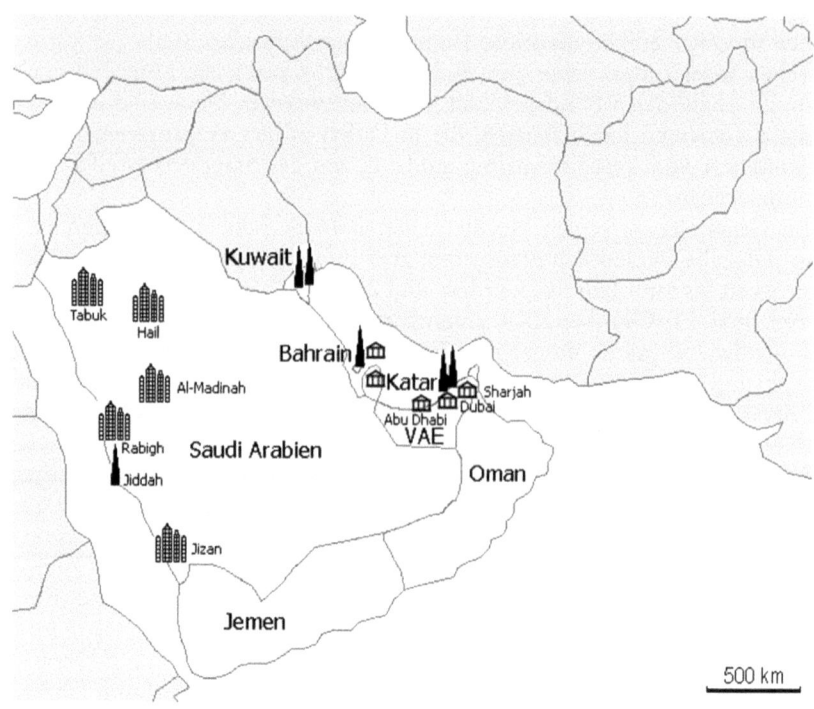

Projekte in der Golfregion © Nadine Scharfenort

Saudi-Arabien
Tabuk	Um Al-Qura Economic City
Hail	Prince Abdul Aziz bin Mosaed Economic City
Al-Madinah	Knowledge Economic City
Rabigh	King Abdullah Economic City; Investition
Jizan	Economic City Jizan
Jiddah	Mile High Tower

Kuwait   Burj Mubarak al-Kabir (Madinat Al Harrer), Al Jaber Tower

Bahrain   Murjan Tower, Bahrain Opera House

Qatar   Museum für Islamische Kunst

Vereinigte Arabische Emirate
Abu Dhabi	Saadiyat Island
Dubai	Khor Dubai, Burj Dubai, Nakheel Tower
Sharjah	Diverse Museen

nen Wettstreit am Arabischen Golf einbringen. Kuwait verfügt über etwa 10 Prozent der weltweit bekannten Erdölreserven, der Erdölsektor trägt zu rund 52 Prozent zum nominalen Bruttoinlandprodukt bei. Die nachhaltige Bedeutung der Energiebranche spiegelt sich allein in der Tatsache, daß Ende 2008 insgesamt 97 Projekte oder Ausschreibungsprojekte im Erdölsektor mit einem kumulierten Budgetansatz von 50 Mrd. US-Dollar, weitere 10 Projekte in der Petrochemie (27,2 Mrd. US-Dollar), 11 im Gassektor (6,2 Mrd. US-Dollar), aber auch 28 im Elektrizitätssektor (14,2 Mrd. US-Dollar) und 24 im Wassersektor (7,1 Mrd. US-Dollar) bekannt waren (gtai, 14. November 2008). Auch im Bereich der Stadtentwicklung und der Anpassung der Infrastruktur ist Kuwait aktiv: Obwohl die Planungen durch das vom Parlament noch nicht vollständig abgesegnet sind, versucht Kuwait mit der Realisierung von rund 1.100 angekündigten Projekten, allen voran mit dem prestigeträchtigen Aushängeschild *Madinat Al Hareer* (Seidenstadt, Investitionsvolumen 132 Mrd. US-Dollar) mit dem Gebäude *Burj Mubarak al-Kabir* (1.001m Höhe) auf einem 250 km² großen Areal in der Stadt *Subbiya* (www.madinat-al-hareer.com) städtebaulich Anschluß in der Golfregion zu finden. Im Gegensatz zu seinen Nachbarn – vor allem Dubai, wo Entscheidungen über die Durchführung von Projekten binnen weniger Tage fallen können, ungeachtet von Bauvorschriften, Verträglichkeitsprüfungen oder Bürgerbeteiligung (gtai, 3. Oktober 2008) – müssen Planungsvorhaben hier erst vom Parlament Zustimmung erhalten; nicht selten werden Projekte erst zeitverzögert realisiert, wie dies beispielsweise im Fall der Madinat Al Hareer geschehen ist.
Da seit Jahren vor allem die Vereinigten Arabischen Emirate und insbesondere Dubai im Mittelpunkt des internationalen Interesses stehen, ist *Saudi-Arabien* bisher ein wenig in den Hintergrund geraten, wobei das Land als nicht zu unterschätzende Wirtschaftsmacht der Arabischen Halbinsel gehandelt werden muß. Seit der Jahrtausendwende verfolgt Saudi-Arabien eine Politik schrittweise erfolgender Wirtschaftsreformen und einer vorsichtigen Öffnung des Marktes. Dabei setzt das Land verstärkt auf den Ausbau des industriellen Sektors und will sich zum führenden Standort für Petrochemie und Chemie entwickeln. Außerdem sind weitere Investitionen zum Ausbau der Erdölindustrie, zum Aufbau neuer Industriezweige sowie zur Verbesserung des Bildungswesens geplant. Von den Anfang 2008 im Bereich der Energiebranche auf der arabischen Halbinsel definierten Vorhaben und Ausschreibungen mit einer Investitionssumme von insgesamt 549 Mrd. US-Dollar entfiel mehr als die Hälfte aller Kapitaleinsätze auf Energieprojekte in Saudi-Arabien (gtai, 5. Juni

2008). Obwohl die Strategien ähnlich klingen wie in den kleinen Golfstaaten, ist das Aufnahmevolumen für Investitionsgüter wesentlich höher als in den vergleichsweise einwohnerschwachen Nachbarländern: Allein Mekka hat so viele Einwohner wie die VAE, während in Saudi-Arabien mit rund 24 Mio. etwa doppelt so viele Menschen leben wie in den kleinen Golfstaaten (gtai, 29. Oktober 2007). Neben dem Energiesektor will sich Saudi-Arabien zukünftig auch mehr in den lukrativen Tourismusbereich einbringen und neben religiös motivierten Besuchern (Pilgern), Bildungsreisenden und, durch behutsame Lockerung der Vorschriften, auch ausländischen Touristen die Einreise gestatten. Der aggressive Ausbau der touristischen Infrastruktur soll Arbeitsplätze für Arbeit suchende Schulabsolventen schaffen und mit dem Gesetz zur Förderung, Organisation und Entwicklung des Tourismus vom 24. März 2008 (gtai, 17. Juni 2008) das Segment zur Ausbildung von Tourismusberufen entwickeln.

In bezug auf die Stadtentwicklung beziehungsweise Stadtneugründungen ist auch Saudi-Arabien aktiv geworden. Derzeit entstehen – zumindest auf dem Zeichentisch – gigantische Städte, die den Bauboom der VAE vermutlich eines Tages verblassen lassen (gtai, 5. Juni 2008). In den kommenden Jahrzehnten plant Saudi-Arabien, mit Investitionen in Höhe von rund einer Billion US-Dollar (!) den allgemeinen Ausbau der Infrastruktur zu forcieren (gtai, 16. Februar 2007). Mit zahlreichen Projekten strebt Saudi-Arabien an, neue Industrien anzusiedeln, die Versorgung mit Strom und Wasser zu erweitern und das Straßen-, Schienennetz und die Flughafenanbindungen auszubauen. Die Investitionsbehörde SAGIA (Saudi Arabia General Investment Authority) spielt dabei eine wesentliche Rolle. Sie unterstützt nicht nur ausländischen Investoren bei den Genehmigungsverfahren, sie ist auch mit der Bereitstellung der Infrastruktur in den neu entstehenden Economic Cities beauftragt (Souq, 2006-3, S. 19). Maßgebliches Ziel der neuen Wirtschafts- und Industriestädte ist neben der Diversifizierung der Wirtschaft die Aufnahme von Arbeitskräften. Jährlich drängen mehr als 100.000 saudische Staatsbürger auf den Arbeitsmarkt, die bislang nur zu einem Viertel absorbiert werden konnten (gtai, 5. Juni 2008). Den fünf in Bau befindlichen Wirtschaftsstandorten in *Rabigh* (King Abdullah Economic City; Investition: 27 Mrd. US-Dollar), *Hail* (Prince Abdul Aziz bin Mosaed Economic City; 8 Mrd. US-Dollar), *Jizan* (Economic City Jizan; 27 Mrd. US-Dollar), *Madinah* (Knowledge Economic City; 7,6 Mrd. US-Dollar) und *Tabuk* (Um Al-Qura Economic City; 2,7 Mrd. US-Dollar) mit unterschiedlichen Profilen, die zwar vom Staat initiiert, aber aus dem Privatsektor finanziert werden, sollen im Erfolgsfall weitere Städte die-

ser Art folgen. Es wird davon ausgegangen, daß die neuen Standorte rund 150 Mrd. US-Dollar (2020) zum Bruttoinlandprodukt beitragen, Arbeitsplätze für etwa 1,3 Menschen schaffen, Wohnraum für etwa 4,5 Millionen Menschen bieten und das Prokopfeinkommen von 13.000 auf 33.500 US-Dollar anheben werden (Arab News, 12. Mai 2007).
Das größte Prestigeprojekt ist derzeit die *King Abdullah Economic City* (www.kingabdullahcity.com) mit ihrer strategisch günstigen Lage am Roten Meer zwischen *Jiddah* und *Mekka*, die, unter anderen, mit Beteiligung von dem in Dubai ansässigen Entwickler *Emaar* errichtet wird und als Aushängeschild für das neue, moderne und weltoffene Image Saudi-Arabiens fungieren soll. Mit einer Fläche von 168 km² ist die Stadt für 2 Mio. Menschen sowie weiteren 1,8 Mio. Einwohnern im Großraum konzipiert und wendet sich vornehmlich an junge Menschen. Ähnlich wie in den Golfstaaten plant man auch in Saudi-Arabien Kapazitäten, die ihre eigene Nachfrage aufgrund hochmoderner Standards und durch den Vorteil der Ausnutzung von Synergieeffekten generieren. Bei der Umsetzung der Vorhaben geht man hingegen bedachter vor als dort; bei Pionierprojekten bekannte Planungsfehler sollen hier durch entsprechende bauliche Maßnahmen bereits im Vorfeld vermieden werden – in Dubai folgte die Verkehrsnetzerschließung der Bebauung (Die Zeit, 15. März 2007), was auch aufgrund des Fehlens eines effizienten öffentlichen Verkehrsnetzes zu einer massiven Belastung des motorisierten Individualverkehrs führte. Zu den Maßnahmen zählen im weiteren Sinne die Implementierung innovativer umweltfreundlicher Projekte oder etwa die Anwendung ‚grüner' Baukriterien, wie die Energie- und Wassereinsparung bei Neubauten, die verstärkte Nutzung alternativer Energieträger oder die Verwendung umweltfreundlicher Baustoffe[8], aber auch die Entwicklung des öffentlichen Bewußtseins für eine ökologisch-nachhaltige Planung bei einer gleichzeitigen notwendigen Reduzierung des ökologischen Fußabdrucks.[9]

Bilanzierender Ausblick

Dubais rasche Transformation gilt weltweit als Sensation und ist Vorbild für viele andere Ökonomien. Dabei erfährt Dubai immer wieder Bestätigung und Anerkennung für seine Leistungen, sieht sich aber auch dem Vorwurf des Kitschs, der Kultur- und Geschmacklosigkeit ausgesetzt, wobei der Grat zwischen Neid und Verachtung schmal ist. Oft wurde in Dubai erheblich zu schnell und zu oberflächlich geplant und gebaut – zu

Lasten der baulichen Qualität und der Gebäudekonstruktion. In einem erdbebengefährdeten Gebiet sollten Qualitätsüberlegungen bereits in der Planung einen deutlich höheren Rang genießen. Dubai befindet sich auf der Überholspur des Erfolgs. Die hohe Geschwindigkeit könnte Dubai letztlich zum Verhängnis werden. Durch anthropogene Eingriffe in die Natur hat Dubai seinen ökologischen Haushalt bereits massiv belastet, verharmlost jedoch Bedenken über deren langfristige Folgen, wie zum Beispiel die Auswirkungen der Sandverschiebungen, Verlangsamung der Strömung sowie den damit verbundenen Sauerstoffaustausch, der zu Algenbildungen führt. Umweltskandale können allerdings unerwünschte Konsequenzen zeitigen: Die Rolle eines Pioniers birgt somit für die Zukunft Dubais gleichermaßen Chancen wie Risiken.

Während es in den ersten Phasen der Stadtentwicklung primär darum ging, Dubai als internationales Zentrum zu etablieren und weltweit Aufmerksamkeit zu erregen, hat sich der Fokus nun in Richtung Qualität verschoben (Scharfenort 2007b). Konnten es sich finanzstarke Emirate wie Abu Dhabi und Kuwait oder die größte Volkswirtschaft des arabischen Raumes, Saudi-Arabien, leisten, zunächst abzuwarten oder unwirtschaftliche Großprojekte zu initiieren, darf das an natürlichen Ressourcen arme Dubai auch zukünftig Rentabilitätsziele in finanzieller Hinsicht und qualitativ im Bereich der Stadtentwicklung nicht aus den Augen verlieren (gtai, 16. April 2008).

Mit seinen Strategien hat Dubai bislang weit mehr Erfolge als Fehlschläge verbuchen können. Allerdings stellt sich die Frage, ob die geplanten Kapazitäten beim aufkommenden starken innerregionalen Wettbewerb nicht langfristig überdimensioniert erscheinen. Die Situation ist zudem insofern prekär, als sich in die prestigeträchtigen Pionierprojekte neben Spekulanten in erster Linie Prominente eingekauft haben, die als Meinungsbildner fungieren und essentiell am Erfolg oder Mißerfolg beteiligt sind. Sollte Dubais Image geschädigt werden, könnte dies zu einem Exodus der Prominenz und einem Abwenden der Investoren mit weiter Sogwirkung führen, zumal alleine in der arabischen Golfregion einige neue Standorte mit ähnlichen, an Dubai orientierten Strategien ('Dubaiisierung der Golfregion') und mit gleichen Zielen bereits in den Startlöchern stehen.

Dann wäre es nur eine Frage der Zeit, bis die Infrastruktur vernachlässigt wird, Kapazitäten nicht gefüllt werden können, der ökologische Haushalt nachhaltig zerstört ist und bilanzierend eingestanden werden muß, daß die gigantischen Vorhaben ein beträchtliches Selbstzerstörungspotential enthalten und sich im Wortsinne als auf Sand gebaut herausstellen.

Anmerkungen

1 www.nakheelharbour.com
2 Derzeit sind zwei Aluminiumhütten in Betrieb. In den kommenden Jahren sollen die *Dubai Aluminium* (*Dubal*, Ausstoß 900.000 t/a) sowie die *Aluminium Bahrain* (*Alba*, Ausstoß 860.000 t/a) durch elf weitere Produktionsanlagen ergänzt werden. Ende 2008 sollte in Oman eine neue Anlage betriebsbereit sein. Der bisherige Nettoimporteur Saudi-Arabien hat Investitionen in Höhe von 17 Mrd. US-Dollar genehmigt, die den Aufbau einer landesweiten Produktion auf über 3 Mio. Tonnen jährlich fördern sollen, womit Saudi- Arabien zum führenden Exporteur in der Region aufsteigen würde (gtai, 17. November 2008). Insgesamt sollen die Kapazitäten der Mitgliedstaaten des Golfkooperationsrates von knapp 1,7 Mio. Tonnen (2006) Aluminium auf weit über 6 Mio. Tonnen pro Jahr (2010) gesteigert werden (gtai, 15. Mai 2007).
3 Dubai hat neben *Emirates* die neue Billigfluglinie *FlyDubai* gegründet, die dem Konzept der *Air Arabia/Sharjah* ähnelt. Der Flugbetrieb wird voraussichtlich Mitte 2009 aufgenommen werden (www.flydubai.com).
4 Das Areal des Dubai World Trade Centre wird durch das anschließende *Dubai Trade Centre District* (Nähe *Emirates Towers*), das auch an die *Dubai Metro* angeschlossen sein wird, ergänzt. In Jebel Ali wird zudem mit dem *Dubai Trade Centre Jebel Ali* eine weitere großflächige Dependance errichtet (www.dtcja.com).
5 In den kommenden Jahren ist zudem die Errichtung von 29 Hotels, 8.000 Villen und 38.000 Apartments vorgesehen. Von der insgesamt 27 km² großen Fläche sind etwa 1 km² für Freiflächen und Parks geplant. Die Insel ist in mehrere thematische Distrikte gegliedert und soll nach Abschluß der Bautätigkeiten zur Entlastung des Zentrums und des Großraumes Wohnraum für rund 170.000 Menschen bieten (www.saadiyat.ae).
6 An der Masdar-Initiative beteiligen sich unter anderen die RWTH Aachen, das Deutsche Zentrum für Luft- und Raumfahrt (DLR) und das schweizerische Unternehmen Conergy. Für die Erschließung des Standorts stehen Mrd. US-Dollar zur Verfügung; unter anderem soll auch ein 100-Megawatt-Solarkraftwerk (erweiterbar auf 500 MW, 350 Mio. US-Dollar) finanziert werden (gtai, 28. November 2008). Das Konzept der Stadt folgt einer strengen Nachhaltigkeitsleitlinie, so daß sie CO_2-emissionslos und durch konsequentes Recycling nahezu abfallfrei gehalten werden kann.
7 Islamic Banking ist der Versuch, im Islam sharia-konforme Finanzprodukte unter Berücksichtigung ethischer Grundlagen anzubieten: Zinsverbot (*Riba*), Verbot der Spekulation (*Gharar*) und des Glücksspiels (*Maysir*) sowie die Berücksichtigung weiterer sozialer und ethischer Ausschlußkriterien (*Haram*): Verbot der Investition in Alkoholherstellung und -vertrieb, Pornographie, Prostitution sowie die Verarbeitung und der Handel mit Schweinefleisch.
8 In Saudi-Arabien gibt es nur einen sehr eingeschränkten Auslandstourismus (vorwiegend aus arabischen Nachbarländern). Seit dem 1. Januar 1999 sind jedoch pro Jahr einige wenige Gruppenreisen mit Reiseleitung aus westlichen Ländern möglich. Für Reisende – besonders für Frauen – gilt es, strenge Kleidungs- und Verhaltensvorschriften einzuhalten, die nach dem konservativen wahabitischen Islamverständnis ausgelegt werden. Ausländische Frauen dürfen zudem nur in männlicher Begleitung reisen, das heißt in Begleitung des Vaters, des Ehegatten oder eines Bruders, und sich mit Zustimmung (Mitführen eines Sponsorbriefes) sich in der Öffentlichkeit aufzuhalten.

9 Den ersten Schritt in Richtung einer „umweltfreundlichen Stadt" machte Abu Dhabi mit dem angekündigten Großprojekt Masdar City. Dubais „grüne" Reaktion ist das Megabauprojekt *Mohammed Bin Rashid Gardens*. Auf einer Fläche von 82 km² mit insgesamt vier Bebauungsclustern, die in sechs zeitlichen Phasen realisiert werden (Investitionsvolumen 55 Mrd. US-Dollar) sind umfangreiche Grün- und Freiflächen vorgesehen. Die umweltfreundliche Bebauung soll durch energieeffiziente Gebäude gewährleistet werden. Erstmals ist die Konzipierung eines Stadtteils mit kurzen Wegen im Sinne einer fußläufigen Stadt ähnlich traditioneller islamisch-orientalischer Städte ausgelegt.

10 Der Ökologische Fußabdruck mißt die menschliche Inanspruchnahme der Biosphäre hinsichtlich der biologisch produktiven Land- und Seeflächen, die zur Bereitstellung der genutzten Ressourcen und zur Entsorgung von Stoffen (darunter CO_2) benötigt werden. Die VAE belegen auf einer Liste von 150 untersuchten Staaten mit 9,9 globalen Hektar pro Person den unrühmlichen ersten Platz, gefolgt von Kuwait (Platz 3: 8,9), Oman (Platz 25: 5,9) und Saudi-Arabien (Platz 60: 2,6), während der durchschnittliche weltweite Verbrauch bei 2,7 globalen Hektar pro Person auf Platz 58 liegt (Living Planet Report 2008; die Angaben entsprechen dem Stand 2005).

Zitierte Literatur

Koch, Christian (2007): The Changing International Role of the Gulf Region. In: Orient IV/2007, Berlin. S. 4–16

Scharfenort, Nadine (2008): Stadtvisionen am Arabischen Golf. „Oil-Urbanisation" und „Post-Oil-Cities" am Beispiel Dubai. In: Mitteilungen der Österreichischen Geographischen Gesellschaft, 150, S. 251–272

Scharfenort, N. (2007a): Städterivalität in den Arabischen Golfstaaten. GIGA Focus 5/2007. German Institute for Global Area Studies, Hamburg. S. 1–8 (www.giga-hamburg.de/giga-focus)

Scharfenort, Nadine (2007b): Urbane Rivalität am Arabischen Golf. Oil-Urbanisation und Post-Oil-Cities am Beispiel von Abu Dhabi, Dubai und Sharjah. Diss., Universität Wien. Erscheint im August 2009 bei Campus

Beiträge aus der gtai-Datenbank (www.gtai.de):
Abu Dhabi fördert Industrieansiedlungen (11. Juni 2008, Martin Böll)
Aluminiumkapazitäten am Golf auf dem Prüfstand (17. November 2008, Achim Haug)
Arabische Erdölländer bauen ihre Häfen aus (5. September 2008, Martin Böll)
Bahrain – von Öl und Gas abhängiger denn je (23. Oktober 2008, Martin Böll)
Bahrains Immobilienbranche baut auf die Nachbarn (22. Oktober 2008, Martin Böll)
Bauboom läßt Projektkosten am Golf explodieren (16. Februar 2007)
Dubai gibt „grünes" Stadtprojekt bekannt (16. April 2008, Martin Böll)
Gasreichtum treibt Qatars Boom (5. September 2006)
Golfregion im Hotelbaufieber (22. Mai 2008, Fabian Nemitz)
Golfstaaten dursten (11. September 2006)
Golfstaaten rüsten ihre Flughäfen auf (9. Oktober 2008, Martin Böll)
Golfstaaten wollen ihr Öl verstärkt selber raffinieren (2. September 2008, Martin Böll)
Kuwait investiert in Energieprojekte (14. November 2008, Achim Haug)
Solarenergie im Nahen und Mittleren Osten bietet großes Potenzial (28. November 2007, Christian Blumenthal)

Volle Kassen für neue Projekte in Qatar (20. März 2007)
Weltgrößtes Aluminium-Projekt in Saudi-Arabien (15. Mai 2007)]

Zeitungsartikel

Deutsche Museen expandieren ins Scheichtum Dubai, Die Welt, 25. Mai 2008
Dubai handles record passenger traffic in first half of 2008, Gulf News [GN], 20. Juli 2008
First flight sails through Emirates Terminal 3, Gulf News [GN], 14. Oktober 2008
Golf Persique: Surenchère de mega-projects culturels, Le Monde, 6. Februar 2008
Space Adventures to develop commercial spaceport in Ras Al Khaimah, 19. Februar 2006, www.ameinfo.com

Dokumente

Government of Dubai (Hg.) (2008), Analysis of 2007. Dubai Hotel Establishment Services. Department of Tourism and Commerce Marketing, Dubai http://www.dubaitourism.ae/Portals/0/Statistics%5CHotelStatistics/A001%202007%20Analysis%20-%20Dubai%20Hotel%20Establishment%20Statistics.pdf
Highlights – Dubai Strategic Plan (2015): http://egov.dubai.ae/opt/CMSContent/Active/CORP/en/Documents/DSPE.pdf
Rangliste Ökologischer Fußabdruck – Living Planet Report 2008 (WWF, deutschsprachige Version): http://www.wwf.de/fileadmin/fm-wwf/pdf_neu/Living_Planet_Report_2008_WWF.PDF

Internetquellen

www.abudhabiairport.ae (Abu Dhabi International Airport)
www.airarabia.com (Air Arabia, Sharjah)
www.bahrainairport.com (Bahrain International Airport)
www.gtai.de (Bundesagentur für Außenwirtschaft. Servicestelle des Bundesministeriums für Wirtschaft und Technologie)
www.dicec.ae (The Dubai International Convention and Exhibition Centre)
www.dhcc.ae (Dubai Healthcare City)
www.dohaairport.com (Doha International Airport, Qatar)
www.dtcja.com (Dubai Trade Centre Jebel Ali)
www.dubaiairport.com (Dubai International Airport)
www.dwc.ae (Dubai World Central – Al Maktoum International Airport, Dubai)
www.dwtc.com (Dubai World Trade Centre)
www.dtcdistrict.com (Dubai World Trade Centre District)
www.emirates.com (Emirates, Dubai)
www.etihadairways.com (Etihad Airways, Abu Dhabi)
www.flydubai.com (FlyDubai, Dubai)
www.gulfair.com (Gulf Air, Bahrain)
www.hmc.org.qa (Hamad Medical Corporation, Qatar)

www.kingabdullahcity.com/en (King Abdullah Economic City, Saudi-Arabien)
www.kuwait-airport.com.kw (Kuwait International Airport)
www.kuwait-airways.com (Kuwait Airways)
www.madinat-al-hareer.com (Madinat Al Hareer, Kuwait)
www.masdaruae.com (Masdar Initiative)
www.nakheelharbour.com (Nakheel Harbour & Tower)
www.qatarairways.com (Qatar Airways)
www.rakairport.com (Ras Al-Khaimah International Airport)
www.rakairways.com (RAK Airways)
www.raslaffan.com (Ras Laffan Industrial City, Qatar)
www.saadiyat.ae (Saadiyat Island, Abu Dhabi)
www.shj-airport.gov.ae (Sharjah International Airport)

Gegenüberliegende Seite: Dubai 1990 (oben) und 2007

Geschichte, Verfassung

Heiko Schmid

Dubai: der schnelle Aufstieg zur Wirtschaftsmetropole

Vom Fischerdorf zur Handelsmetropole

Dubai hat in den vergangenen Jahrzehnten einen kometenhaften Aufstieg von einem kleinen Handelszentrum zu einer boomenden Tourismus- und Wirtschaftsmetropole vollzogen. Die Stadt ist historisch relativ jung und geht auf ein wahrscheinlich im 18. Jahrhundert angelegtes Fischerdorf zurück (Heard-Bey 2004; Gabriel 1987). Einen ersten Wachstumsimpuls, der die Einwohnerzahl nahezu verdoppelte, brachte 1833 die Übersiedlung von 800 Personen aus dem benachbarten Abu Dhabi. Hintergrund war ein Stammesstreit innerhalb der dort ansässigen Bani Yas, der die Abspaltung der Al Bu Falasah auslöste, worunter sich auch die heute in Dubai regierende Maktoum-Familie befand (Scholz 1991; Lavergne & Dumortier 2000). Die kleine Siedlung lebte vorwiegend vom Fischfang und vom Perlentauchen, umfaßte aber in der zweiten Hälfte des 19. Jahrhunderts kaum mehr als 3.000 Einwohner (Elsheshtawy 2004). Erst der zaghafte Aufschwung ab Ende des 19. Jahrhunderts und die allmähliche Etablierung als Handelshafen legten das Fundament zu Dubais heutigem Erfolg.
Bereits im 19. Jahrhundert konnte sich Dubai durch seinen Naturhafen eine Funktion als kleine Handelsniederlassung sichern. Entsprechend entwickelte sich die Siedlung zu beiden Seiten des Khor („Creek"), eines mehrere Kilometer ins Landesinnere reichenden Meeresarms. Entscheidender jedoch als die naturräumlichen Voraussetzungen waren die politischen Einflüsse in der Golfregion, die seit dem 18. Jahrhundert und dem Abzug der Portugiesen endgültig unter britische Hegemonie geriet (Elsheshtawy 2004; Heard-Bey 2004). 1820 schlossen die Briten Verträge mit allen Stammesführern an der Südküste des Golfs, um Übergriffe auf Handelsschiffe zu unterbinden und die Handelsverbindung zwischen Indien und Mesopotamien und der anschließenden Landroute ins Mittelmeer zu sichern (Müller-Mahn 1999; Al-Hamarneh 2007). Über weitere

Verträge konnten die Briten die Stämme und Scheichtümer als Vertragsstaaten („Trucial States") immer enger an sich binden und deren außenpolitische Entscheidungsfreiheit einschränken. Zugleich fungierten die Briten als Schutzmacht und betrieben mit den einzelnen Scheichtümern Handel. Über die kleinen Seehäfen am Golf, darunter auch Dubai, wurde ab Mitte des 19. Jahrhunderts der Perlenhandel organisiert. Durch den wachsenden Wohlstand in Indien und die Popularität der Perlen in Europa stieg die Nachfrage schnell und verschaffte den Scheichtümern eine wichtige Einnahmequelle. Ohnehin waren die Stämme an der Südküste des Golfs keine reinen Nomaden, sondern nutzten neben der traditionellen Tierhaltung und Oasenwirtschaft die Möglichkeit, an der Küste Fischfang zu betreiben, was zu einer gewissen Seßhaftigkeit führte (Müller-Mahn 1999; Heard-Bey 2004). Neben den Perlen wurde häufig auch Fisch exportiert und im Gegenzug Lebensmittel wie Reis und Zucker importiert. Dubai fungierte zudem für sein arabisches Hinterland und die Buraimi-Oasen als kleiner Handelshafen.

Von den 1870er Jahren an profitierten die Handelsaktivitäten an der Südküste des Golfs von der politischen Instabilität in Persien, so daß die Hafenstandorte allmählich zu den wichtigsten in der Golfregion aufstiegen (Elsheshtawy 2004). Die liberale und offene Haltung der Herrscher in Dubai begünstigte zudem die Ansiedlung von persischen und indischen Händlern, die sich ab Ende des 19. Jahrhunderts in Dubai niederließen und den Handel weiter intensivierten. Anfang des 20. Jahrhunderts verstärkte sich diese Tendenz durch die Einführung hoher Importzölle und Steuern im persischen Hafen Bandar Lingeh. Dubai nutzte die Gunst der Stunde, schaffte kurzerhand seinen Importzoll von 5 Prozent ab und erklärte sich zum Freihafen (Wirth 1988; Heard-Bey 2004). In der Folge verlagerten sich Seehandel und Warenumschlag zwischen Indien und Persien zunehmend nach Dubai; zusätzlich migrierten zahlreiche persische Händler nach Dubai, um die Abgabenlast zu umgehen. Dubai profitierte neben dem Transithandel und seinem eigenen Warenumschlag auch vom Linienverkehr britischer Dampfschiffe, die ab 1904 regelmäßig den Freihafen am Khor ansteuerten (Wirth 1988; Heard-Bey 2004). Mit der erhöhten Handelsleistung übertraf Dubai fortan auch die benachbarten Städte Sharjah und Abu Dhabi und konnte mit der Ansiedlung von Kaufleuten seine Einwohnerzahl auf über 10.000 steigern (Wilson 1999; Elsheshtawy 2004). 1925 verschärften sich die persischen Handelsrestriktionen durch höhere und dauerhaft festgesetzte Steuern erneut, so daß sich die Migration persischer Kaufleute nach Dubai ausweitete. Händler, die sich bis dahin nur befristet in Dubai aufgehalten hatten, ließen sich mit ihren Familien dort nun endgültig nieder. Dank der liberalen Haltung des Herrschers siedelten in Dubai in der Folge auch Migranten und Arbeitssuchende aus Bahrain, Irak und Belutschistan, so daß sich die Stadt ständig erweiterte. In Deira, auf der Nordostseite des Khor, dehnte sich der Souk weiter aus und wurde um Neubauten persischer und belutschischer Migranten ergänzt. In Bur Dubai, auf der Südwestseite des Khor, entstand neben dem arabischen Siedlungskern Shandaghah ein eigenes Händlerviertel, das man später nach der Herkunft der Händler aus einer persischen Provinz Bastakiyýa nannte (Scholz 1991; Lavergne & Dumortier 2000).

Dank der ungebrochen starken Nachfrage nach Perlen, verstärkter Handelsaktivitäten und eines anwachsenden Re-Exporthandels, sprich, eines Warenumschlags für die übrige Golfregion und vor allem für Persien, konnte das prosperierende Dubai bis zum Ende der 1920er Jahre auf etwa 18.000 Einwohner anwachsen (Wilson 1999). Die Weltwirtschaftskrise von 1929 und die Einführung japanischer Zuchtperlen führten jedoch schlagartig zum Niedergang der Perlenfischerei und zu Armut in der Bevölkerung (Ministry of Information and Culture 2007). In den 1930er Jahren folgten der wirtschaftlichen Krise politische Spannungen und ein Aufbegehren der arabischen Bevölkerung, die von Streitigkeiten und Auseinandersetzungen innerhalb der Herrscherfamilie begleitet waren: „during the 1930s smouldering dynastic squabbles within the ruling family combined with general discontent among the Arab elements of Dubai's merchants with their reduced wealth and status." (Heard-Bey 2004, S. 255). Der Konflikt eskalierte beinahe zu einer gewaltsamen Auseinandersetzung, konnte aber durch politische Intervention benachbarter Herrscher und britische Einflußnahme beigelegt werden.

In den 1940er Jahren änderte sich kaum etwas an der schwierigen wirtschaftlichen Situation. Erschwerend kam der Ausbruch des Zweiten Weltkriegs hinzu, der eine britische Blockade gegen Persien brachte, das das Naziregime offen unterstützte. Die Seeblockade sowie die kriegsbedingte Ressourcenknappheit brachten den Warenumschlag im Hafen von Dubai fast vollständig zum Erliegen (Wilson 1999). Dubai befand sich in einer prekären Lage, da es auf Lebensmittelimporte angewiesen war und zusätzlich unter der wirtschaftlichen Situation litt. Das Kriegsende brachte dann eine Normalisierung von Warenumschlag und Lebensmittelversorgung, was die wirtschaftliche Situation seit dem Niedergang des Perlenhandels aber nur teilweise kompensierte. Selbst in den 1950er Jahren hatte sich Dubai noch nicht ganz von der wirtschaftlichen Krise erholt. Hinzu kam ein Rückgang der Bevölkerung durch die Abwanderung von Arbeitskräften nach Qatar, Kuwait und Saudi-Arabien, wo der beginnende Ölboom Arbeitsmöglichkeiten bot (Müller-Mahn 1999). Wirtschaftlich machte zumindest der beginnende Goldschmuggel nach Indien, das seit 1947 den Import von Gold zur Stärkung seiner Währung verboten hatte, Dubai zu einem lukrativen Goldumschlagplatz (Gabriel 1987; Wilson 1999). Entscheidende Wachstumsimpulse brachten erst die zahlreichen Infrastrukturprojekte, die teilweise noch über Kredite aus Kuwait, Bahrain und Qatar finanziert werden mußten.[1] Sheikh Rashid bin Saeed Al-Maktoum ließ – zunächst als Kronprinz und später als Emir von Dubai – von 1958 bis 1959 den Khor vertiefen, um einen besseren Zugang zu den Hafenanlagen von Dubai zu gewährleisten. 1958 folgte die Anlegung, 1961 der weitere Ausbau eines Flugplatzes, der Linienverbindungen nach Europa und Indien brachte. Mit der Gründung privater Versorgungsunternehmen begannen 1961 auch die Elektrifizierung der Stadt und die Einrichtung eines Telefonnetzes. Zuvor war bereits 1950 das Maktoum-Hospital und 1957 die Stadtverwaltung von Dubai errichtet worden (Wirth 1988; Heard-Bey 2004). Der Ausbau der Infrastruktur und insbesondere die Vertiefung des Khor brachten Dubai eine deutliche Verbesserung der Handelsaktivitäten. Besonders der hohe Re-Exportanteil, der 1950 bereits 85 Prozent aller Importe ausmachte, markierte Dubais Funktion als Warenumschlagplatz und Handelsdrehscheibe des Arabisch-Persischen Golfs (Wilson 1999). Dubai war unbestreitbar zum Wirtschaftszentrum der Emirate aufgestiegen; das benachbarte Sharjah mit dem Sitz des britischen Repräsentanten konnte sich jedoch als politisches Zentrum behaupten. Nach längerem Drängen erreichte Sheikh Rashid aber 1954 den Umzug des britischen Repräsentanten nach Dubai und vergrößerte so den politischen Einfluß und die Bedeutung Dubais weiter (Wilson 1999).

Erdölzeitalter und Diversifizierung

Das Erdölzeitalter sollte in Dubai erst Ende der 1960er Jahre beginnen. In Erwartung von Ölfunden hatten die Briten jedoch schon 1922 die Herrscher der Vertragsstaaten darauf verpflichtet, nur nach britischer Zustimmung Konzessionsverträge abzuschließen (Müller-Mahn 1999). Als erster hatte der Herrscher von Dubai mit der britischen Petroleum Concessions Ltd. 1937 eine Ölkonzession vereinbart, die jedoch erst einmal keine Versuchsbohrungen und Ölfunde, sondern lediglich geringe jährliche Kon-

zessionsabgaben brachte (Heard-Bey 2004). Für Dubai waren allerdings diese Einnahmen für den Aufbau der Infrastruktur hilfreich, da nach dem Niedergang der Perlenindustrie und mit dem Status als Freihafen zunächst wenig Staatseinnahmen vorhanden waren (Wilson 1999).
Erste Ölbohrungen in Abu Dhabi im Jahre 1950 und in Dubai ab 1963 änderten die Situation grundlegend. Allein die Exploration führte zu einem großen Strom an Material und Experten in die Golfstaaten. Und obwohl der Ölboom mit früheren Funden und schließlich mit weitaus mehr Ölvorkommen besonders Abu Dhabi begünstigte, konnte Dubai als wichtigster Umschlagplatz von Anfang an profitieren (Wirth 1988; Gabriel 1987). Die liberale Haltung des Herrschers förderte in Dubai die Wirtschaft, so daß sich immer mehr indische und pakistanische Händler in der Stadt niederließen. Die Nachfrage nach Arbeitskräften im Handel und in der Ölindustrie führte zu einem steigenden Zustrom an Migranten und ließ Dubai schnell wachsen. Ein übriges tat der weitere Ausbau der Infrastruktur, insbesondere der Hafenanlagen. Der wachsende Schiffsverkehr führte zu immer größeren Frachtschiffen, so daß die Wassertiefe des Khor in Dubai trotz der Vertiefung bald nicht mehr ausreiche und viele Seeschiffe vor der Küste ankerten und mit kleineren Booten entladen werden mußten. Aus diesem Grund initiierte Sheikh Rashid schon bald die Anlgung eines Tiefwasserhafens an der Küste unmittelbar südöstlich zur Khoreinfahrt (später Port Rashid genannt). Zwischen 1967 und 1972 entstanden dort Kaianlagen und ein Hafenbecken mit 15 Liegeplätzen für große Frachtschiffe, die dem Handel und dem Warenumschlag in Dubai starken Auftrieb brachten (Heard-Bey 2004; Wirth 1988).
Parallel dazu begann auch in Dubai der Ölboom durch erste Bohrungen (Wilson 1999; Scholz & Zimmermann 1999).[2] Um die bislang erfolglose Suche nach ertragreichen Ölfeldern in Dubai zu beschleunigen, hatte das Herrscherhaus 1963 die Dubai Petroleum Company als multinationales Konsortium unter Beteiligung internationaler Ölkonzerne gegründet. 1966 konnte schließlich vor der Küste mit dem Fateh-Feld das erste große Ölfeld Dubais erschlossen werden (Wilson 1999; Butt 2001). Bis 1976 folgten mit Southwest Fateh, Rashid und Falah drei weitere Offshorefelder, so daß die anfänglich geringe Ölproduktion rasch ansteigen konnte und bis 1991 ihr Maximum von 410.000 Barrel pro Tag erreichte. Trotz weiterer Exploration konnten jedoch außer dem Margham-Feld im Landesinneren keine weiteren Lagerstätten gefunden werden. Aus diesem Grund sank in den 1990er Jahren Dubais Ölproduktion wieder deutlich ab und lag im Jahre 2000 bei etwa 170.000 Barrel pro Tag (Butt 2001). Mit

den bestehenden Feldern und der derzeitigen Produktion wird sich damit die Ölförderung in Dubai innerhalb von 20 Jahren erschöpfen. Auch wenn Dubais Erdölzeitalter bereits am Ausklingen ist, haben die Öleinnahmen seit Ende der 1960er Jahre doch einen entscheidenden Impuls und die notwendigen finanziellen Ressourcen für den wirtschaftlichen Auf- und Ausbau des Emirats erbracht. Das Herrscherhaus in Dubai konnte so die anfänglich noch benötigten Kredite für Infrastrukturmaßnahmen rasch zurückzahlen und in zunehmendem Maße neue Projekte aus eigener Kraft finanzieren.

Verteilung der Gas- und Ölreserven in den VAE 2003

Emirat	Ölreserven		Gasreserven	
	Mrd. Barrel	% der VAE	Mrd. m³	% der VAE
Abu Dhabi	92,2	94,3%	5605,5	92,5%
Dubai	4,0	4,1%	116,9	1,9%
Sharjah	1,5	1,5%	305,4	5,1%
Ras Al Khaimah	0,1	0,1%	30,9	0,5%
Insgesamt	97,8	100%	6058,7	100%

Quelle: verändert nach Al Fajr 2007, S. 270

Ende der 1960er Jahre führten die langsam steigenden Einnahmen aus den Ölexporten und der durch den neuen Port Rashid prosperierende Warenumschlag in Dubai zu einem starken Wirtschaftswachstum, das sich auch auf die Stadtentwicklung auswirkte. War Dubais Einwohnerzahl bis 1967 auf 59.000 Einwohner angewachsen, so explodierte sie förmlich bis 1974 auf 120.000 und erreichte 1980 sogar 278.000 Einwohner (Heard-Bey 2004). Durch den Zuzug von Arbeitskräften hatte sich die Bevölkerung innerhalb von jeweils knapp sieben Jahren zweimal verdoppelt. Ab Ende der 1960er Jahre wurden die vormals eingeschossigen Bauten zu beiden Seiten des Khor nach und nach durch mehrgeschossige Bauten ersetzt. Anstelle der traditionellen Windtürme prägten nun immer mehr moderne Hochhausbauten das Stadtbild. Die gesteigerten Handelsaktivitäten führten zusätzlich zu einer Ausweitung des Souks, der im Stadtteil Deira in die umliegenden Altstadtquartiere hineinwuchs (Wirth 1988; Lavergne & Dumortier 2000). In Hafennähe entstanden Öltanks, Lagerflächen und industrielle Anlagen und durch private Bautätigkeit zudem zahlreiche Wohnungen, Büros und Geschäfte, wodurch sich die Stadtfläche erheblich vergrößerte. Geschickt nutzte man die Erdöleinnahmen, um die städtische Infrastruktur weiter auszubauen und neue Gebiete zu erschließen: neben der Stadterweiterung weit außerhalb gelegene „Vorstädte" und die sich anschließende Besiedlung der dazwischenliegenden Freiflächen (Scholz 1991). Von großem Vorteil waren dabei die traditionellen Eigentumsrechte der Stammesgesellschaft, die Privateigentum zwar über das Gewohnheitsrecht vorsah, ansonsten aber die Nutzung der freien Flächen außerhalb der Siedlungen dem jeweiligen Herrscher überließ: „Außerhalb der überbauten Flächen einer Siedlung steht die Verfügungsgewalt über Grund und Boden dem Herrscher als Vertreter der Stammesgesellschaft zu." (Wirth 1988, S. 49). In Dubai ermöglichte dies eine großdimensionierte Planung durch die Herrscherfamilie und eine rasche Ausweitung des Stadtgebiets im Rahmen der aufgestellten Entwicklungspläne. Bereits 1959 war von Sheikh Raschid beim britischen Planungsbüro John Harris ein erster Stadtentwicklungsplan für Dubai in Auftrag gegeben worden. Dieser Plan organisierte vor allem die Verkehrserschließung und das zukünftige Straßennetz Dubais, einschließlich zweier Durchbrüche in der dichter bebauten Altstadt, breiterer Straßenachsen für die Neubaugebiete und einer ersten Brücke über den Khor (Wirth 1988; Gabriel 1987). Die rasche Entwicklung Dubais machte allerdings schon bald einen neuen Entwicklungsplan notwendig, der 1971 vom gleichen Planungsbüro vorgelegt wurde und großflächige Neubauquartiere für Industrie, Handel und Wohnen auswies. Während der Plan von 1959/1960 noch in einer Zeit des kompakten und langsamen Wachstums entstanden war, markierte der neue Plan eine Phase starken Stadtwachstums und einer ersten Suburbanisierung (Elsheshtawy 2004). Neben einem Netz neuer Schnellstraßen sollten im Süden eine zweite Brücke über den Khor und an der Mündung ein Straßentunnel die beiden Stadtteile Deira und Bur Dubai besser verbinden. Daneben plante man den Ausbau der städtischen Infrastruktur mit Krankenhäusern, Schulen und Verwaltungsgebäuden sowie einige Großprojekte, wie eine zweite Start- und Landebahn für den Flughafen oder Aufschüttungen für neue Industriebetriebe an der Khormündung (Wirth 1988; Gabriel 1987).

Die 1970er Jahre symbolisieren den raschen Aufstieg Dubais mit zahlreichen Großprojekten, wie dem großen Trockendock neben dem Port

Rashid und ab 1976 einer umfangreichen Industrieansiedlung im Gebiet von Jebel Ali an der Grenze zu Abu Dhabi, der ein neuer und weitaus größerer Tiefwasserhafen folgen sollte (Wirth 1988; Elsheshtawy 2004). Die 1970er Jahre brachten für Dubai mit der Staatsgründung der Vereinigten Arabischen Emirate 1971 und dem „Ölpreisschock" von 1973 wichtige Weichenstellungen, die das Wachstum politisch und wirtschaftlich flankierten. Besonders weitreichend war die politische Neuordnung der Vertragsstaaten („Trucial States"), die 1968 mit der unverhofften Ankündigung des Rückzugs der britischen Schutzmacht begann. Auf Einladung von Dubai und Abu Dhabi trafen sich nach Bekanntgabe der britischen Abzugspläne die neun Herrscher der arabischen Scheichtümer am südlichen Golf. Neben den sieben Emiraten Abu Dhabi, Dubai, Sharjah, Ajman, Umm al Qaiwain, Fujairah und Ras Al Khaimah nahmen im Februar 1968 auch Qatar und Bahrain an ersten Gesprächen um eine mögliche Föderation teil. Trotz langer, intensiver Bemühungen in den folgenden drei Jahren konnten sich Qatar und Bahrain letztlich aber nicht mit der Idee eines Staatenbunds anfreunden und verkündeten im August und September 1971 jeweils ihre Unabhängigkeit. Noch im gleichen Jahr einigten sich sechs der verbliebenen Emirate auf eine gemeinsame Förderation unter dem Namen „Vereinigte Arabische Emirate" und proklamierten im Dezember 1971 ihre Unabhängigkeit. Als siebtes Emirat trat schließlich im Februar 1972 Ras Al Khaimah der Föderation bei (Heard-Bey 2004; Lavergne & Dumortier 2000). Für Dubai brachte der Staatenbund vor allem politische Stabilität und mit Sheikh Rashid als Vizepräsident und seinem Sohn Sheikh Maktoum als Premierminister einen größeren Einfluß. Wirtschaftlich konnte Dubai als wichtigstes Handelszentrum des neuen Staatenbundes profitieren, indirekt aber auch vom enormen Ölreichtum Abu Dhabis, das Teile seiner Öleinnahmen dem gemeinsamen Haushalt und damit auch für Infrastrukturmaßnahmen in den anderen Emiraten zur Verfügung stellte.[3]

Für zusätzliche Prosperität sorgten schließlich auch die stark steigenden Ölpreise im Herbst 1973.[4] Dubais zunächst noch geringe Ölexporterlöse steigerten sich um ein Vielfaches, so daß fortan ausreichend Kapital für große Investitionsvorhaben zur Verfügung stand (Wirth 1988). Angesichts der begrenzten Ölreserven nutzte Dubai seine Erlöse aus der Ölförderung konsequent für die wirtschaftliche Diversifizierung. Die politischen Turbulenzen in der Golfregion durch den Krieg zwischen Irak und Iran, aber auch der in den 1980er Jahren wieder rückläufige Ölpreis bestärkten Dubai in seiner Diversifizierungspolitik (Müller-Mahn 1999). Um

die Abhängigkeit von den Ölexporten zu reduzieren, bot sich der weitere Ausbau von Dubai als Handelszentrum an. Das Herrscherhaus verknüpfte diesen Ausbau mit einer konsequenten Industrialisierungspolitik (Heard-Bey 2004). Dubai folgte dem industriellen Entwicklungspfad beispielsweise mit der Anlegung von vier großen Trockendocks nahe des Port Rashid. Die 1979 gebauten und 1983 in Betrieb genommenen Trockendocks – darunter das größte Dock im Arabisch-Persischen Golf – ermöglichten Reparatur und Neubau größerer Fracht- und Tankschiffe (Ministry of Information and Culture 2004). Ebenfalls auf eine industrielle Entwicklung ausgerichtet war das Projekt eines zweiten Tiefwasserhafens im Gebiet von Jebel Ali an der Grenze zum Emirat Abu Dhabi. Dieses Projekt markierte den wichtigsten industriellen Diversifizierungsschritt. Es brachte neben dem größten künstlichen Tiefwasserhafen der Welt ab 1985 eine zunächst 300 Hektar große Freihandelszone für Industriebetriebe und die Ansiedlung eines großen Aluminiumwerks (Müller-Mahn 1999). Die Realisierung der beiden großen Hafenbecken mit 67 Schiffsliegeplätzen sowie der Kaianlagen mit Containerterminal und zahlreichen Kühlhäusern und Lagerhallen erfolgte im wesentlichen zwischen 1976 und 1982 (Wirth 1988). Nach der Fertigstellung des Hafens folgte die Ansiedlung zahlreicher internationaler Industrie- und Handelsfirmen, die in der Jebel Ali Free Zone den zollfreien Warenumschlag und die steuerfreie Produktion von Gütern nutzten. Mittlerweile ist diese Freihandelszone zum wichtigsten Industriestandort der Vereinigten Arabischen Emirate aufgestiegen und umfaßt neben mehr als 600 internationalen Firmen auch wichtige Infrastruktureinrichtungen: Großkraftwerk, Meerwasserentsalzungsanlage, Gasverflüssigungswerk und Schmierölfabrik. Zugleich ist dort mit der staatlichen DUBAL auch das größte Aluminiumwerk des Mittleren Ostens entstanden, das aus australischen Bauxiterzen jährlich knapp 700.000 Tonnen Aluminium für den Weltmarkt erzeugt. Als wesentlichen Standortvorteil nutzt das Werk dabei die günstige Energieversorgung aus den Gaskraftwerken, die über Gaspipelines direkt mit den Offshorefeldern verbunden sind und zugleich für die Meerwasserentsalzung die notwendige Abwärme liefern (Wilson 2006; Heard-Bey 2004; Sampler & Eigner 2003; Schliephake 1993; Wirth 1988; DUBAL 2007).
Die Industrieansiedlung in Jebel Ali beeinflußte indirekt auch die weitere Siedlungsentwicklung und Suburbanisierung von Dubai, das sich in den 1980er und 1990er Jahren vornehmlich an der Küste in Richtung Jebel Ali ausweitete. Eine wichtige Entwicklungsachse war dabei die neue Trade Center Road, später Sheikh Zayed Road genannt, die als Schnell-

straße nach Abu Dhabi führt. Hier entstand 1979 mit dem Dubai Trade Center auch der neue Wachstumspol der Stadt. Das weitab vom eigentlichen Stadtzentrum Dubais fertiggestellte 39-geschossige Hochhaus – damals das höchste Gebäude im Mittleren Osten – unterstrich zugleich Dubais Ehrgeiz, sich als wichtigster Wirtschaftsstandort der Golfregion zu etablieren (Wilson 2006; Sampler & Eigner 2003; Gabriel 1987).

Boomtown Dubai: Auf dem Weg zur Weltmetropole

Zahlreiche Kriege und Krisen in der arabischen Welt erschwerten immer wieder die ambitionierten wirtschaftlichen Bemühungen Dubais. Insbesondere die militärischen Auseinandersetzungen in der Golfregion, aber auch der arabisch-israelische Konflikt wirkten sich negativ auf die wirtschaftliche Situation aus und verunsicherten die Investoren.[5] Dennoch bot sich für Dubai als Wirtschaftsstandort immer die Gelegenheit, von den Konflikten zu profitieren. Einen ersten Vorteil brachte Mitte der 1980er Jahre die Verlagerung zahlreicher libanesischer Banken aus dem bürgerkriegsumkämpften Beirut nach Dubai, Banken, die dort den bis dahin eher unbedeutenden Finanzstandort stärkten (Schliephake 1993). Der Krieg zwischen Irak und Iran in den 1980er Jahren verstärkte Dubais Seehandel, da der Schiffsverkehr im nördlichen Golf kriegsbedingt fast zum Erliegen gekommen war und der Warenumschlag bereits in den Häfen in Jebel Ali und in Dubai abgewickelt wurde. Der irakische Einmarsch in Kuwait 1990 und die anschließende internationale Militäraktion „Desert Shield" brachten für Dubai – bedingt durch den militärischen Warenumschlag – ebenfalls einen florierenden Außenhandel und ein hohes Schiffsaufkommen in seinen Häfen (Heard-Bey 2004). In gleicher Weise profitierte Dubai vom jüngsten Irakkrieg ab 2003 (Davis 2006; Jacobs 2007). Hinzu kamen arabische Investitionen und – nach dem 11. September – die Repatriierung arabischer Gelder aus dem amerikanischen Markt. Gründe waren die zunehmend ablehnende Haltung der arabischen Staaten gegenüber der amerikanischen Intervention im Irak und das Bestreben, die bislang häufig in den USA investierten Öleinnahmen in der Golfregion anzulegen, nicht zuletzt um sie dem Zugriff der amerikanischen Politik zu entziehen (Guy Wilkinson, 22. Februar 2005; Marwan Mansour, 26. Februar 2005; Harms 2006).

Es waren aber nicht allein externe Einflüsse, die Dubai zu einem attraktiven Investitionsstandort gemacht haben. Von Anfang an beflügelte die liberale

Wirtschaftspolitik mit Freihafen, Freihandelszonen und niedrigen Steuern die Wirtschaft. Dubais Herrscher förderten zudem die Ansiedlung ausländischer Kaufleute und Arbeitskräfte und akzeptierten zugleich deren fremde Kultur und Religion. Diese liberale Grundeinstellung setzt sich heute in der Wirtschaftspolitik und der Akzeptanz anderer Kulturen und Lebensstile fort. Neben der stark wachsenden Tourismusindustrie profitiert von dieser Offenheit vor allem der Immobiliensektor. Seit das Emirat Dubai 2002 als erstes Land der Golfregion Ausländern den Erwerb von Grundbesitz erlaubt hat, herrscht im Immobilienmarkt Hochkonjunktur (Davidson 2005; Wilkinson 2003; Kriegel 2006).

Neben der liberalen Grundeinstellung betonen Sampler & Eigner (2003) besonders die visionäre Führung und den einfachen Zugang zu den Entscheidungsträgern als wichtige Faktoren für den wirtschaftlichen Erfolg Dubais. Vision und Wirtschaftsstrategie waren dabei besonders ausschlaggebend, mußte Dubai doch ohne den Rohstoffreichtum seiner Nachbarländer auskommen: „With a tiny hinterland lacking the geological wealth of Kuwait or Abu Dhabi, Dubai has escaped poverty by a Singaporean strategy of becoming the key commercial, financial and recreational hub of the Gulf." (Davis 2006, S. 55) Folglich bildeten schon sehr früh Handel, Verkehr und Dienstleistungen die wirtschaftliche Basis und den Ausgangspunkt für ein Wirtschaftszentrum nach dem Vorbild Singapurs. Dubais geographische Lage im Schnittpunkt der drei Kontinente Europa, Asien und Afrika begünstigte diese Entwicklung, so daß sich Dubai schließlich auch weit über die Golfregion hinaus als Handelszentrum etablieren konnte: „It also developed from a mere trading hub for the Gulf and the Middle East regions, into an increasingly important international hub serving a vast area extending from Central and South Africa to the Subcontinent and the CIS countries." (Sheikh Mohammad, zit. in DDIA 2003, S. 14)

Sheikh Rashid hatte als Herrscher von Dubai bereits wichtige Weichenstellungen vorgenommen und Dubais Aufstieg zur Handelsmetropole durch den massiven Infrastrukturausbau in die Wege geleitet. Seine Söhne Sheikh Maktoum und Sheikh Mohammad, die bereits in den 1980er Jahren Führungsaufgaben übernommen hatten, setzten die Vision und Strategie ihres Vaters nach dessen Tod 1990 fort: „With the help of his brothers, who all have positions in Dubai government, Shaikh Maktoum continues to facilitate the ever increasing role of Dubai as the regional centre for trade, re-exportation, services, exhibitions, conferences, sporting events and latterly also tourism." (Heard-Bey 2004, S. 270) Als Emir von Dubai und Vizepräsident der Vereinigten Arabischen Emirate war Sheikh Maktoum aller-

dings stark in die nationalen Regierungsgeschäfte in Abu Dhabi eingebunden, so daß es vor allem Kronprinz Sheikh Mohammad war, der, in Arbeitsteilung mit seinem Bruder, die wirtschaftlichen Geschicke Dubais lenkte. Sheikh Mohammad forcierte die Politik seines Vaters und setzte zahlreiche wirtschaftliche Impulse, die er als Emir nach dem Tod seines Bruders 2006 fortsetzte. Wichtige Meilensteine auf dem Weg zu einem internationalen Wirtschaftszentrum waren die Gründung der Fluggesellschaft Emirates Airline, der mehrfache Ausbau des Flughafens, der Bau eines Kongreß- und Messezentrums, die Dubai Internet City und die Dubai Media City als Freihandelszonen sowie mit dem Dubai International Financial Center ein neues Wirtschafts- und Finanzzentrum an der Sheikh Zayed Road. Zur Strategie der Diversifizierung gehörten auch zahlreiche spektakuläre Immobilienprojekte und seit den 1980er Jahren die Förderung eines qualitativ hochwertigen Tourismus: „In the 1980s and early 1990s, the city took a strategic decision to emerge as a major international-quality tourism destination." (Elsheshtawy 2004, S. 179)
Triebfeder der touristischen, aber auch der gesamtwirtschaftlichen Entwicklung war insbesondere die Emirates Airline, die sich mit einem Startkapital von nur zehn Millionen US-Dollar seit ihrer Gründung 1985 rasch zu einer der weltweit größten Airlines entwickelte (Tuma & Deckstein 2006). Konzipiert als „long-haul carrier", also als Fluggesellschaft mit Langstreckenschwerpunkt, bedient die Emirates Airline weltweit vor allem die wichtigsten Wirtschaftszentren. Die Fluglinie förderte in Dubai nicht nur den Tourismus, sondern auch den Geschäftsreiseverkehr. Als extrem erfolgreiche Gesellschaft konnte Emirates bis 2007 die Zahl der angeflogenen Destinationen auf 99, die der Flugzeuge auf 109 und das Passagier—aufkommen auf über 21 Mio. pro Jahr steigern (Emirates Group 2008). Mit diesem Erfolg erhöhte sich auch das Passagieraufkommen am Flughafen in Dubai, so daß dieser mehrfach erweitert werden mußte und 1998 und 2008 jeweils ein zusätzliches Terminal erhielt. Durch das rasche Wachstum von Dubai ist der 1958 noch vor den Toren der Stadt angelegte Flughafen mittlerweile zum Stadtflughafen mit begrenzter Erweiterungsmöglichkeit geworden. Angesichts weiter wachsender Passagierzahlen – 2007 wurden bereits 34,3 Mio. Passagiere befördert – sind deshalb Planungen und erste Bauarbeiten zu einem neuen Großflughafen nahe Jebel Ali im Gange. Der neue Flughafen wird mit sechs Start- und Landebahnen bereits vollmundig als „Dubai World Central" beworben und ist speziell auf die Belange großer Flugzeuge wie den neuen Airbus A 380 ausgerichtet (Dubai Aviation Corporation Authority 2006). Die ambitionierten

Pläne werden vor allem durch das rasante Wachstum im Tourismussektor gestützt. Allein zwischen 1995 und 2007 steigerten sich die Besucherzahlen in Dubai von 1,6 Mio. auf knapp 7 Mio. (DTCM 2004a, 2008).
Wichtige Wachstumsimpulse brachten in Dubai die Einrichtung verschiedener Freihandelszonen – etwa als Freihafen am Khor, am Port Rashid und am Port Jebel Ali. Ab 2000 kamen zudem mit der Dubai Internet City und der Dubai Media City zwei spezialisierte Freihandelszonen hinzu, die Dubai während des Booms der New Economy geschickt als Internet- und Medienzentrum der arabischen Welt positionierten. Beide Freihandelszonen waren von Anfang an stark nachgefragt und mußten mehrfach erweitert werden. Bis 2003 ließen sich allein in der Internet City über 470 Firmen nieder, darunter weltweit bekannte Unternehmen wie Siemens, IBM, HP oder Microsoft. In der Media City waren es zur gleichen Zeit über 620 Firmen, darunter bekannte Unternehmen wie CNN, Reuters oder Al Arabiya (Sampler & Eigner 2003). Viele internationale Konzerne machten Dubai zu ihrem regionalen Hauptquartier und verlagerten ihre regionalen Niederlassungen nach Dubai in die Freihandelszonen. Dies hat neben ‚Fühlungsvorteilen' und der sehr guten Infrastruktur am neuen Standort für die Firmen vor allem den Vorzug, daß sie keinerlei Steuern oder Zölle zahlen müssen und ihr Kapital frei transferieren können. Innerhalb der Freihandelszonen müssen die Firmen zudem auch nicht, wie in den Golfstaaten üblich, eine Teilhaberschaft im Sinne eines Joint Venture mit einem lokalen Unternehmen oder Geschäftsmann eingehen.
Statt über einen Unternehmensanteil von maximal 49 Prozent können die internationalen Konzerne über das volle Eigentum ihrer regionalen Tochterunternehmen verfügen (Davidson 2005). Neben der Internet und der Media City entstanden später nach gleichem Muster weitere Freihandelszonen, die jeweils die regionale Führungsrolle Dubais in den entsprechenden Branchen sichern sollen. Als Beispiele sind das Dubai International Financial Center zu nennen, das Dubai zu einem Finanzzentrum internationalen Ranges machen soll, das Dubai Multi Commodities Center und die Dubai Healthcare City.
Im Immobiliensektor brachten spektakuläre Projekte den wirtschaftlichen Durchbruch. Anfangs war es das Emirat beziehungsweise die Herrscherfamilie, die investierte und architektonische Wahrzeichen bauen ließ. Es entstanden Hotelbauten wie das Jumeirah Beach Hotel, das Dusit Dubai Hotel oder die Emirates Towers mit einem Hotel- und einem Büroturm. Diese Projekte waren allerdings nur in zweiter Linie Investitionen in den Immobiliensektor, da sie hauptsächlich dem Tourismus und der Attrak-

tivitätssteigerung des Standorts dienten. Vor allem der Burj Al Arab, der 1999 in Form eines gigantischen Segels als höchstes und luxuriösestes Hotel fertiggestellt wurde, machte das aufstrebende, aber bislang wenig beachtete Dubai in der ganzen Welt bekannt. Das entscheidende Immobilienprojekt war dann ab 2001 die Palm Jumeirah, eine vor der Küste Dubais angelegte kilometergroße künstliche Inselaufschüttung in Palmenform. Das Projekt zog aus verschiedenen Gründen zahlreiche Investoren an: Wie der Burj Al Arab hatte das Projekt Wahrzeichencharakter und sorgte für weltweite Berichterstattung. Zudem verfügen alle angebotenen Villengrundstücke über einen eigenen Strand, so daß die in Dubai bereits knappe Strandfläche erheblich erweitert wurde. Für die Investoren versprach die Palmeninsel zudem ein gutes Wiederverkaufsobjekt zu werden, vor allem weil die Grundstücke als sogenannte *Freehold Properties* mit allen Eigentumsrechten auch an Ausländer verkauft werden können. Das Projekt erzeugte eine derart hohe Nachfrage, daß Sheikh Mohammad schon bald eine zweite Palmeninsel (Palm Jebel Ali) sowie weitere Projekte nach gleichem Muster auflegen ließ. Der wachsende Tourismus und der kontinuierliche Zuzug weiterer Arbeitskräfte heizten den beginnenden Immobilienboom weiter an. Ein übriges taten die ab Mitte 2004 deutlich erhöhten Öleinnahmen, die für ausreichend Investitionskapital in der Golfregion sorgten. In der Folge konnte sich das Emirat Dubai fast vollständig aus der Finanzierung der Immobilienprojekte zurückziehen und sich auf den Ausbau der Infrastruktur konzentrieren (Martin Berlin, 13. Januar 2005).

Ab 2004 lösten sich dann die Meldungen über neue Projekte und Investitionen in Dubai gegenseitig ab. Spektakuläre Projekte mit immer neuen Superlativen wurden entworfen: Neben einer noch größeren dritten Palmeninsel (Palm Deira) begannen vor der Küste Dubais Aufschüttungsarbeiten für eine ganze Inselkette in Form einer Weltkarte (The World). Hinzu kommen mit Dubailand der größte Erlebnispark und mit dem Burj Dubai das höchste Gebäude der Welt. Auch bei den Einkaufszentren herrschte in Dubai ein Wettkampf um den Weltrekord. Während sich die 223.000 m² große Mall of the Emirates mit einer Indoor-Skihalle wenigstens bezüglich der Aufmerksamkeit noch behaupten kann, liegt die 280.000 m² große Ibn Battuta Mall bereits „abgeschlagen" auf Rang 3. Zukünftig werden die Dubai Mall und die Mall of Arabia mit 500.000 bzw. 930.000 m² Verkaufsfläche die mit Abstand größten Einkaufszentren der Welt sein (Emaar Properties 2008; Majid Al-Futtaim 2007; Retail International 2004).

Die hohe Taktzahl an neuen Bauvorhaben setzte sich bis Ende 2005 unvermindert fort, so daß sich die zur Verfügung stehende Fläche im Emirat Dubai bedrohlich schnell mit Projekten und Baustellen füllte. Ab 2006 konzentrierten sich die Aktivitäten jedoch zunehmend auf die bauliche Umsetzung der initiierten Vorhaben. Ohnehin hatten die angekündigten Bauprojekte bereits ein Volumen von über 200 Mrd. US-Dollar erreicht (Chowdhury 2006), so daß Kritiker zwischenzeitlich von einem „desert parceling", einer Parzellierung der Wüste ohne erkennbare Baufortschritte, sprachen (Elsheshtawy 2004, S. 183). In Dubai zeigt sich jedoch schon längst eine massive Bautätigkeit, die in nur wenigen Jahren das Gesicht der Stadt komplett verändert hat: „The city's skyline, long dominated by the World Trade Center building, has undergone a dramatic transformation, which has occurred within the last 10 years." (Elsheshtawy 2004, S. 183) An der Sheikh Zayed Road und an der neuen Dubai Marina sind regelrechte Hochhauscluster entstanden. Dazwischen erstrecken sich zahlreiche *Master Planned Communities* und ausgedehnte Bürokomplexe, die kaum mehr an die beschauliche Handelsstadt der 1970er Jahre erinnern. Auch die seit 2008 in Dubai spürbare internationale Finanz- und Wirtschaftskrise ändert an diesem Bild nichts Grundsätzliches. Krisenbedingt hat sich zwar auch in Dubai das Wachstum erheblich verlangsamt, die Stadt ist mittlerweile aber längst zu einer internationalen Metropole angewachsen.

Anmerkungen

1 Kuwait, Bahrain und Qatar verfügten bereits sehr früh über Öleinnahmen und einen größeren finanziellen Spielraum, so daß sie dem benachbarten Emirat Dubai Kredite gewähren konnten.
2 In Abu Dhabi hatte die Ölförderung 1962 begonnen, in Bahrain bereits 1934.
3 1980 beschlossen die Vereinigten Arabischen Emirate verbindlich, daß alle Öl fördernden Mitglieder 50 Prozent ihrer Exporterlöse dem gemeinsamen Haushalt zur Verfügung stellen müssen (Müller-Mahn 1999).
4 Hintergrund dieses „Ölpreisschocks" war der israelisch-arabische Krieg und eine offene Unterstützung Israels durch die USA. Die zumeist arabischen Ölproduzenten in der jungen OPEC einigten sich daraufhin aus politischen Gründen, die Förderquoten zu reduzieren und Rohöl deutlich zu verteuern (Wilson 1999).
5 Anhaltende militärische Auseinandersetzungen in der Golfregion gab es zwischen Iran und Irak (1980–1988), Irak und Kuwait (1990–1991) und USA und Irak (seit 2003). Der Konflikt zwischen Israel und seinen arabischen Nachbarstaaten führte 1967, 1973 und 1982 zu Konflikthöhepunkten. Der libanesische Bürgerkrieg (1975–1991) sowie die erste (1987–1993) und zweite Intifada (2000–2005) verstärkten das Bild einer politisch instabilen Region.

Literatur

Al-Hamarneh, A. (2007): Vereinigte Arabische Emirate. In: Weiss, W. (Hg.): Die Arabischen Staaten. Geschichte, Politik, Gesellschaft, Wirtschaft. Heidelberg, S. 350–366

Butt, G. (2001): Oil and Gas in the UAE. In: Al Abed, I.; Hellyer, P. (Hg.): United Arab Emirates: A New Perspective. London, S. 231-248

G. (2001): Oil and Gas in the UAE. In: Al Abed, I.; Hellyer, P. (Hg.): United Arab Emirates: A New Perspective. London, S. 231-248

Chowdhury, A. H. (2006): Building a high rise future. In: Khaleej Times 29 (06.04.2006)

Davidson, C. M. (2005): The United Arab Emirates. A Study in Survival. Boulder, London

Davis, M. (2006): Fear and money in Dubai. In: New Left Review 27 (5), S. 47–68

DDIA (Dubai Development and Investment Authority) (2003): Strength in Diversity. In: Invest Dubai 1 (1), S. 12–17

DTCM (Department of Tourism and Commerce Marketing) (2004a): Number of Dubai Hotel Guests and their Average Length of Stay by Hotel Class 1994–2003. Dubai

DTCM (Department of Tourism and Commerce Marketing) (2008): Analysis 2007: Dubai Hotel Establishment Statistics. Dubai

Dubai Aviation Corporation Authority (2006): Dubai World Central. Dubai

DUBAL (Dubai Aluminum) (2007): Facts and Figures. Dubai

Emaar Properties (2008): Mall of Arabia. A new era in retail. Dubai

Emirates Group (2008): Annual Report 2007–2008. Dubai

Elsheshtawy, Y. (2004): Redrawing Boundaries: Dubai, an Emerging Global City. In: Elsheshtawy, Y. (Hg.): Planning Middle Eastern Cities. An urban kaleidoscope in a globalizing world. London, New York, S. 169–199

Gabriel, E. F. (1987) (Hg.): The Dubai Handbook. Ahrensburg

Harms, F. (2006): Folgen des 11. Septembers: Golf-Tourismus profitiert vom Terror. In: Spiegel Online 13 (01.09.2006). Online unter: http://www.spiegel.de/reise/aktuell/ 0, 1518,432024,00.html (abgerufen am 5. September 2006)

Heard-Bey, F. (2004): From Trucial States to United Arab Emirates. London, Dubai, Abu Dhabi

Jacobs, W. (2007): Political Economy of Port Competition. Institutional Analyses of Rotterdam, Southern California and Dubai. Nijmegen

Kriegel, S. (2006): Vergleich der neuen Grundstücksrechte in Abu Dhabi und Dubai. In: GATE – German Arab Trade Events 6 (2), S. 38–39

Lavergne, M.; Dumortier, B. (2000): Dubai – von der Wüstenstadt zur Stadt in der Wüste. In: Geographische Rundschau 52 (9), S. 46–51

Majid Al-Futtaim (2007): Mall of the Emirates Media Kit. Dubai

Ministry of Information and Culture of the United Arab Emirates (2004): United Arab Emirates Yearbook 2004. Abu Dhabi

Ministry of Information and Culture of the United Arab Emirates (2007): United Arab Emirates Yearbook 2007. Abu Dhabi

Müller-Mahn, D. (1999): Vereinigte Arabische Emirate: Bundesstaat mit Wohlstandsgefälle. In: Scholz, F. (Hg.): Die kleinen Golfstaaten. Gotha, S. 207–243

Retail International (2004): The Dubai Mega Malls. In: Middle East Shopping Center Report 13 (2), S. 2

Sampler, J.; Eigner, S. (2003): Sand to Silicon: Achieving rapid growth lessons from Dubai. London
Schliephake, K. (1993): Vereinigte Arabische Emirate. In: Nohlen, D.; Nuscheler, F. (Hg.): Handbuch der dritten Welt. Bd. 6: Nordafrika und Naher Osten. Bonn, S. 539–557
Scholz, F. (1999) (Hg.): Die kleinen Golfstaaten. Gotha
Scholz, F.; Zimmermann, J. (1999): Bahrain: Erdölmangel und Industrieausbau. In: Scholz, F. (Hg.): Die kleinen Golfstaaten. Gotha, S. 83–116
Tuma, T.; Deckstein, D. (2006): „Geld ist nicht alles". Emirates-Chef Scheich Ahmed Ibn Said al-Maktum über die ehrgeizigen Wachstumspläne der Airline. In: Der Spiegel 60 (12), S. 114–116
Wilkinson, G. (2003): Rooms with views. In: Invest Dubai 1 (3), S. 30–39
Wilson, G. (1999): Father of Dubai: Sheikh Rashid bin Saeed Al-Maktoum. Dubai
Wirth, E. (1988): Dubai: Ein modernes städtisches Handels- und Dienstleistungszentrum am Arabisch-Persischen Golf. Erlangen. (= Erlanger Geographische Arbeiten, H. 48)

Vom Autor durchgeführte Interviews

Dr. Martin Berlin, Chefstratege, DDIA: 13. Januar 2005, 21. Februar 2005
Marwan G. Mansour, Senior Vize-Präsident, Real Estate, Rasmala (damals Senior Manager, Real Estate Portfolio, Nakheel): 26. Februar 2005
Guy Wilkinson, Direktor, The Consulting House Dubai: 22. Februar 2005
Khalid Saad Zaher, Mitarbeiter, Planning & Survey Department, Dubai Municipality: 2. Mai 2005, 15. Februar 2005

Naseef Naeem

Die Gesetzgebungsarbeit Dubais und die Verfassung der Vereinigten Arabischen Emirate: Grauzonen der Kompetenzverteilung

Die Verfassung der Vereinigten Arabischen Emirate (V.VAE)[1] sieht die VAE in Artikel 1 ausdrücklich als einen Bundesstaat vor, in dem das Emirat Dubai ein Mitgliedsland ist. Somit soll der Entscheidungsfindungsprozeß auf Dubai-Ebene gemäß der allgemeinen bundesstaatlichen Dynamik zwei Vorschriftsarten unterstehen: zum einen den Bestimmungen der V.VAE, zum anderen den von der lokalen Landesgewalt zu diesem Zweck in Übereinstimmung mit der V.VAE festgelegten Regelungen. Im Fall des Widerspruches sieht die V.VAE in Art. 151 den allgemeinen Grundsatz der Priorität der Bundesgesetze vor den Emiratsgesetzen vor und trifft bestimmte Regelungen zur Kompetenzverteilung.

Verteilung der Gesetzgebungskompetenzen zwischen Bund und Emiraten

Für die Verteilung der Kompetenzen aller Art sieht die V.VAE in den Artikeln 2, 3 und 116 einen allgemeinen Grundsatz vor. Demnach sind alle nicht ausdrücklich in der Verfassung dem Bund zugewiesenen Kompetenzen gesetzgeberischer, verwaltungsrechtlicher und rechtsprechender Natur von den Bundesemiraten auszuüben. Die Bundeskompetenzen sind in zwei Katalogen in Art. 120 und 121 verankert[2], die sich voneinander dadurch unterscheiden, daß der Bund nach dem ersten Katalog für Gesetzgebung und Verwaltung in den vorgesehenen Bereichen zuständig ist und nach dem zweiten Katalog nur für die Gesetzgebung. Dennoch sprechen beide Artikel explizit von ausschließlichen Kompetenzen des Bundes, weshalb festzuhalten ist, daß nach dem Willen der Verfassungsgeber die genannten Bereiche der Art. 120 und 121 im Prinzip vom Bund allein einheitlich im gesamten Bundesgebiet geregelt werden

sollen. Alle anderen Bereiche, die explizit nicht in beiden Artikeln vorgesehen sind, sollen im Prinzip nach Art. 122 ausschließlich von den Bundesemiraten geregelt werden.
Doch so einfach ist die Verteilung der Gesetzgebungskompetenzen in der V.VAE bei weitem nicht. Denn Art. 149 sieht eine Sonderklausel vor, nach der es den Emiraten ausnahmsweise erlaubt ist, in allen in Art. 121 genannten – also eigentlich durch Bundesrecht zu regelnden – Bereichen die Gesetzgebung auszuüben.[3] Dieser Klausel fehlt allerdings ein deutlicher, aussagekräftiger Mechanismus, der methodisch zu einer klaren Abgrenzung der Kompetenzräume dienen sollte. Eine Voraussetzung zur Ausübung der Gesetzgebung von seiten der Emirate in diesen Zusammenhängen sieht hingegen Art. 149 vor: Art. 151 bleibt unberührt, das heißt, die Emiratsgesetze dürfen den Bundesgesetzen nicht widersprechen. Somit kann man die Gesetzgebungskompetenzen in den VAE im Hinblick auf die Gesamtkonzeption der V.VAE im Prinzip in drei Gruppen einteilen: a) ausschließliche Bundeskompetenzen gemäß Art. 120; b) gemischte Kompetenzen nach Art. 121; c) ausschließliche Emiratskompetenzen außerhalb beider Bestimmungen.

Verknüpfungskonzeption zwischen dem Gesetzgeber Dubais und dem Bundesgesetzgeber

Über die innere Ordnung der einzelnen Emirate kann man in den Bestimmungen der Verfassung nur wenige aussagekräftige Normen finden. Zu diesen Normen gehören insbesondere die Präambel und Art. 10, die ausdrücklich die Bewahrung der jeweiligen inneren Ordnung der Bundesemirate und deren Souveränität in ihren inneren Angelegenheiten als Ziele der Bildung des emiratischen Bundesstaates vorsehen. Somit sind die Emirate bei der Organisation ihrer staatlichen Gewalten frei, ohne an bestimmte Vorgaben seitens der Verfassung gebunden zu sein. Dies führte dazu, daß die familiären und tribalen Machtstrukturen in den einzelnen Emiraten, wie sie vor der Gründung der VAE existierten, nach deren Gründung nicht nur aufgrund politischer Realitäten sondern vielmehr aufgrund der Verfassung noch gefestigt wurden. In Dubai regiert die Familie Maktoum mit Scheich Mohammed bin Rashid Al Maktoum an der Spitze der staatlichen Ordnung.[4] Neben den anderen sechs Herrschern der Bundesemirate ist er zugleich Mitglied des Obersten Rates des Bundes und darüber hinaus Vizepräsident und Ministerpräsident der VAE. Er übt wie alle anderen Herrscher faktisch – jedoch ohne eine lokale Verfassung – sämtliche staatlichen Kompetenzen legislativer und exekutiver Art im Emirat Dubai aus. In bezug auf die Verwaltungsarbeit in den Behörden des Emirats hilft dem Herrscher ein sogenannter Exekutivrat, der sich aus Verwaltungsdirektoren der großen Ämter im Emirat Dubai zusammensetzt.[5]

Es ist also festzuhalten, daß die lokalen Gesetze Dubais unmittelbar vom Herrscher erlassen werden. Auf der anderen Seite ist er als Mitglied des Obersten Rates des Bundes zugleich Teil der Bundeslegislative. Die Gesetzgebungsbefugnisse des Obersten Rates des Bundes werden zum einen durch verpflichtende Beglaubigung von erlassenen Gesetzen oder Dekreten mit Gesetzkraft ausgeübt[6], zum anderen durch direkten Erlaß von Gesetzen.[7] Der Herrscher von Dubai besitzt – neben dem Herrscher von Abu Dhabi – nach Art. 49 im Obersten Rat ein Vetorecht gegen den Erlaß von Gesetzen, die nach der Geschäftsordnung des Obersten Rates zu den durch eine qualifizierte Mehrheit von mindestens fünf Stimmen zu beschließenden materiellen Angelegenheiten gehören. Zudem wirkt er als Ministerpräsident direkt an der Bearbeitung von Gesetzentwürfen mit. Von daher ist eine dreiseitige Stellung des Herrschers von Dubai deutlich erkennbar: alleiniger Gesetzgeber im Emirat Dubai, entscheidender Mitvorbereiter der Bundesgesetzentwürfe und Mitbeschließer der Bundesgesetze.

Fälle von Überschneidungen der Gesetzgebungskompetenzen

Als Träger der legislativen und exekutiven Gewalt erläßt und unterschreibt der Herrscher von Dubai grundsätzlich drei Arten von Rechtsakten: Gesetze, Verordnungen und Dekrete.[8] Zwar sind diese drei Akte unterschiedlich benannt und aus formeller Sicht auf eine differenzierte Weise zu behandeln, sie weisen aber erkennbar keine strikten materiellen Unterschiede auf. Die Verbindlichkeit dieser Rechtsakte ist vom Erlaß durch den Herrscher abzuleiten. Außerdem gibt es keine klaren Verknüpfungen zwischen ihnen, so daß es beispielsweise nicht unbedingt eines Gesetzes bedarf, um eine Verordnung zu erlassen. Im allgemeinen lassen sich insbesondere Verordnungen und Dekrete trotz ihres überwiegend exekutiven Charakters nicht einfach in die exekutiven oder legislativen Befugnisse einordnen[9]; dennoch werden Dekrete seit etwa 1992 zunehmend zum Zweck der Ernennung und Entlassung bestimmter Beamter sowie der Bildung und Auflösung einiger Gremien erlassen. Auf der anderen Seite wandeln sich seit der Ernennung des Sohnes des Herrschers, Hamdan bin Mohammed bin Rashid Al Maktoum, zum Leiter des Exekutivrates im September 2006 die Verordnungen schrittweise zu bloß rechtlichen Instrumenten dieses Rates, so daß der Herrscher seine Führungsrolle in Dubai mehr und mehr durch Erlaß von Gesetzen zum Ausdruck bringt.

Im Rahmen der ausschließlichen Gesetzgebungskompetenzen des Bundes

Theoretisch dürfte der Gesetzgeber von Dubai die in Art. 120 vorgesehenen 18 Bereiche – von den Ausnahmeregelungen im Bereich der auswärtigen Angelegenheiten einmal abgesehen – gar nicht regeln, weil sie nach dem Willen der Verfassungsgeber ausschließlich dem Bundesgesetzgeber zugewiesen sind. Allerdings wird mit Blick auf die Themen der vom Herrscher von Dubai bis dato (Dezember 2008) erlassenen Gesetze deutlich, daß diese Gesetze einige Bereiche des Art. 120 direkt oder indirekt auf lokaler Ebene von Dubai regeln. Somit ist ein deutliches Bestreben Dubais festzustellen, seine Kompetenzen trotz ausdrücklicher verfassungsrechtlicher Zuweisung an den Bund auszuweiten.

1. Beispiel: Zivile Luftfahrtangelegenheiten

Mit dem Gesetz Nr. 21/2007 wurde die Behörde Dubais für zivile Luftfahrtangelegenheiten gegründet, obwohl die Regelung der Luftaufsicht und der Genehmigung von Flugzeugen und Piloten nach Art. 120 Nr. 10 V.VAE komplett in die Zuständigkeit des Bundes fallen sollte. Der Bund hat schon von seiner Kompetenz Gebrauch gemacht und das Bundesgesetz Nr. 20/1991 zur Regelung ziviler Luftfahrtangelegenheiten im gesamten Bundesgebiet verabschiedet. Dabei ist in Paragraph 4 Nr. 6 vorgesehen, daß außerplanmäßige Lande- und Startgenehmigungen für sämtliche nationalen und internationalen Fluglinien auf dem gesamtstaatlichen Territorium vom Bundesverkehrsministerium erteilt werden müssen. Eine solche Genehmigung ist allerdings nach Paragraph 3 Nr. 4 des lokalen Gesetzes Dubais der gegründeten Behörde Dubais vorbehalten, wenn der Lande- oder Startplatz innerhalb Dubais liegen sollte. In diesem Zusammenhang ist deutlich ablesbar, daß der Gesetzgeber Dubais versucht, den Bundesbehörden Zuständigkeiten zu entziehen. Er nimmt außerdem in kauf, daß ein Zuständigkeitskonflikt zwischen einer Emirats- und einer Bundesbehörde entsteht, da eine von der Bundesbehörde aufgrund des Bundesrechts erteilte Genehmigung von der lokalen Behörde Dubais im Einklang mit dem Emiratsrecht abgelehnt werden könnte.

2. Beispiel: Gründung der Britischen Universität in Dubai

Trotz der expliziten Zuweisung der Gesetzgebungskompetenzen über alle Bildungs-, Ausbildungs- und Lehreangelegenheiten (*al-taʿlim*) an den Bund in Art. 120 Nr. 11 V.VAE wurde die Britische Universität in Dubai durch das Gesetz Dubais Nr. 5/2003 gegründet. Dabei erscheint Paragraph 4 dieses Gesetzes im verfassungsrechtlichen Sinne besonders befremdlich, weil die neu gegründete Universität ausschließlich den Gesetzen von Dubai und weder ganz noch teilweise den Bundesgesetzen untersteht.

Im Rahmen der gemischten Gesetzgebungskompetenzen

Es ist Wille des Verfassungsgebers, daß Dubai eigene Gesetze zur Regelung der Bereiche des Art. 121 neben und im Einklang mit den Bundesgesetzen erläßt. Dabei handelt es sich in Art. 121 um für das Leben sowohl des Gesamtstaates als auch des Emirats Dubais sehr wichtige Bereiche, deren mögliche Regelung auf zwei Ebenen die Wichtigkeit solcher Kompetenzen für die innere rechtliche Ordnung der Bundesgesamtheit, aber auch der einzelnen Emirate unterstreicht. Gleichwohl riskiert dies die Gefahr der Normenzersplitterung. Eine solche Gefahr ist insbesondere im Hinblick auf das Fehlen eines Mechanismus zur klaren Abgrenzung von Kompetenzräumen als sehr hoch einzuschätzen.

1. Beispiel: Das Recht von Ausländern auf Erwerb
    von Immobilieneigentum

Obwohl der Bund in den VAE das Recht von Ausländern auf Erwerb von Immobilieneigentum gemäß Art. 121 der Verfassung einheitlich hätte regeln oder zumindest gemeinsame Richtlinien für alle Emirate hätte schaffen können, wurde keine Einigung im Obersten Rat des Bundes über einheitliche, das gesamte Bundesgebiet betreffende Regelungen erzielt. Somit blieb die Bestimmung über Eigentumsverhältnisse von Ausländern den lokalen Gewalten der Bundesemirate vorbehalten, die in diesem Zusammenhang unterschiedliche Regelungen trafen.[10] Der Gesetzgeber von Dubai hat in Paragraph 4 des Gesetzes Nr. 7/2006 einerseits das Recht auf Erwerb von Immobilieneigentum für nicht aus den Ländern des Golf-Kooperationsrates (GCC) stammende Ausländer eingeschränkt, andererseits mit der persönlichen Zustimmung des Herrschers in von ihm innerhalb der Grenzen von Dubai näher bestimmten Gebieten erlaubt. Dieser kann entweder ein vollständiges Eigentumsrecht gewähren oder nur ein Nutzungsrecht für maximal 99 Jahre zugestehen. Dabei wird deutlich, daß in Dubai durch die Schaffung rechtlicher Tatsachen offensichtlich angestrebt wird, das Bestreben der Reglementvereinheitlichung des Eigentumserwerbs für Ausländer auf Bundesebene einzuschränken. Zur Schaffung einheitlicher Regelungen auf Bundesebene wirken erworbene lokale Rechtspositionen also diametral. Folglich wäre der Bundesgesetzgeber im Zweifelsfall in der Bredouille: Er müßte dann nämlich, wenn er von seinem Recht auf Regelung der Eigentumsverhältnisse in bezug auf Immobilien Gebrauch machen möchte, die gesetzliche Lage in Dubai gesondert anerkennen.

2. Beispiel: Die Freizonen und das Arbeitsrecht

In Dubai sind inzwischen 18 Handels-, Industrie- und Finanzfreizonen eingerichtet, deren rechtliche Grundlagen überwiegend allein vom Gesetzgeber Dubais definiert sind.[11] Allerdings darf seit der Verfassungsänderung Nr. 1/2004 im Hinblick auf die Organisation der Finanzfreizonen ausschließlich der Bundesgesetzgeber den Rahmen festlegen, in dem solche Zonen von der Anwendung des Bundesrechts ausgenommen sind und damit nur dem lokalen Emiratsrecht zu unterstehen haben. Infolgedessen sah das Bundesgesetz Nr. 8/2004 in Paragraph 3 Absatz 2 vor, daß das Bundesrecht in Zivil- und Handelsangelegenheiten in diesen Freizonen nicht gilt, die gemäß Paragraph 7 Absatz 3 des Gesetzes ganz dem Emiratsrecht unterstehen sollen. Somit wurden die juristischen Grundlagen vervollständigt, um alle Freizonen Dubais in zivilrechtlichen Angelegenheiten (einschließlich des Arbeitsrechts) vom Bundesrecht auszunehmen. Demnach hat Dubai jeder Freizone das Recht eingeräumt, im Hinblick auf ihre Arbeitskräfte vom Bundesarbeitsrecht – Bundesgesetz Nr. 8/1980 und seiner Änderungen – abweichende Regelungen zu treffen[12], obwohl die Regelung des Arbeitsrechts auf Ebene der Bundesemirate im Einklang mit dem Bundesrecht nach Art. 121, 149, 151 erfolgen sollte. Zudem unterstehen Arbeitnehmer in vielerlei Hinsicht nicht den Gesetzen und Verordnungen des Emirats Dubai[13], so daß im Hinblick auf die Regelung von Arbeitsverhältnissen vor Ort faktisch von einer absoluten – ja vielleicht sogar überhaupt jenseits der Verfassung stehenden – Macht der Verwaltung der Freizonen ausgegangen werden kann.

Sonderausübung der Gesetzgebungskompetenzen seitens Dubais

Aus den hier grob skizzierten Fällen geht hervor, daß der Gesetzgeber Dubais jenseits der Verfassung beständig versucht, die Eigenständigkeit seiner lokalen Gesetzgebung gegenüber dem Bund zu stärken. Trotzdem kann von einer expliziten Verfassungswidrigkeit nicht die Rede sein, sondern ausschließlich von Bedenken im Sinne des Verfassungsrechts. Ein Grund dafür liegt darin, daß die in beiden Verfassungsbestimmungen verwendete Terminologie unterschiedlich interpretiert werden kann. Mit anderen Worten ist es aufgrund einer bestimmten Auslegungsmethode immer möglich, den Rahmen der Gesetzgebungskompetenzen des Bundes zugunsten von Kompetenzen der einzelnen Emirate kleiner oder allgemeiner zu halten. Im Fall von Dubai ist dies gesondert zu betrachten, weil der Herrscher von Dubai als der alleinige lokale Gesetzgeber nicht nur als der Bundesministerpräsident Vorbereiter und als Mitglied des Obersten Rates des Bundes Mitbeschließer von Bundesgesetzen ist, sondern sogar ein Vetorecht gegen den Erlaß von Bundesgesetzen besitzt. Diese Bündelung deutet im Hinblick auf die Tendenz zur Erweiterung der zur lokalen Gesetzgebung Dubais gehörenden Bereiche darauf hin, daß es seitens des Obersten Rates des Bundes als des höchsten Bundesorgans und Bundesgesetzgebers gewollt oder geduldet ist, Dubai die alleinige Verantwortung für seine inneren rechtlichen Regeln tragen zu lassen. Auf der anderen Seite könnte das Gewicht der Stimme von Dubai für den Erlaß von Bundesgesetzen insofern eine Rolle spielen, als der Herrscher von Dubai die Bundesgesetze und -handlungen solange blockieren könnte, bis er im Hinblick auf so manche Grauzone in den Verfassungsbestimmungen sein Interesse durchsetzen kann, indem er in einem solchen Fall eine eigene lokale Regelung trifft.

In diesem Zusammenhang kann eine beiderseitige kooperative Handlungsweise gesetzgeberischer Art festgestellt werden. Sie stärkt zum einen die Eigenständigkeit der lokalen Gesetzgebung Dubais und führt zum anderen dazu, daß sich eine stillschweigende Ausbalancierungsdynamik zwischen dieser Eigenständigkeit und den gesetzgeberischen Kompetenzen der Gesamtheit aller Emirate durch den Bund entwickelt. Denn der Herrscher von Dubai hat auch bei Verhandlungen zum Erlaß von Bundesgesetzen im Obersten Rat des Bundes den Interessen anderer Mitglieder und ihrer Gesamtheit entgegenzukommen. Vorstellbar ist, daß der Erlaß lokaler Gesetze auf der Ebene des Emirats Dubai in bezug auf eine Grauzone der Kompetenzverteilung einen Teil einer Übereinkunft im Obersten Rat des Bundes bildet. So kann Dubai am Ende sicher sein, daß derartige lokale Gesetze seitens der anderen Emirate und damit seitens der Bundesgesamtheit als verfassungskonform angesehen werden.

Anmerkungen

1 Zur deutschen Übersetzung der Texte der V.VAE s. Herbert Baumann u.a. (Hg.), Die Verfassungen der Mitgliedsländer der Liga der Arabischen Staaten, Berlin, 1995, S. 739–775
2 In Art. 120 V.VAE sind u.a. folgende Bereiche geregelt: Auswärtige Angelegenheiten, Verteidigung, Innere und Äußere Sicherheit des Bundes, Bundesbeamten, Finanzierung und Steuer des Bundes, Allgemeine Bundesanleihen, Post und Telekommunikation, Bildungs- und Gesundheitswesen, Währung und Elektrizität. Art. 121 V.VAE regelt u.a. folgende Bereiche: Arbeitsrecht, Soziales, Enteignungs-, Banken-, Versicherungs-, Straf-, Zivil-, Handels-, Gesellschafts- und Urheberrecht
3 Es gibt noch andere Gründe, die zu der Annahme führen, daß die Verteilung der Gesetzgebungskompetenzen komplizierter ist, als dies auf den ersten Blick wahrzunehmen ist. Dazu gehören u.a. a) das Kooperationsgebot in Art. 13 für die Ausübung der Kompetenzen im zweiten Teil der V.VAE; b) die in Art. 123 verankerte Ausnahme von der ausschließlichen Bundeskompetenz zur Regelung der auswärtigen Angelegenheiten gem. Art. 120 Nr. 1 bezüglich des Rechts der Emirate zu eigenen auswärtigen Aktivitäten in einigen Bereichen.
4 Zur Familie Maktoum und ihrer Rolle bei der Etablierung der Staatlichkeit auf der Ebene des Emirats Dubai s. Rugh, Andrea B., The Political Culture of Leadership in the United Arab Emirates, first published New York u.a., 2007, S. 97ff
5 Vgl. Dekret Nr. 28/2005 zur Ernennung der Mitglieder des Exekutivrats
6 Vgl. Art. 47 Nr. 2 & 3 & 4, 89, 110 Absatz 2 & 3, 113 V.VAE
7 Vgl. Art. 110 Absatz 4 V.VAE
8 Zu allen erlassenen Akten von Dubai und des Bundes s. die Internetseiten: Rechtsanwälte der VAE: www.mohamoon-uae.com; sowie Dubai Courts: www.dc.gov.ae

9 Vgl. beispielsweise die Verordnung zu den zugelassenen Standesbeamten im Emirat Dubai vom 3. März 2006.
10 Vgl. 'Abd al-Haq, Tadj ad-Din, „Die verschiedenen Lokalregelungen dienen dazu, daß Eigentumskriterien und Finanzierungschancen unterschiedlich sind", in: asch-Scharq al-'Awsat, Nr. 10322 vom 3. März 2007, http://www.asharqalawsat.com/details.asp?section=47&article=408802&issueno=10322. (Stand Januar 2009)
11 Zu den Gesetzen bezüglich der Gründung und Regelung der Angelegenheiten der Freizonen in Dubai gehört beispielsweise das Gesetz Nr. 2/1986 – geändert durch Gesetz Nr. 2/2001 – zur Regelung der Tätigkeiten in der Freizone im Hafen Jebel Ali.
12 Vgl. Ochs, Holger u. a., Investieren in den Vereinigten Arabischen Emiraten, Berlin, 2005, S. 64
13 Das Gesetz Nr. 1/2000 – geändert durch die Gesetze Nr. 9/2004 und 1/2006 – zur Regelung der Freizone Dubai für Technologie, E-Commerce und Information sieht beispielsweise in Paragraph 18 vor, daß die mit der Behörde zur wirtschaftlichen Entwicklung zusammenhängenden Gesetze für die Arbeitnehmer in dieser Freizone nicht gelten.

‚Dubai Corporation'

Heiko Schmid

Herrscherfamilie und Unternehmer in Dubai

Der seit Anfang 2006 regierende Emir Sheikh Mohammad bin Rashid Al Maktoum ist in Dubai eindeutig die treibende Kraft hinter dem schnellen wirtschaftlichen Aufstieg (Hashim Al Dabal, 28. Februar 2005). Sein politischer Einfluß im Emirat begann bereits Ende der 1960er Jahre, als er erste administrative Aufgaben von seinem Vater und damaligen Emir Sheikh Rashid übertragen bekam. Nach seiner Ausbildung in Großbritannien ernannte dieser ihn 1968 zum Chef der Polizeibehörde in Dubai (Wilson 2006). Als Ende 1971 die Vereinigten Arabischen Emirate gegründet wurden, entsandte Sheikh Rashid seine Söhne Sheikh Mohammad als Verteidigungsminister, Sheikh Hamdan als Finanz- und Industrieminister und Sheikh Maktoum zeitweise als Premierminister in die Regierung nach Abu Dhabi (Heard-Bey 2004; Wilson 2006). Mit nur 23 Jahren wurde Sheikh Mohammad damals der jüngste Minister. Anfang der 1980er Jahre mußten Sheikh Maktoum und Sheikh Mohammad im Emirat Dubai weitere Aufgaben übernehmen, da sich der Gesundheitszustand des regierenden Emirs verschlechterte. Nach dem Tod von Sheikh Rashid im Jahre 1990 übernahm dann zwar Sheikh Maktoum als neuer Emir die Regierungsgeschäfte, überließ aber schon recht bald Sheikh Mohammad die Wirtschaftspolitik des Emirats: „With his older brother's blessing, Sheikhh Mohammed has been in de facto charge of Dubai's direction and fast-paced development for at least a decade. Sheikh Maktoum appeared content to allow Dubai's economic and political decisions to be taken by others." (Wheeler 2006) Während sich Emir Sheikh Maktoum vornehmlich um das politische Tagesgeschäft auf Staatsebene der Vereinigten Arabischen Emirate kümmerte, führte sein Bruder Sheikh Mohammad die Geschäfte des Emirats. Unterstützung bekam Sheikh Mohammad von seinem (ebenfalls) älteren Bruder Sheikh Hamdan, der als Präsident der Dubai Municipality und als Finanzminister der Vereinigten Arabischen Emirate in die Regierungsgeschäfte eingebunden war. Interessanterweise erklärte dann 1995 Emir Sheikh Maktoum seinen Bruder Sheikh Mohammad und nicht seinen Bruder Sheikh Hamdan zum Kronprinzen und honorierte damit vor allem dessen Tatkraft.

Sheikh Mohammad hatte die Politik seines Vaters Sheikh Rashid fortgeführt und den wirtschaftlichen Ausbau des Emirats forciert. Bereits 1985 beauftragte Sheikh Mohammad seinen Onkel Sheikh Ahmad bin Saeed Al Maktoum mit dem Aufbau einer eigenen Fluggesellschaft, der Emirates Airline und gewährte ein Startkapital von zehn Millionen US-Dollar (Tuma & Deckstein 2006; Mickdady 2003). 1995 rief Sheikh Mohammad schließlich das Dubai Shopping Festival ins Leben und setzte damit – zusammen mit der schnell wachsenden Emirates Airline und Investitionen in den Hotelsektor – den Grundstein für einen florierenden Tourismus. Weitere wichtige Weichenstellungen folgten Ende der 1990er Jahre mit der Gründung der Immobilienunternehmen Emaar und Nakheel. Zusammen mit weiteren Investoren gründete Sheikh Mohammad 1997 die Aktiengesellschaft Emaar mit einem Eigenkapital von 2,65 Mrd. Dirham – knapp 650 Mio. Euro [seinerzeitiger Kurs]. Die Herrscherfamilie übereignete Emaar großflächig Bauland im Emirat Dubai und erhielt dafür im Gegenzug einen Anteil von 33 Prozent der Aktien (Shihabi et al. 2004; A.J. Jaganathan, 1. März 2005). Zum Aufsichtsratsvorsitzenden berief Sheikh Mohammad schließlich Mohammad Al Abbar, einen in den USA ausgebildeten Finanzexperten, der bereits für die Maktoumfamilie die Aluminiumfabrik DUBAL und die Immobilienfirma Al Khaleej Investments gelenkt hatte (Wallis 2006). Die Besonderheit Emaars war weniger der Status als eine der ersten Aktiengesellschaften in Dubai als vielmehr ein schon im Gründungsjahr bekannt gegebenes Immobilienprojekt namens Emirates Hills, das ab 1999 auf einer Leasingbasis von 99 Jahren Grundbesitz auch an Ausländer veräußerte (Davidson 2005). Dieses Angebot widersprach zwar genaugenommen geltendem Recht in den Vereinigten Arabischen Emiraten, hatte aber mit Sheikh Mohammad einen wichtigen Fürsprecher und Initiator, der als Kronprinz über die notwendige Entscheidungsmacht verfügte. Der Erfolg des Projekts rechtfertigte letztlich Sheikh Mohammads Entscheidung und führte nicht nur in Dubai zu einer regen Nachahmung.

Ebenfalls nach dem Leasingmodell offerierte auch die Nakheel-Gesellschaft anfangs ihre Projekte. Als zweites großes Immobilienunternehmen war Nakheel (arabisch für „Palmen") von Sheikh Mohammad Ende der 1990er Jahre gegründet worden, um die Idee einer künstlichen Palmeninsel vor der Küste Dubais zu realisieren und Grundstücke an interessierte Investoren zu verkaufen. Da Emaar bereits mit mehreren Projekten ausgelastet und zudem nur zu einem Drittel im Besitz der Maktoumfamilie war, schien für das neue Projekt eine weitere Immobilienfirma – ganz

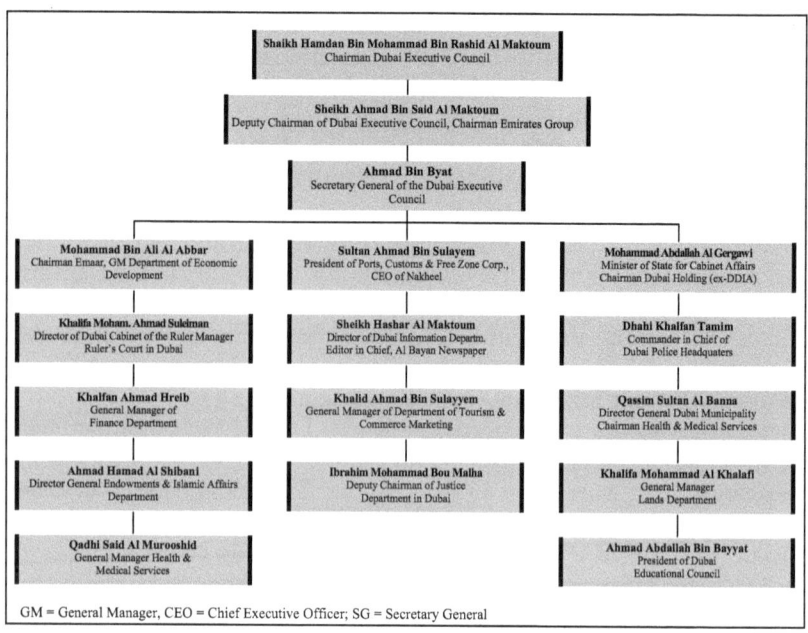

Dubai Executive Council
© Heiko Schmid. Eigene Darstellung nach Mafhoum 2007, Gulf News, 13. September 2006

im Besitz der Maktoumfamilie – am geeignetsten. Sheikh Mohammad ernannte mit Sultan Ahmad Bin Sulayem zudem einen erfahrenen Generaldirektor, der bereits den Hafen in Jebel Ali sowie die zugehörige Freihandelszone erfolgreich geleitet hatte (Wallis 2005).
Als wichtige Wirtschaftsakteure agieren in Dubai neben privaten Firmen wie Emaar und Nakheel auch zahlreiche staatliche Institutionen. Parallel zur Gründung verschiedener Ministerien und Behörden für die neugegründeten Vereinigten Arabischen Emirate waren in den 1970er Jahren auch in Dubai einige staatliche Institutionen entstanden. Außer der bereits in den 1950er Jahren gegründeten Stadtverwaltung kamen an Behörden unter anderen das Department of Economic Development (DED) mit Mohammad Al Abbar als Generaldirektor, 1991 die aus den Häfen Jebel Ali und Port Rashid zusammengeschlossene Dubai Ports Authority (DPA) mit Sultan Ahmad Bin Sulayem als Generaldirektor, 1989 das Dubai Commerce and Tourism Promotion Board, das 1997 vom Department of Tourism and Commerce Marketing (DTCM) abgelöst wurde, sowie 2002 die Dubai Development and Investment Authority (DDIA) hinzu. Während das DED vornehmlich Wirtschaftsanalytik betreiben sollte, war die DDIA für die Umsetzung dieser Analysen in den Bereichen Infrastrukturentwicklung, Projektmanagement und Investitionseinwerbung zuständig (Martin Berlin, 13. Januar 2005). Damit war die DDIA eine der wichtigsten Behörden in Dubai und Sheikh Mohammad direkt unterstellt. Die eigentliche Leitung der DDIA übernahm Mohammad Abdallah Al Gergawi, der als extrem loyaler und diskreter Vertrauter von Sheikh Mohammad später auch als Generalsekretär des Dubai Executive Councils fungieren sollte. Dieses Executive Council wurde 2003 in der Funktion einer Lokalregierung für das Emirat Dubai eingerichtet, um die verschiedenen Behörden und Institutionen zu beaufsichtigen (Davidson 2005). Emir Sheikh Maktoum berief als ersten Vorsitzenden dieses obersten Gremiums in Dubai seinen Bruder Sheikh Mohammad und unterstrich damit zugleich dessen Führungsrolle. Im Dubai Executive Council sind die wichtigsten Wirtschaftsführer und engsten Vertrauten von Sheikh Mohammad vertreten: Neben Sheikh Ahmad (Emirates Airline) sind beispielsweise auch Al Abbar (Emaar), Bin Sulayem (Nakheel) und Al Gergawi (DDIA/Dubai Holding) Mitglieder im Rat.[1]
Als Führungselite hat damit Sheikh Mohammad ausnahmslos junge, äußerst gut ausgebildete Manager und Wirtschaftsexperten berufen, die häufig im Westen studiert haben und das Emirat wie ein Unternehmen führen: „many of these are believed to have a more technocratic back-

ground, with the majority having studied abroad, holding academic qualifications, and in some cases also having had professional and entrepreneurial experience." (Davidson 2005, S. 226). Vor diesem Hintergrund wird das Emirat Dubai mittlerweile häufig als „Dubai Incorporation" oder „Dubai Enterprise" bezeichnet, da der Führungsstil eher an ein global agierendes Wirtschaftsunternehmen erinnert als an die Regierung einer traditionellen arabischen Monarchie (Peter Riddoch, 26. Februar 2005; Hamza Mustafa, 23. Februar 2005). Entsprechend betont Saeed al Muntafiq, Generaldirektor der DDIA, daß in Dubai vor allem der Privatsektor von der Politik profitiere: „People refer to our crown prince [damals noch Sheikh Mohammad, H. S.] as the chief executive officer of Dubai. It's because, genuinely, he runs government as a private business for the sake of the private sector, not for the sake of the state." (Muntafiq, in: Wallis 2005, S. 4) Grund und Motivation des unternehmerischen Regierungsstils von Sheikh Mohammad ist vor allem die Vision, aus Dubai eine Weltstadt zu machen und wirtschaftlich unabhängig vom Erdöl zu werden. Die Besonderheit in Dubai ist jedoch die Vehemenz, mit der dieses Ziel angegangen wird. Wenn es um neue Herausforderungen geht, kommt im Wortschatz von Sheikh Mohammad das Wort „unmöglich" nicht vor, wie er in einer Rede vor dem World Economic Forum in Amman 2004 betonte: „The word ‚impossible' is not in leaders' dictionaries. No matter how big the challenges, strong faith, determination and resolve will overcome them." (Sheikh Mohammad, 2004). Nach den Gründen für Dubais Erfolg gefragt, sprechen Beobachter deshalb häufig von der Führerschaft Sheikh Mohammads und von einer schnellen Umsetzung der Regierungsbeschlüsse (A. J. Jaganathan, 1. März 2005; Hamza Mustafa, 23. Februar 2005).

Seit Sheikh Mohammad in Dubai die Führung übernommen hat, werden alle Behörden auf Effizienz und Kundenfreundlichkeit getrimmt (Jürgen Friedrich, 6. März 2005). Im Kampf gegen die Korruption ist in Dubai seit 2001 auch eine Antikorruptionsbehörde im Einsatz, die bislang schon zahlreiche Angestellte besonders der Zoll-, der Hafen- und der Einwanderungsbehörde wegen Amtsmißbrauchs und Bestechung verhaftet hat. Darüber hinaus unterhält Sheikh Mohammad auch ein „secret customer reporting", bei dem Vertraute heimlich die Effizienz und Kundenfreundlichkeit seiner Institutionen prüfen. (Fahad Al Gergawi, 2. März 2005) Bei den Behörden besonders gefürchtet sind zudem Sheikh Mohammads morgendliche Überraschungsbesuche, die mitunter zu Umstrukturierungen und teilweise auch zu Entlassungen führen: „Sheikh Mohammad al-

Maktoum has attempted to shake up Dubai's Civil service, sometimes even resorting to early morning raids on government offices and firing any officials not present at their desks." (Davidson 2005, S. 222)
Neben den effizienz- und korruptionsbedingten Umstrukturierungen ist der öffentliche Sektor aber auch aufgrund des schnellen Wachstums in ständiger Bewegung. Seit 1995 hat Sheikh Mohammad für neue Aufgabenfelder nicht nur mehrfach neue Behörden wie das DTCM oder die DDIA ins Leben gerufen, sondern diese des öfteren auch vollständig umstrukturiert. Die staatliche DDIA, die erst 2002 entstanden war und bislang die Projektentwicklung und Investitionseinwerbung des Emirats organisierte, wurde 2006 komplett privatisiert und der privaten Dubai Holding zugeschlagen (Martin Berlin, 23. März 2006). Diese war ihrerseits erst 2004 als privatwirtschaftliches Pendant zur DDIA gegründet worden und sollte als Holding für zahlreiche Unternehmen der Maktoumfamilie fungieren, später aber auch für die Projektentwicklung und Investionseinwerbung sorgen (Andersen 2004). Interessanterweise umfaßte die Dubai Holding von Anfang an auch die verschiedenen Freihandelszonen (beispielsweise Dubai Internet City, Dubai Media City, Dubai Knowledge Village), die in Dubai nicht wie staatliche Einrichtungen sondern wie private Unternehmen geführt werden. Zur Holding kamen noch zwei Investmentfirmen, die Hotelkette Jumeirah, die 2003 gegründete Dubai Tourism Projects Development Company (Dubailand)[2], zwei Energieunternehmen und Ende 2004 mit Dubai Properties noch ein neuer großer Immobilienkonzern hinzu. Mit der Privatisierung der DDIA und der Integration in die Dubai Holding blieben allerdings die meisten Führungspositionen erhalten. Sheikh Mohammad machte den DDIA-Aufsichtsratsvorsitzenden Gergawi auch zum Chef der Dubai Holding, und weitere leitende Angestellte der früheren DDIA erhielten ebenfalls Führungspositionen innerhalb der Dubai Holding.[3]
Ähnliche Umstrukturierungen erfolgten auch bei der Hafen- und Zollbehörde, die zunächst als staatliche Institution organisiert war, später aber in eine privatwirtschaftliche Unternehmensholding überging. Die 1991 gegründete Dubai Ports Authority (DPA) konnte zwar noch als öffentliche Behörde angesehen werden, war aber finanziell bereits vollkommen unabhängig und agierte als profitorientiertes Unternehmen in Staatsbesitz (Jacobs & Hall 2007). 2001 erfolgte dann die Gründung der Ports, Customs & Free Zone Corporation (PCFC), die als Muttergesellschaft für die Dubai Port Authority und die Jebel Ali Freihandelszone, aber nach und nach auch für eine Reihe weiterer Unternehmen diente. Zur PCFC

gehörten schließlich neben den Hafenbetreibern (Dubai Port Authority, Dubai Ports World) auch die Zollbehörde (Dubai Customs Department), verschiedene Freihandelszonen (beispielsweise Dubai Metals & Commodities Center), ein Investment-Unternehmen (Istithmar), das E-Commerce-Unternehmen Tejari sowie der Immobilienentwickler Nakheel. 2006 ließ Sheikh Mohammad per Dekret eine weitere Umstrukturierung durchführen und gliederte die PCFC kurzerhand der neu geschaffenen Dubai World Holding ein (Jacobs & Hall 2007). Lediglich einige „staatliche" Behörden wie die Dubai Ports Authority (DPA) blieben außerhalb der neuen Holding, zu der weitere Unternehmen und Firmenbeteiligungen wie beispielsweise die Dubai Maritime City hinzukamen. Auch hier blieb die Führungsmannschaft trotz der Umstrukturierungen weitgehend erhalten, so daß Sultan Ahmad Bin Sulayem seinen Entscheidungsbereich als Präsident der PCFC und später auch als Präsident der Dubai World Gruppe ausweiten konnte. Als enger Vertrauter von Sheikh Mohammad kontrolliert damit Bin Sulayem nicht nur die wichtige Dubai Port Authority, die Dubai Ports World und die Jebel Ali Freihandelszone, sondern ist zugleich auch Generaldirektor von Nakheel.
In Dubai liegen damit – abgesehen von Emir Sheikh Mohammad – die wichtigsten Entscheidungen vor allem in den Händen der vier Wirtschaftsführer Sheikh Ahmad bin Saeed Al Maktoum (Emirates Airline), Mohammad Al Abbar (Emaar), Sultan Ahmad Bin Sulayem (Dubai World) und Mohammad Abdallah Al Gergawi (Dubai Holding). Alle sitzen im Dubai Executive Council und üben in Personalunion neben ihren unternehmerischen Führungspositionen auch wichtige öffentliche Ämter aus: Sheikh Ahmad ist Chef der staatlichen Flugaufsichtsbehörde in Dubai, Gergawi Staatsminister im Kabinett von Sheikh Mohammad, Al Abbar Generaldirektor des Departments of Economic Development und Bin Sulayem Chef der halbstaatlichen Zoll- und Hafenbehörde (Wilson 2006). Ähnlich dieser Personalunion sind auch die einzelnen privaten und staatlichen Institutionen eng verflochten und kaum in einen privaten und einen staatlichen Sektor zu trennen. Die frühere Ports, Customs & Free Zone Corporation etwa nahm über das Dubai Customs Department und die Dubai Ports Authority eindeutig hoheitliche Aufgaben wahr, und auch bei der Dubai Holding sind staatliche und privatwirtschaftliche Aspekte vermischt – zumindest haben die Freihandelszonen sowie umfangreiche Infrastrukturinvestitionen, die über die Holding laufen, halbstaatlichen Charakter. Genau diese Verflechtungen bemängelt jedoch der bekannte Kritiker Mike Davis: „The state, accordingly, is almost indistinguishable

from private enterprise. Dubai's top managers – all commoners, hired meritocratically – simultaneously hold strategic government portfolios and manage a major Maktoum-controlled real-estate development company. 'Government', indeed, is really an equities management team led by three top players who compete with one another to earn the highest returns for al-Maktoum." (Davis 2006, S. 61) Von anderer Seite wird dagegen genau jene Symbiose als institutioneller Erfolgsfaktor gehandelt (vgl. Jacobs 2007; Jürgen Friedrich, 6. März 2005). Wilkinson sieht sogar in der Regierungsform Dubais, die er als eine „enlightened dictatorship" bezeichnet, den wesentlichen Garanten für schnelle Planung und Realisierung (Guy Wilkinson, 22. Februar 2005).
Obwohl fast alle zentralen politischen und wirtschaftlichen Entscheidungen auf Sheikh Mohammad und sein Netzwerk der vier Wirtschaftsführer zurückgehen, gibt es noch weitere wichtige Akteure. Zu nennen sind vor allem einige Großfamilien wie Al-Futtaim oder Al-Ghurair, die zwar selbstständige und sehr erfolgreiche Unternehmen führen, dem Herrscherhaus in Dubai aber über Verwandtschaftsgrade und Wirtschaftsbeziehungen sehr nahestehen (Al-Hamarneh 2007).[4] Diese Familien üben einen gewissen politischen Einfluß aus, sind aber grundsätzlich eher dem Lager der liberalen Reformer um Sheikh Mohammad zuzurechnen, dem in Dubai auch einige konservative Vertreter gegenüberstehen. Aus konservativer Sicht wird vor allem der rasante Wachstumskurs nicht immer gutgeheißen, da er tendenziell die eigene Identität und die arabische Kultur untergräbt.[5] Innerhalb der grundsätzlich loyalen arabischen Stammesgesellschaft wird die Kritik allerdings kaum laut geäußert. An der von Sheikh Mohammads älterem Bruder Sheikh Hamdan geführten Dubai Municipality läßt sich jedoch zeigen, daß es in Dubai unterschiedliche Geschwindigkeiten und Auffassungen gibt. Zumindest scheinen die von Emaar, Nakheel und der Dubai Holding in rascher Folge vorgelegten Projekte und Planungen die traditionell orientierte Stadtverwaltung von Dubai häufig zu überfordern und mit deren eigenen Planungen nicht immer vereinbar zu sein (Jürgen Friedrich, 6. März 2005; vgl. Government of Dubai 2007).
Unter Emir Sheikh Maktoum war bis 2006 jedenfalls eine deutliche Arbeitsteilung erkennbar, die Sheikh Mohammad Kompetenzen bei der langfristigen Planung und der Wirtschaftsstrategie zugestand, Sheikh Hamdan dagegen die Tagespolitik und die Umsetzung innerhalb der Dubai Municipality überließ (Martin Berlin, 21. Februar 2005; Jean-Marie Hoffmann, 1. März 2005). Spätestens jedoch mit der Ernennung von Sheikh Mohammad zum Emir liegen die Kompetenzen eindeutig bei den libera-

len Reformern und Wirtschaftslenkern. Doch auch Sheikh Mohammad ist darauf bedacht, etwa über informelle Beratungen in der Majlis, einer Art Stammesrat, seinen Wachstums- und Reformkurs mit der einheimischen Bevölkerung abzustimmen.

Anmerkungen

1 Seit September 2006 führt den Vorsitz im Rat Sheikh Hamdan Bin Mohammad Bin Rashid Al Maktoum, Sohn von Sheikh Mohammad (Gulf News, 13. September 2006).
2 Die Dubai Tourism Projects Development Company war zunächst in Obhut der DDIA gegründet, später aber der Dubai Holding unterstellt worden. Aufgabe der Dubai Tourism Projects Development Company ist die Entwicklung von Dubailand, dem mit über 200 Mio. m² (20.000 Hektar) größten Freizeitgelände der Welt.
3 Der Chefstratege der DDIA, Dr. Martin Berlin, stieg zum Chefstrategen der Dubai Holding auf und wurde zugleich Geschäftsführer der Tatweer-Gruppe innerhalb der Dubai Holding. Der frühere Generaldirektor der DDIA, Saeed Al Muntafiq, wechselte als Aufsichtsratsvorsitzender ebenfalls zu Tatweer (Martin Berlin, 23. März 2006).
4 Bezeichnenderweise werden dem Privatsektor, der keine engen Kontakte zum Herrscherhaus unterhält, kaum Chancen auf größere Projekte eingeräumt (Peter Riddoch, 26. Februar 2005). Beobachter bezeichnen die Wirtschaft in Dubai zudem als extrem beziehungs- und netzwerkbezogen, so daß Außenstehende ohne einflußreiche Kontakte äußerst benachteiligt sind (Max Tehrani, 15. Februar 2005).
5 Nicht umsonst wird darum in den Vereinigten Arabischen Emiraten eine Politik der Emiratisierung betrieben, die einheimische Bewerber bei der Arbeitsplatzvergabe nicht nur im öffentlichen Sektor bevorzugt. Hinzu kommt die strikte Kontrolle der großen Zahl an Arbeitsmigranten, bei welcher selbst die prozentuale Verteilung nach Herkunftsländern Staatsgeheimnis ist (Davidson 2005; Zain El-Wafazi, 5. März 2005).

Literatur

Al-Hamarneh, A. (2007): Vereinigte Arabische Emirate. In: Weiss, W. (Hg.): Die Arabischen Staaten. Geschichte, Politik, Gesellschaft, Wirtschaft. Heidelberg, S. 350–366
Andersen, C. H. (2004): Dubai Holding launched to manage major projects and initiatives of Dubai. Online unter: www.ameinfo.com/46995.html (abgerufen am 1. Juli 2007)
Davidson, C. M. (2005): The United Arab Emirates. A Study in Survival. Boulder, London
Davis, M. (2006): Fear and money in Dubai. In: New Left Review 27 (5), S. 47–68
Government of Dubai – The Executive Council (2007): Dubai Urban Development Framework. Request for proposal for consultancy services. Dubai
Heard-Bey, F. (2004): From Trucial States to United Arab Emirates. London, Dubai, Abu Dhabi
Jacobs, W. (2007): Political Economy of Port Competition. Institutional Analyses of Rotterdam, Southern California and Dubai. Nijmegen

Jacobs, W.; Hall, P. V. (2007): What conditions supply chain strategies of ports? The case of Dubai. In: GeoJournal 68 (4), S. 327-342

Mickdady, R. (2003): The Rise and Rise of Emirates. In: Invest Dubai 1 (3), S. 12–16

Shihabi, W; Afifi, R.; Kamal, M.; Farrah, M. (2004): Emaar Properties (emar.du) Equity Research. Dubai

Tuma, T.; Deckstein, D. (2006): „Geld ist nicht alles". Emirates-Chef Scheich Ahmed Ibn Said al-Maktum über die ehrgeizigen Wachstumspläne der Airline. In: Der Spiegel 60 (12), S. 114–116

Wallis, W. (2006): The shrewd chairman of Emaar is rapidly expanding beyond the emirate. In: Financial Times 119 (23. 10. 2006), S. 7

Wheeler, J. (2006): Dubai's formidable new ruler. BBC News vom 05. 01. 2006.

Wilkinson, G. (2003): Rooms with views. In: Invest Dubai 1 (3), S. 30–39

Wilson, G. (2006): Rashid's Legacy. The Genesis of the Maktoum Family and the History of Dubai. London, Dubai

Vom Autor durchgeführte Interviews

Hashim Al Dabal, Leitender Geschäftsführer, Dubai Properties: 28. Februar 2005

Fahad Al Gergawi, Direktor, International Relations, Dubai Properties und Estithmaar Reality: 2. März 2005

Dr. Martin Berlin, Chefstratege DDIA: 13. Januar 2005, 21. Februar 2005

Dr. Martin Berlin, Geschäftsführer, Tatweer und Chefstratege, Dubai Holding: 23. März 2006

Dr. Jürgen Friedrich, Offizieller Delegierter, AHK Dubai: 6. März 2005

Jean-Marie Hoffmann, Direktor, Representative Office Dubai, Deutsche Bank: 1. März 2005

A. J. Jaganathan, Leitender Geschäftsführer, Emaar Properties: 1. März 2005

Hamza Mustafa, Stellvertretender Vertriebsleiter, Nakheel: 23. Februar 2005

Peter Riddoch, Leitender Geschäftsführer, DAMAC Properties: 26. Februar 2005

Guy Wilkinson, Direktor, The Consulting House Dubai: 22. Februar 2005

Heiko Schmid

‚Dubai Corporation' – Herrscher oder Unternehmer?

Die Frage nach einer unternehmensorientierten Stadtpolitik ist in Dubai nicht einfach zu beantworten, da sich öffentlicher und privater Sektor häufig in der Person von Emir Sheikh Mohammad vereinen (Martin Berlin, 13. Januar 2005). Wirtschaftspolitik bedeutet in Dubai häufig nicht nur, die entsprechenden steuerlichen, rechtlichen oder infrastrukturellen Rahmenbedingungen zu schaffen, sondern diese gegebenenfalls durch eigene Investitionen und wirtschaftliche Unternehmungen auszufüllen. Umgekehrt sind die wirtschaftlichen Aktivitäten der regierenden Maktoum-Familie nicht allein als profitorientierte Unternehmungen zu verstehen sondern zugleich Ausdruck staatlicher Wirtschaftspolitik. Sie haben oftmals strategischen Charakter, wie beispielsweise die Gründung der Emirates Airline oder die Investitionen in den Hotelsektor (zum Beispiel in den Burj Al Arab), die seit den 1980er Jahren den Tourismus fördern. Auch in den 1970er Jahren war die Wirtschaftstätigkeit der Herrscherfamilie bereits Ausdruck staatlicher Wirtschaftspolitik. Damals konzentrierten sich die Investitionen allerdings stark auf Infrastrukturprojekte (zum Beispiel den Hafen in Jebel Ali) und den Energiesektor (zum Beispiel die Aluminiumhütte DUBAL). Mittlerweile haben die wirtschaftlichen Aktivitäten der Herrscherfamilie eine breitere Basis und teilweise auch einen höheren Stellenwert. In einigen Branchen wie dem Immobiliensektor bestimmen die Projekte des Herrscherhauses eindeutig das Marktgeschehen: „In the boom of the 70's, the government's involvement was minimal, leaving the private sector to lead the construction development. […] In the current construction boom, however, the government is the key player defining and leading the development." (Al Mulla 2004, S. 63f) Mit dem Übergang von flankierenden Infrastrukturmaßnahmen zu einer breiteren Wirtschaftstätigkeit und einer stärker unternehmerischen beziehungsweise unternehmensorientierten Politik entspricht Dubai dem von Harvey (Harvey 1989a) beschriebenen Übergang vom *Managerialism* zum *Entrepreneurialism*.

In Dubai kommen allerdings zwei weitere Merkmale einer unternehmensorientierten Stadtpolitik hinzu: Einerseits werden staatliche Entscheidungen eindeutig nach wirtschaftlichen Gesichtspunkten getroffen, so daß staatliche Interessen teilweise hinter denen der Privatwirtschaft zurückstehen; Steuerausfälle durch die Einrichtung ausgedehnter Freihandelszonen sind dafür ein gutes Beispiel. Andererseits wird dem Privatsektor – einschließlich der wirtschaftlichen Unternehmungen der Maktoum-Familie – ein wesentlicher Teil staatlicher Kompetenzen und Aufgaben übertragen. Beispielsweise ist die Energie- und Wasserversorgung in Dubai als extrem wichtiger Aufgabenbereich privatwirtschaftlich organisiert, und auch die staatliche DDIA sowie alle Freihandelszonen sind inzwischen unter dem Dach der Dubai Holding oder der Dubai World Gruppe privatisiert.
Die staatliche Wirtschaftspolitik und die wirtschaftlichen Aktivitäten der Herrscherfamilie folgen in Dubai dem Ziel, das Emirat nicht nur als führenden Wirtschaftsstandort der Region, sondern nach dem Vorbild Singapurs auch als *Global City* zu etablieren (Sheikh Mohammad 2007). Dubai forciert deshalb den Übergang vom Erdöl- ins Wissenszeitalter und hat während des Booms der *New Economy* mit der Internet City und der Media City bereits eine regionale Vorreiterrolle übernommen: „My vision is to maintain our pioneering position and to continue developing and prospering, which necessitates that we shift to the Knowledge Age as quickly as possible. I was determined that we would be pioneers in the New Economy so that we could position the UAE and Dubai in the lead." (Sheikh Mohammad 2004) Das anvisierte Ziel versucht Dubai mit gezielten Investitionen in Schlüsseltechnologien und -branchen zu verwirklichen. Die Regierung hat dazu einen regelrechten Fahrplan aufgestellt, nach welchem die Investitionen in die einzelnen Bereiche erfolgen. Eine wichtige Strategie zur Förderung der wissensbasierten Dienstleistungen ist darüber hinaus die Ausweisung spezialisierter Freihandelszonen, wie etwa des Dubai International Financial Center oder des Dubai Biotechnology and Research Park (Jürgen Friedrich, 6. März 2005; Fahad Al Gergawi, 2. März 2005).
Eine wichtige Rolle bei der Umsetzung der Wirtschaftspolitik spielen auch die staatlichen Institutionen und Behörden. Sie werden in Dubai fast ausnahmslos wie private Dienstleistungsunternehmen geführt und müssen oftmals einen Teil ihres Budgets durch eigene Einnahmen refinanzieren (Marwan Mansour, 4. März 2004; Hashim Al Dabal, 28. Februar 2005).[1]
Hinzu kommt eine permanente Kosten- und Effizienzkontrolle: „In Dubai

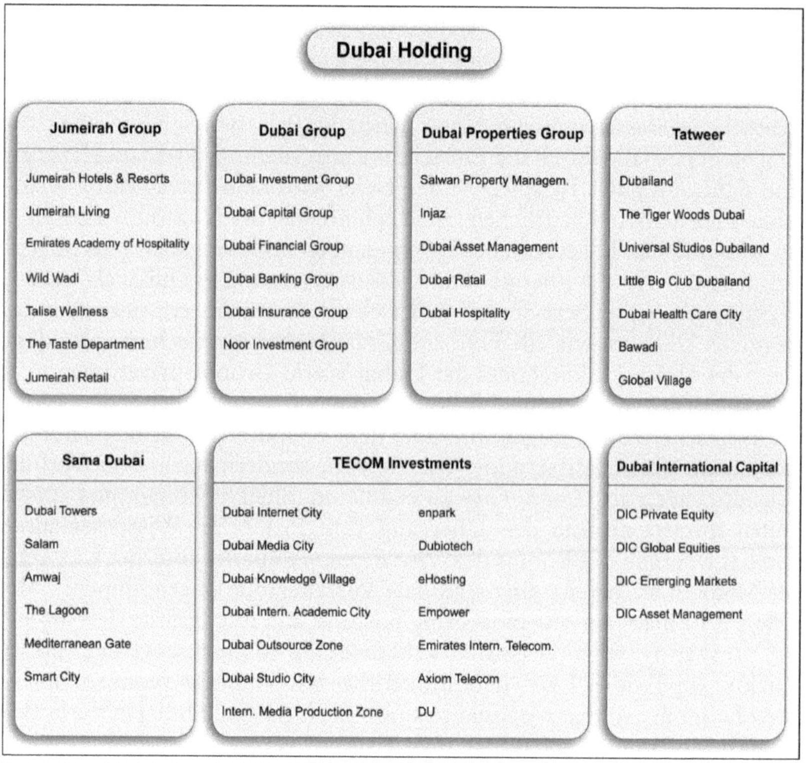

Dubai Holding

Jumeirah Group	Dubai Group	Dubai Properties Group	Tatweer
Jumeirah Hotels & Resorts	Dubai Investment Group	Salwan Property Managem.	Dubailand
Jumeirah Living	Dubai Capital Group	Injaz	The Tiger Woods Dubai
Emirates Academy of Hospitality	Dubai Financial Group	Dubai Asset Management	Universal Studios Dubailand
Wild Wadi	Dubai Banking Group	Dubai Retail	Little Big Club Dubailand
Talise Wellness	Dubai Insurance Group	Dubai Hospitality	Dubai Health Care City
The Taste Department	Noor Investment Group		Bawadi
Jumeirah Retail			Global Village

Sama Dubai	TECOM Investments		Dubai International Capital
Dubai Towers	Dubai Internet City	enpark	DIC Private Equity
Salam	Dubai Media City	Dubiotech	DIC Global Equities
Amwaj	Dubai Knowledge Village	eHosting	DIC Emerging Markets
The Lagoon	Dubai Intern. Academic City	Empower	DIC Asset Management
Mediterranean Gate	Dubai Outsource Zone	Emirates Intern. Telecom.	
Smart City	Dubai Studio City	Axiom Telecom	
	Intern. Media Production Zone	DU	

Dubai World Group (früher PCFC)

Dubai Ports Authority*	Dubai Customs Departm.**	Nakheel	Economic Zones World
Dubai Ports World	Civil Engineering Departm.*	The Palm	Jebel Ali Free Zone Authority
Dubai Drydocks	Istithmar (Investment)	The World	Dubai Maritime City
P&O Maritime	Tejari (E-Commerce)	Dubai Waterfront	Dubai Metals & Commod. Centre
P&O Ferries	Tamweel (Finance)	International City	Techno Park Dubai

* Später umgewandelt bzw. nicht in die Dubai World Holding eingegliedert.
**Später in Dubai Customs World umgewandelt.

Oben: Dubai Holding und Tochterunternehmen Unten: Dubai World Group (früher Ports, Customs & Free Zone Corporation) [Name leicht modifiziert] © Heiko Schmid

you see that government is operating more as a private sector and the commercial attitude in terms of being more efficient in what we do. So, most of the government departments now, we judge them actually on how much did they achieve on their budget." (Nabil Al Yousuf, 13. März 2006)
Die Kosteneffizienz gilt auch für die rein privatwirtschaftlichen Unternehmen im Besitz der Herrscherfamilie. Sie stehen zwar ebenfalls im Dienste der staatlichen Wirtschaftspolitik und sorgen für die Umsetzung der Wirtschaftsstrategie des Emirats, können jedoch keinesfalls auf staatliche Subventionen zurückgreifen. Kritiker vermuten dennoch immer wieder – vor allem hinter der Emirates Airline verdeckte – staatliche Subventionen, was die Regierung von Dubai allerdings regelmäßig bestreitet (vgl. Guy Wilkinson, 22. Februar 2005; Tuma & Deckstein 2006; Thoms 2004). Unterdessen bestätigen Price Waterhouse Coopers und USB Wartburg in ihren Wirtschaftsanalysen tatsächlich die große Kosteneffizienz der Fluggesellschaft und schließen Quersubventionen aus (Joachim Steinbach, 19. Februar 2005). Die Unternehmen im Besitz der Herrscherfamilie können jedoch zumindest auf die politische Unterstützung der Regierung vertrauen. Und so stellt sich in Dubai weniger die Frage nach staatlichen Subventionen als vielmehr nach einem hocheffizienten Netzwerk aus staatlichen Behörden und privaten Unternehmen, die über zahlreiche personelle Verflechtungen ohnehin eng miteinander verbunden sind (Peter Walichnowski, 20. Februar 2005; Max Tehrani, 15. Februar 2005).
Das Regierungshandeln in Dubai ist in starkem Maße unternehmensorientiert. Das zeigt sich vor allem in der politischen Entscheidungsfindung, die heute nicht mehr durch Konsultationen eines Ältesten- oder Stammesrates geprägt ist, sondern sich wie in einem Wirtschaftsunternehmen hauptsächlich an Wirtschaftlichkeits- und Machbarkeitsstudien orientiert: „The decision making has changed. It's a lot more systematic, based on numbers, based on facts and figures rather than the older traditional reign was. Ok, someone helps me, you talk to them and then you make a decision. That has changed." (Nabil Al Yousuf, 13. März 2006) Konkret sind dazu im Executive Office von Sheikh Mohammad jeweils verschiedene Expertenteams für unterschiedliche wirtschaftliche, aber auch politische Teilbereiche zuständig. Zunächst erarbeiten sie auf der Grundlage von Vorgaben aus dem Herrscherhaus für einzelne Wirtschaftssektoren eine Art Geschäftsplan, der über verschiedene interne Studien geprüft und abgesichert wird. Erst auf dieser Grundlage erfolgt die konkrete Entscheidung, die zugleich die nächsten Schritte, den Zeitpunkt der Umsetzung und die Größe des Projekts beziehungsweise der Investitionen definiert: „Deci-

sion-making is based on a study, based on a business plan that advises us internally, we thought, we believe in the internality, the expertise. There are the people who can tell what projects we should be introduced at what price, at what time." (Hashim Al Dabal, 28. Feburar 2005). Insgesamt ergibt sich so ein mehrstufiger Entscheidungsprozeß, dessen Fäden zwar bei Sheikh Mohammad zusammenlaufen, bei dem aber einzelne Entscheidungsschritte oder Projektaufgaben an „staatliche" Unternehmen, zum Beispiel innerhalb der Dubai Holding, delegiert werden (Marwan Mansour, 26. Februar 2005; Martin Berlin, 21. Februar 2005).
Anlaufpunkt für alle Absprachen und Entscheidungen ist das Corporate Office von Sheikh Mohammad im 43. Stock des Emirates Office Towers. Hier finden nicht nur die regelmäßigen Treffen des Dubai Executive Council sondern auch alle informellen Unterredungen statt, etwa diejenigen zwischen Sheikh Mohammad und seinen vier Wirtschaftsführern Sheikh Ahmad, Gergawi, Al Abbar und Bin Sulayem: „One of the most important offices is this office. It's a major policy think tank for His Highness. We also host the Cabinet which is the second house of Dubai, and meet officials on discussions, and other executives."[2] (Nabil Al Youssuf, 13. März 2006) Entsprechend werden vom Corporate Office intensive Kontakte mit dem Privatsektor und anderen Regierungsinstitutionen unterhalten, um die politische und wirtschaftliche Regierungsarbeit zu koordinieren. Auffällig ist jedoch, daß kaum eine Entscheidung ohne die Konsultation des Privatsektors erfolgt und alle Entscheidungen in wirtschaftlicher Hinsicht abgestimmt sind: „I think most of what distinguishes Dubai is that, in whatever we do, we involve the private sector. Not only in terms of investments, but also in actually making the decisions." (Nabil Al Youssuf, 13. März 2006)
Die Beratungen von Sheikh Mohammad mit den vier wichtigsten Unternehmensführern Sheikh Ahmad, Gergawi, Al Abbar und Bin Sulayem, aber auch mit Vertretern anderer Regierungsinstitutionen und des Privatsektors erfolgen häufig in informellen Zirkeln: „Informell mag die Entscheidunghsfindung dahingehend sein, daß man versucht herauszufinden, wie denkt denn der Markt über ein bestimmtes Projekt." (Martin Berlin, 21. Februar 2005) Die eigentliche Entscheidungsfindung ist dann allerdings wieder weitgehend vorstrukturiert und institutionalisiert und orientiert sich stärker an Machbarkeitsstudien als an informellen Einschätzungen.
Am Anfang des Entscheidungsprozesses stehen zunächst lediglich die Idee und ein Projektvorschlag, der häufig von einem der drei Unternehmen Emaar, Nakheel oder Dubai Holding unterbreitet wird. Nach einer

ersten Präsentation entscheidet Sheikh Mohammad, ob die Idee weiterverfolgt oder fallengelassen wird (Martin Berlin, 13. Januar 2005). Ist der Emir interessiert, werden in einem nächsten Schritt die notwendigen Wirtschaftlichkeits- und Machbarkeitsstudien durchgeführt: „It's predominantly coming from the top. These players come up with new ideas. These ideas are communicated with His Highness Sheikh Mohammad. If he gives the green light – 'Yes, I'm interested, I like something like that' – we're proceeding to, moving into the next steps of developing these ideas." (Marwan Mansour, 26. Februar 2005) In den Machbarkeitsstudien wird dann vornehmlich geprüft, ob ein Projekt finanziell erfolgversprechend ist. Erst dann wird es erneut Sheikh Mohammad oder aber einem seiner engsten Vertrauten vorgestellt. Wichtig ist allerdings, daß der Projektvorschlag nicht nur finanziell aussichtsreich, sondern auch ökologisch einigermaßen akzeptabel ist und in die geopolitische Natur des Emirats paßt. Darüber hinaus muß das Projekt ästhetischen Gesichtspunkten genügen, bevor nach einer erneuten Zustimmung der konkrete Planungsprozeß eingeleitet wird (Marwan Mansour, 26. Februar 2005). Das federführende Unternehmen – beispielsweise die Dubai Holding – erstellt dann einen internen Kostenplan für die Arbeiten zur Projektabwicklung, Bauplanung und Baudurchführung. Erst dann werden die Arbeiten ausgeschrieben und einzelne Unternehmen zu einer Beteiligung am Bieterprozeß aufgefordert.[3] Bei Großprojekten entscheidet meist die Herrscherfamilie über die Vergabe der ausgeschriebenen Arbeiten und erteilt die Aufträge für die Projektabwicklung, die Architektur- und Designarbeiten und schließlich für die eigentlichen Baumaßnahmen. Immer häufiger schaltet sich jedoch die Vertriebs- und Marketingabteilung schon in den Planungsprozeß ein und stimmt lange vor Baubeginn die Werbekampagne des Projekts mit den verantwortlichen Fremdfirmen ab (Marwan Mansour, 26. Februar 2005). Die Planungs- und Entscheidungsprozesse im Emirat Dubai sind komplex, letztlich aber stark hierarchisch organisiert und ähneln stark denen von Wirtschaftsunternehmen. Von großem Vorteil im mehrstufigen Verfahren sind die kurzen Wege zu den Entscheidern sowie der Umstand, daß öffentliche und private Ämter häufig in Personalunion besetzt sind. In ihrer Doppelfunktion stellen die Verantwortlichen sicher, daß die Partnerschaften funktionieren und auf kurzen Wegen zu schnellen Entscheidungen führen (Martin Berlin, 21. Februar 2005). In der schnellen Umsetzung von Ideen und dem direkten Zugang zu den Entscheidungsträgern sehen denn auch der Planungschef der Stadtverwaltung von Dubai, Abdallah Abdelrahim (Abdallah Abdelrahim 5. März 2005), und der Geschäftsführer von Emaar, A. J. Jaganathan (A. J. Jaganathan, 1. März 2005), den wichtigsten Standortvorteil von Dubai: „I think leadership is very important – leadership and the ability to execute. It's probably an important combination." (A. J. Jaganathan, 1. März 2005) Guy Wilkinson (Wilkinson, 22. Februar 2005) betont ebenfalls die Durchsetzungskraft der Regierung und sieht darin den entscheidenden Vorzug gegenüber schwerfälligeren Demokratien, die aufwendige rechtsstaatliche Verfahren mit Bürgerbeteiligung durchführen müssen: „There are ways of doing things here that cannot be done in – shall we say – slower democracies where people have to be consulted." Grundlage für die schnellen Entscheidungsprozesse sind in Dubai die tribalistischen Herrschaftsstrukturen, die den Herrschern und Stammesführern die uneingeschränkte Loyalität ihrer Bevölkerung sichert und eine absolute Entscheidungsbefugnis verleiht (Müller-Mahn 1999). Mike Davis spricht aus diesem Grund auch von einer Weiterentwicklung des feudalen Absolutismus, der in Dubai in Form eines „aufgeklärten" Unternehmertums für den wirtschaftlichen Erfolg sorgt: „Feudal absolutism [...] meanwhile has been spruced up as the last word in enlightened corporate administration, and the political sphere has been officially collapsed into the managerial." (Davis 2006, S. 61)

Festgefahrene Planungsprozesse sind in Dubai durch fehlende Mitbestimmung und hierarchischen Entscheidungsstrukturen ein Fremdwort. Sheikh Mohammad kann jederzeit eine Entscheidung herbeiführen und einen Planungsprozeß verkürzen, der anderswo – beispielsweise durch Planfeststellungsverfahren und Umweltverträglichkeitsprüfungen – langwierig ist: „Mein Bonmot dazu ist immer, daß Sheikh Mohammad eben das Planfeststellungsverfahren mit Umweltverträglichkeitsprüfung in einer Person ist. [...] Es gibt mittlerweile relativ komplexe Planungsverfahren [...], auch Umweltfragen werden berücksichtigt. Aber man kann hier jederzeit den Knoten durchhauen, wo man in Deutschland Jahrzehnte auf ein verwaltungsgerichtliches Verfahren wartet." (Jürgen Friedrich, 6. März 2005)

Die zahlreichen von Sheikh Mohammad angestoßenen Projekte und Initiativen haben in Dubai vor allem seit Ende der 1990er Jahre zu einer Fülle von Wirtschaftsaktivitäten und Bauprojekten geführt, die die Stadtgestalt deutlich verändert haben. Besonders in der Immobilien- und Bauwirtschaft sind die Projekte bilateral mit dem Herrscherhaus abgestimmt und in der Obhut der Regierung, von Wirtschaftsunternehmen der Herrscherfamilie oder aber durch unabhängige Privatfirmen verwirklicht worden. Die bislang zuständige Planungsabteilung der Stadtverwaltung blieb meist von diesen bilateralen Entscheidungen ausgeschlossen und mußte nachträglich die Großprojekte in eine übergeordnete Planung integrieren (Martin Berlin, 21. Februar 2005; Marwan Mansour, 26. Februar 2005; Khalid Saad Zaher, 15. Februar 2005). Zwar betont Abdallah Abdelrahim als Planungschef der Stadtverwaltung von Dubai die gute Koordination mit der Dubai Holding, mit Emaar und Nakheel sowie den direkten Zugang zu den wichtigsten Entscheidungsträgern, und dennoch hinkt der Master Plan der Stadtverwaltung von Dubai hoffnungslos der schnellen Projektplanung der Privatwirtschaft und des Herrscherhauses hinterher (Abdallah Abdelrahim, 5. März 2005; Gerald Lawless, 12. März 2005). Die Stadtplanungsabteilung muß den Master Plan laufend aktualisieren und ihn den Anforderungen der privatwirtschaftlichen Großprojekte anpassen. Statt die privatwirtschaftliche Projektplanung durch Planungsvorgaben und einen Stadtentwicklungsplan raumordnerisch zu dirigieren, ist die staatliche Planung eindeutig der privatwirtschaftlichen Entwicklung untergeordnet (vgl. Hussain Nasser Lootah, zit. in Höselbarth 2007). Dementsprechend fungiert die Comprehensive Planning Unit der Stadtverwaltung auch nicht mehr als staatliche Genehmigungsbehörde, sondern vielmehr als Berater der privaten Projektentwickler wie Emaar, Nakheel oder Dubai Holding (Khalid Saad Zaher, 15. Februar 2005). Der derzeit in Dubai geltende Stadtentwicklungsplan stammt zudem noch aus dem Jahr 1993, als in der Stadt private Großprojekte wie etwa die Palmeninseln oder Burj Dubai noch nicht existierten und das rasante Wachstum noch nicht absehbar war (Marwan Mansour, 26. Februar 2005). Die Diskrepanz zwischen staatlicher Planung und privatwirtschaftlicher Projektentwicklung führt deshalb inzwischen zu ersten Problemen bei der Bereitstellung öffentlicher Infrastruktur.[4] Nicht zuletzt deshalb initiierte Sheikh Mohammad 2007 eine millionenschwere Ausschreibung zum Dubai Urban Development Framework 2020, um die Stadtverwaltung von Dubai durch privatwirtschaftliche Expertise in der Fortschreibung eines Stadtentwicklungsplans zu unterstützen. Im nicht-öffentlichen Ausschreibungstext wird dementsprechend auf die Problematik der privatwirtschaftlichen Großprojekte aufmerksam gemacht und deren Integration in einen überarbeiteten Stadtentwicklungsplan als Ziel formuliert: „Dubai Holding, Emaar and Nakheel who are responsible for the majority of mega projects underway [...] have transformed the physical land and waters of the Emirate by fostering massive master planned communities that fall largely outside the framework of traditional municipality-based urban planning. While many of these developments may be aligned with international best practices, challenges remain in the coordination among these new developments." (Government of Dubai 2007, S. 5 f) Letztlich erscheint aber auch dieser Schritt geeignet, um ganz im Zeichen von *Urban Governance* und *Entrepreneurial Urban Politics* die staatlichen Planungskompetenzen weiter zurückzudrängen und erneut Kompetenzen an die privatwirtschaftlich organisierte Planung zu übertragen.

Anmerkungen

1 Einige Behörden werden jedoch auch weiterhin ausnahmslos über den Staatshaushalt finanziert. Das gilt vor allem für den Bereich Bildung und Gesundheit sowie für die Sicherheitsbehörden (Nabil Al Yousuf, 13. März 2006).
2 Im selben Büroturm sind auch die Vorstandbüros von Nakheel und der Dubai Holding untergebracht. Damit konzentriert sich in diesem Gebäude die politische und wirtschaftliche Entscheidungsmacht.
3 Wie in vielen anderen Golfstaaten gibt es in Dubai häufig keine öffentlichen Ausschreibungen. Stattdessen fordern die Auftraggeber meist renommierte oder bereits bewährte Unternehmen auf, sich an einem Projekt zu beteiligen oder ein Angebot zu unterbreiten.
4 Drastisch zunehmende Verkehrsstaus und ein bislang noch wenig entwickelter öffentlicher Personennahverkehr sind nur die augenscheinlichsten Probleme. Die städtische Strom- und Wasserversorgung, aber auch die Versorgung mit Schulen und Krankenhäusern sind eine große Herausforderung für den öffentlichen Sektor.

Literatur

Al Mulla, H. (2004): Legal Aspects of Real Estate Ownership in the UAE. In: Cross Border Legal Publishing (Hg.): Dubai Property Investment Guide. Dubai, S. 63–66
Davis, M. (2006): Fear and money in Dubai. In: New Left Review 27 (5), S. 47–68
Government of Dubai – The Executive Council (2007): Dubai Urban Development Framework. Request for proposal for consultancy services. Dubai
Harvey, D. (1989a): From Managerialism to Entrepreneurialism: the Transformation in Urban Governance in Late Capitalism. In: Geografiska Annaler B 71 (1), S. 3–17
Höselbarth, F. (2007): Interview mit dem amtierenden Generaldirektor der Stadt Dubai, Hussain Nasser Lootah. In: Dubai Magazin 2 (1), S. 80–81
Müller-Mahn, D. (1999): Vereinigte Arabische Emirate: Bundesstaat mit Wohlstandsgefälle. In: Scholz, F. (Hg.): Die kleinen Golfstaaten. Gotha, S. 207–243
Sheikh Mohammad bin Rashid al Maktoum (2004): Speech at the 2004 World Economic Forum in Amman. Online unter: http://www.sheikhmohammed.co.ae/english/events/template/template.asp?nn=62 (abgerufen am 2. Juli 2007)
Sheikh Mohammad bin Rashid al Maktoum (2007): Speech for the presentation of the Dubai Strategic Plan 2015. Online unter: http://www.sheikhmohammed.co.ae/english/events/template/template.asp?nn=72 (abgerufen am 19. Juli 2007)

Thoms, E.-M. (2004): Tausendundeine Fracht. Emirates, die Fluggesellschaft aus dem kleinen Dubai, lehrt Branchenriesen wie Lufthansa das Fürchten. In: Die Zeit 59 (9), S. 29
Tuma, T.; Deckstein, D. (2006): „Geld ist nicht alles". Emirates-Chef Scheich Ahmed Ibn Said al-Maktum über die ehrgeizigen Wachstumspläne der Airline. In: Der Spiegel 60 (12), S. 114–116
Wilkinson, G. (2003): Rooms with views. In: Invest Dubai 1 (3), S. 30–39

Vom Autor durchgeführte Interviews

Abdallah Abdelrahim, Abteilungsleiter, Planning & Survey Department, Dubai Municipality: 5. März 2005
Hashim Al Dabal, Leitender Geschäftsführer, Dubai Properties: 28. Februar 2005
Fahad Al Gergawi, Direktor, International Relations, Dubai Properties und Estithmaar Reality: 2. März 2005
Nabil Al Yousuf, Stellvertretender Generaldirektor, The Executive Office (von Emir Sheikh Mohammad): 13. März 2006
Dr. Martin Berlin, Chefstratege, DDIA: 13. Januar 2005 und 21. Februar 2005
Dr. Jürgen Friedrich, Offizieller Delegierter, AHK Dubai: 6. März 2005
A. J. Jaganathan, Leitender Geschäftsführer, Emaar Properties: 1. März 2005
Gerald Lawless, Leitender Geschäftsführer, Jumeirah: 12. März 2005
Marwan G. Mansour, Senior Vize-Präsident, Real Estate, Rasmala (damals Abteilungsleiter, Real Estate Development, DDIA): 4. März 2004
Joachim Steinbach, Vize-Präsident, SO-Europa, Afrika & Mittlerer Osten/Pakistan, Lufthansa: 19. Februar 2005
Max Tehrani, Leitender Geschäftsführer, Project Company: 15. Februar 2005 und 13. März 2006
Peter Walichnowski, Leitender Geschäftsführer, Majid Al Futtaim Investments: 20. Februar 2005
Khalid Saad Zaher, Mitarbeiter, Planning & Survey Department, Dubai Municipality: 2. Februar 2005 und 15. Februar 2005

Heiko Schmid

Geheimnis des Erfolgs: Konkurrenz und strategische Allianz

Die maßgeblich von wirtschaftlichen Überlegungen bestimmte Stadtpolitik ist in Dubai noch kein Garant für den wirtschaftlichen Aufschwung. Gleichwohl machen bekannte Kritiker wie Mike Davis den Erfolg vor allem an der „Vergötterung" neoliberaler Werte und am Fehlen von Einkommenssteuern, Gewerkschaften und freien Wahlen fest: „Dubai […] is also the apotheosis of the neo-liberal values of contemporary capitalism: a society that might have been designed by the Economics Department of the University of Chicago. Dubai, indeed, has achieved what American reactionaries only dream of – an oasis of free enterprise without income taxes, trade unions or opposition parties." (Davis 2006, S. 60 f) Dennoch ist in Dubai nicht allein das freie Spiel der Marktkräfte maßgeblich, sondern allenfalls eine Begleiterscheinung. Für den Erfolg Dubais spielen zahlreiche weitere Faktoren eine zentrale Rolle:
Einerseits waren die globalen und regionalen Rahmenbedingungen mit einem starken Anstieg der Ölpreise, einer in Dubai schon früh in die Wege geleiteten Diversifizierung, fehlenden Investitionsmöglichkeiten und -alternativen im arabischen Raum, der Repatriierung arabischer Gelder aus dem amerikanischen Markt nach der amerikanischen Intervention im Irak und dem wirtschaftlichen Dornröschenschlaf benachbarter Erdölrentierstaaten ausgesprochen günstig. Andererseits waren neben dem günstigen Zeitpunkt auch die wirtschaftliche Strategie Dubais und die hochgradig vertikal und horizontal integrierte Wirtschaftsstruktur im Emirat ausschlaggebend: „the state […] has strategically integrated its operations, management and responsibilities both vertically and horizontally to create both functional-economic and spatial synergy" (Jacobs 2007, S. 137). Ein wesentlicher Vorteil Dubais sind dabei die Wirtschaftsunternehmen des Herrscherhauses, die dem Staat unternehmerische Verfügungsgewalt für eine strategische Wirtschaftspolitik an die Hand geben. Hauptsächlich im Bereich der Transportdienstleistungen und -infrastruktur sowie im Tourismus- und Immobiliensektor verfügt die Herrscherfamilie über

erfolgreiche Unternehmen, die untereinander in scharfer wirtschaftlicher Konkurrenz stehen, zugleich aber eine wirkungsmächtige Allianz für den Standort Dubai bilden. Die zahlreichen Unternehmen wie Emirates Airline, Dubai Ports, Nakheel oder Dubai Holding sowie die staatliche Tourismusbehörde DTCM und bisher auch die Investmentbehörde DDIA formen in Dubai ein symbiotisches Wirtschaftsregime. Vor Ort spielen alle Akteure Hand in Hand und ermöglichen so eine starke vertikale und horizontale Verflechtung, mit der etwa der Tourismus, der Messestandort, die Handelsdrehscheibe oder aber das Finanzzentrum Dubai gefördert wird. Die Allianz umfaßt zudem nicht nur staatliche Behörden und die Unternehmen der Herrscherfamilie, sondern auch einige unabhängige Privatunternehmen und Aktiengesellschaften.

Am deutlichsten zeigt sich diese Verflechtung bislang im Tourismussektor. Unter Federführung der Tourismusbehörde DTCM finden regelmäßige Treffen der beteiligten Unternehmen und Institutionen statt. Auf etwaige Bedrohungslagen oder Krisen wie nach dem 11. September 2001 kann so durch eine gemeinsame Strategie relativ rasch reagiert werden: „We've had our various crises, like Nine Eleven. We've all come together with the Department of Tourism and Commerce Marketing and worked out on our own reaction strategy to what's just happened." (Gerald Lawless, 12. März 2005) Obwohl die Unternehmen vor Ort in starker Konkurrenz zueinander stehen und fast alle konkurrierenden internationalen Hotelkonzerne präsent sind, wird an einer gemeinsamen Destinationsstrategie mitgewirkt, wie Gerald Lawless als Chef der Hotelkette Jumeirah betont: „It has helped us greatly that we work so closely together as a destination. And I think all of the individual companies, like virtually every hotel company in the world is represented here, have come to realize that if we work together we can then all enjoy much better levels of business." Neben einer solchen horizontalen Kooperation spielt die vertikale Zusammenarbeit eine ebenso wichtige Rolle. Hier arbeiten Hotels und Fluglinien, aber auch Immobiliengesellschaften und die Anbieter von Einkaufszentren zusammen, um den Standort attraktiver zu machen, den Tourismus zu fördern und schließlich selbst von den Besucherzahlen zu profitieren. Die Zusammenarbeit geht unterdessen soweit, daß Werbung, Veranstaltungen vor Ort oder Delegationsreisen für internationale Reiseveranstalter gemeinsam organisiert und finanziert werden (Hamad Mohammad bin Mejren, 25. März 2006; Salem Bin Dasmal, 13. März 2005). Dabei spielt es letztlich auch keine Rolle, wenn das staatliche DTCM mit ausländischen Fluglinien kooperiert, wenngleich die einheimische Emirates Airline diese Zusammenarbeit mitunter etwas „argwöhnisch" beäugt (Hamad Mohammad bin Mejren, 25. März 2006).

Die vertikale Zusammenarbeit bleibt meist nicht auf einen einzelnen Wirtschaftsbereich beschränkt und fördert so weitere Synergieeffekte. Erschließt die unternehmerische Allianz aus Dubai beispielsweise neue (Übersee-)Märkte, zielt sie nicht allein auf den Tourismussektor, sondern hofft auch auf Investoren und Geschäftsreisende. Wenn die Emirates Airline ihr Streckennetz erweitert, wird in der neu angeflogenen Destination in der Regel vom staatlichen Department of Tourism and Commerce Marketing intensiv Werbung für den Messe- und Tagungsstandort Dubai betrieben, von der Hotelkette Jumeirah um Touristen und von den privaten Immobilienfirmen Nakheel und Emaar um Investoren geworben. Das Marketing wird zudem um viel beachtete Staatsbesuche von hochrangigen Mitgliedern des Herrscherhauses ergänzt. Das Netz der Fluggesellschaft Emirates markiert damit gleichsam die räumliche Ausbreitung der wirtschaftlichen Aktivitäten des Emirats Dubai: „Everywhere where the Emirates Airline flies will be [...] market opportunities for us." (Salem Bin Dasmal, 13. März 2005)

Die gemeinsamen Werbeanstrengungen in den neuen Überseemärkten werden durch eigene Auslandsinvestitionen und Wirtschaftsaktivitäten ergänzt, so daß zugleich eine Internationalisierung der in Dubai beheimateten Firmen erfolgt. Im Schlepptau der Emirates Airline entwickelt die Hotelkette Jumeirah derzeit ein weltweites Hotelnetz, so daß die bisher etablierten Hotels in Dubai, London und New York bald um zahlreiche weitere Standorte und insgesamt um bis zu 40 Hotels ergänzt werden: „Particularly this service by Emirates Airlines, where you see that there's a lot of synergy, and working close together with Emirates, to ensure that we do get the proper locations. So, conceivably, we could have a hotel, for example, in Sydney, we could have a hotel in Shanghai, and we could have a hotel in L.A." (Gerald Lawless, 12. März 2005) Auch Nakheel und Emaar erweitern ihre Aktivitäten und haben bereits in nahezu allen arabischen Staaten von Marokko bis Saudi-Arabien, aber auch in Indien, Pakistan, China und in den USA riesige Immobilienprojekte initiiert (A. J. Jaganathan, 1. März 2005; Wallis 2006). Im Windschatten der Unternehmen der Herrscherfamilie profitieren aber auch unabhängige Firmen wie Majid Al-Futtaim, die massiv im Ausland expandieren (Peter Walichnowski, 20. Februar 2005). Die bislang spektakulärste Internationalisierung im Zuge der strategischen Allianz und Kooperation vollzog allerdings die Dubai Ports

Authority. Unter dem Dach der Ports, Customs & Free Zone Corporation, zu der auch der Nakheel-Konzern gehört, erweiterte die Dubai Ports in den vergangenen Jahren ihre Aktivitäten über die beiden ursprünglichen Häfen in Dubai hinaus. Dubai Ports übernahm nicht nur den Betrieb von Häfen in Saudi-Arabien, Libanon, Jemen, Marokko, Dschibuti, Indien und Malaysia, sondern akquirierte 2004 die US-amerikanische CSX World Terminals und 2006 die britische P&O Ports. Die ursprünglich staatliche Dubai Ports Authority konnte damit ihr Netz an wichtigen Containerhäfen auf alle Kontinente ausdehnen und stieg weltweit zum drittgrößten Hafenbetreiber auf (Jacobs & Hall 2007; Ministry of Information and Culture 2007).

Über die massive Internationalisierung stärkt die strategische Koalition von Unternehmen und Institutionen in Dubai letztlich auch den Heimatmarkt insofern, als Finanz- und Warenströme mehr und mehr über Dubai abgewickelt werden und sich die Stadt zunehmend als Wirtschafts- und Finanzstandort etabliert. Die unternehmerische Allianz markiert jedoch zugleich ein Paradoxon, da die einzelnen Unternehmen gegenseitig in scharfer Konkurrenz um Erfolg und Rendite stehen. Dieser scheinbare Widerspruch gilt insbesondere für den Immobiliensektor, einen der wichtigsten Wachstumsmärkte Dubais, der mit Emaar, Nakheel und der Dubai Holding drei Firmen mit enger Verbindung zum Herrscherhaus umfaßt. Die drei Unternehmen ergänzen sich in besonderer Weise, stehen jedoch in direktem Wettbewerb untereinander, so daß sie sich gegenseitig permanent überbieten, wie Marwan Mansour von der staatlichen DDIA erklärt: „All these players are complementing each other in one way or the other, but on the other hand they are also competing. I see that this is a very healthy competition because it's bringing the best out of them." (Marwan Mansour, 26. Februar 2005). Genau in dieser Kombination aus Konkurrenz und Kooperation sieht der Chefstratege der Dubai Holding, Martin Berlin, den Grund für den wirtschaftlichen Erfolg Dubais. Allerdings betont er, daß sich die Konkurrenz im wesentlichen auf den Standort Dubai beschränkt und die Erschließung internationaler Märkte eher in Kooperation erfolgt (Martin Berlin, 23. März 2006).

In der Tat wird am Standort Dubai vor allem die Konkurrenz der Unternehmen sichtbar. Dies überrascht, da ja die wichtigsten Entscheidungen alle bei Sheikh Mohammad zusammenlaufen. Die internationalen Medien sprechen aber von einer gewissen „Rivalität" (Wallis 2005) der drei Unternehmensführer Al Abbar (Emaar), Bin Sulayem (Nakheel) und Al Gergawi (Dubai Holding). War Nakheel bislang hauptsächlich für die

Inselprojekte und Emaar mit dem Burj Dubai und der Dubai Mall für das höchste Gebäude und die größte Shopping Mall zuständig, so konterte die Dubai Holding zwischenzeitlich mit Planungen für eine noch größere Shopping Mall (Mall of Arabia) und Nakheel mit Entwürfen zu einem höheren Gebäude (Al Burj). In einem Zeitungsinterview dementierte Bin Sulayem zwar die Absicht, mit dem höheren Gebäude Emaar und Al Abbar zu übertreffen, betonte aber, neue Ideen verwirklichen zu wollen: „It is not because I am determined to build it to beat Mohammad Alabbar. [...] In Dubai it is not so much rivalry as different ideas. If one person designs everything, it will be only one idea. Three ideas is better." (Bin Sulayem, zit. in Wallis 2005, S. 4) In diesem Zusammenhang von einer persönlichen Rivalität der Unternehmensführer zu sprechen, wäre sicherlich überzogen, doch stehen die Immobilienunternehmen in einem deutlichen Wettkampf um Ideen, Aufmerksamkeit und vor allem um Investoren. Vom Wettkampf der drei Unternehmen profitiert letztlich der Standort Dubai. Als Eigentümer wäre Sheikh Mohammad ohnehin in der Lage, eine Fusion der drei Unternehmen herbeizuführen oder die Aufgaben klar zu verteilen. In Dubai sorgt der Wettbewerb für die notwendige Dynamik, die Allianz für die gemeinsame Wachstumsstrategie.

Konkurrenz und Kooperation dienen in Dubai hauptsächlich dem Ziel, die Stadt als Global City zu etablieren und endgültig vom Erdöl unabhängig zu machen. Nabil Al Yousuf, Direktor von Sheikh Mohammads Regierungsbüro, spricht in diesem Zusammenhang von der „Dubai-Strategie" und sieht mit dem Übergang ins Post-Erdölzeitalter auch die Entwicklung von einem regionalen zu einem globalen Zentrum: „One of the major things that we are doing now is that 'Dubai strategy', is that shift from a resource based economy to a productivity based economy. [...] And most important is that Dubai will be going from being a regional city to one of the global cities." (Nabil Al Yousuf, 13. März 2006) Um dieses Ziel zu erreichen, versucht Sheikh Mohammad in Dubai eine kritische Masse an internationalen Unternehmen anzusiedeln und fördert zeitgleich verschiedene Schlüsselindustrien: „I see Dubai promoting its status as one of the world's most prominent centres in finance, business, tourism, aviation, IT, media, services, trade and industry." (Sheikh Mohammad, zit. in DDIA 2003a, S. 16) Angefeuert durch Wettbewerb und Kooperation der eigenen Unternehmen, wird so die Gesamtstrategie Dubais sichtbar: Emirates Airline, Jumeirah und DTCM sorgen für einen florierenden Flugverkehr und Tourismus, Dubai Media City und Dubai Internet City für Prosperität im Medien- und IT-Bereich und Dubai Ports und das Dubai International Financial Center für Wachstum im Handels- und Finanzsektor. Die Wirtschaftsstrategie ist damit klar auf die Ansiedlung führender internationaler Dienstleistungsunternehmen ausgerichtet. Dubai soll sich durch seine zahlreichen Wirtschaftsaktivitäten und die Verdienstmöglichkeiten als attraktiver Standort empfehlen: „Global service firms will only locate in a city if there is a locus of activity that they can service." (Taylor 2001, S. 159) Auf diese Weise möchte man die notwendige wirtschaftliche Vertrauensbasis schaffen und einen günstigen Ausgangspunkt für weitere Aktivitäten etwa im Bereich Forschung und Entwicklung erzielen: „Wir sehen […] in letzter Zeit eine Veränderung, zumindest im Nachdenken, beispielsweise auch Research-and-Development-Aktivitäten hier nach Dubai zu verlegen. Ich glaube, daß über die regionalen Head Offices, daß es ein guter Einstieg ist. […] Wenn es uns da gelingt, eine kritische Masse von Aktivitäten oder Unternehmen hier nach Dubai zu verlegen, ist das Ganze ein Schneeball." (Martin Berlin, 23. März 2006)

Eine wichtige Rolle bei der Anwerbung internationaler Firmen haben derzeit vor allem die beiden Projekte Business Bay und Dubai International Financial Center (DIFC) als neues Finanz- und Dienstleistungszentrum an der Sheikh Zayed Road. Unter der Obhut der Dubai Holding entstehen die dafür notwendigen Immobilien und Infrastrukturen. Innerhalb des Business Bay-Projekts können Firmen die Gebäude mit Freehold-Eigentumsrechten erwerben, unterliegen allerdings den Wirtschaftsgesetzen der Emirate, die lediglich Joint Ventures mit lokalen Unternehmen vorsehen. Das Dubai International Financial Center ist dagegen als Freihandelszone angelegt und erhält Statute und Finanzgesetze nach internationalen Standards sowie mit der Dubai Financial Service Authority eine verläßliche Finanzaufsicht. Die Dubai Financial Service Authority hat sich einem strengen Bankgeheimnis und freiem Kapitalverkehr verschrieben, so daß bereits zahlreiche Schweizer Banken, aber auch deutsche und US-amerikanische Finanzinstitute Niederlassungen im DIFC eröffnet haben. Der frühere Vertreter der Deutschen Bank in Dubai, Jean-Marie Hoffmann, schätzt deshalb die Chancen für den Finanzstandort Dubai als ausgesprochen gut ein. (Hoffmann, 1. März 2005) Hoffmann zufolge öffnen sich langfristig ohnehin viele Kapitalmärkte in der Region, die von Dubai aus erschlossen werden können. Zusätzlich bietet Dubai viele lukrative Investitionsmöglichkeiten und weitere Handelsplätze, wie beispielsweise das Dubai Metals & Commodities Center, so daß der Standort für internationale Finanzinstitute ausgesprochen attraktiv ist.

Mit dem neuen Finanz- und Dienstleistungszentrum an der Sheikh Zayed Road zielen die Verantwortlichen in erster Linie auf die weltweit 500 wichtigsten Unternehmen ab, die in Dubai regionale Hauptquartiere eröffnen sollen (Fahad Al Gergawi, 2. März 2005). Dubai möchte sich damit gegen die regionale Konkurrenz aus Bahrain, Qatar und Abu Dhabi durchsetzen, die inzwischen einen ähnlichen Weg wie Dubai eingeschlagen haben. Dubais Vorteil liegt vor allem im zeitlichen Vorsprung gegenüber den regionalen Konkurrenten. Für neue Ideen und Projekte besteht allerdings nur ein begrenztes Zeitfenster. Die Regierung in Dubai ist deshalb darauf bedacht, möglichst schnell viele Projekte erfolgreich zu starten und Fakten zu schaffen, um die Konkurrenz weiter auf Abstand zu halten (Martin Berlin, 13. Januar 2005; A. J. Jaganathan, 1. März 2005; Gerald Lawless, 12. März 2005).

Sheikh Mohammad möchte jedoch nicht allein den regionalen Vorsprung Dubais halten sondern internationalen Finanzzentren den Rang ablaufen und Dubai auf einer Ebene mit Städten wie Hong Kong oder Singapur etablieren (Gerrit Gräf, 23. Februar 2005). Trotz dieser hohen Ambitionen geben sich die Verantwortlichen in Dubai ausgesprochen zuversichtlich, wie Martin Berlin (Martin Berlin, 23. März 2006) als einer der wichtigsten Wirtschaftsstrategen des Emirats erkennen läßt: „Ich glaube, daß Dubai von einer lokalen City innerhalb der VAE schon zu einer regionalen City gewachsen ist und auf einem relativ schnellen Weg ist, eine Global City zu werden." Um das anvisierte Ziel zu erreichen, verfolgt Dubai eine Netzwerkstrategie und forciert intensiv die Kontakte mit etablierten Global Cities wie Hong Kong, Singapur und New York. Als staatliche Behörde eröffnete beispielsweise die DDIA Anfang 2006 ein erstes Überseebüro in Hong Kong, um die wirtschaftlichen Verflechtungen und insbesondere den Handel zwischen beiden Städten zu intensivieren (Martin Berlin, 23. März 2006).

Gleichwohl hat auch in Dubai die jüngste internationale Finanz- und Wirtschaftskrise den Wachstumsprozess deutlich verlangsamt. Im Zuge der Krise wurden bereits einige Investitionszusagen wieder zurückgenommen und bestehende Investitionen zeitlich gestreckt, so daß zum Jahresende 2008 die Arbeiten auf zahlreichen Baustellen zurückgefahren oder vorübergehend sogar ausgesetzt wurden (Friedemann 2008). Neben den Liquiditätsengpässen auf den internationalen Finanzmärkten spielt hier vor allem der deutlich gesunkene Ölpreis eine wesentliche Rolle, haben doch vor allem die ölreichen Nachbarstaaten in den vergangenen Jahren stark in Dubai investiert und müssen nun ihr Engagement stark einschränken.

Parallel sind darum in Dubai die zuvor stark gestiegenen Immobilienpreise deutlich eingebrochen. Neben dem Immobilien- und Bausektor ist von der Krise in Dubai aber vor allem die Bankenbranche betroffen. Diese war bislang über Kreditvergaben stark im Immobiliengeschäft tätig, so daß einer Studie der Credit Suisse zufolge angesichts sinkender Immobilienpreise erhebliche Kreditausfälle drohen und eine im Vergleich zu anderen Golfstaaten hohe Risikoexposition besteht (Augustine 2009). Um die Auswirkungen der Krise für Dubai zu mildern, hat Emir Sheikh Mohammad eine Task Force eingerichtet und versucht, weniger prestigeträchtige und relevante Projekte aufzugeben oder aufzuschieben. Im Sinne einer ‚Ökonomie der Faszination' scheint es Dubai aber auch in der Krise zu gelingen, die internationale Aufmerksamkeit auf das Wüstenemirat zu lenken und damit zumindest den Tourismussektor auf Wachstumskurs zu halten. Die geschickt inszenierte Eröffnung der künstlichen Insel Palm Jumeirah und des luxuriösen Atlantis-Hotels Ende 2008 brachte Dubai erneut in die Schlagzeilen und markierte das ungebrochen hohe Interesse, das derzeit allerdings vor allem bei Touristen, weniger bei Investoren vorherrscht.

Literatur

Augustine, B. D. (2009): UAE banks top realty exposure. In: Gulf News 32 (05.01.2009), S. 11
Davis, M. (2006): Fear and money in Dubai. In: New Left Review 27 (5), S. 47–68
DDIA (Dubai Development and Investment Authority) (2003a): Strength in Diversity. In: Invest Dubai 1 (1), S. 12–17
Friedemann, J. (2008): Albträume im Morgenland. Die Finanzkrise und der Sturzflug des Ölpreises treffen den Bauboom im Emirat Dubai. In: Frankfurter Allgemeine Zeitung 61 (21.11.2008), S. 43
Jacobs, W.; Hall, P. V. (2007): What conditions supply chain strategies of ports? The case of Dubai. In: GeoJournal 68 (4), S. 327–342
Taylor, P. (2001): West Asian/North African Cities in the World City Network: A Global Analysis of Dependence, Integration and Autonomy. In: Arab World Geographer 4 (3), S. 146–159
Wallis, W. (2005): Intense rivalry among the lieutenants. In: Financial Times 118 (13.07.2005), S. 4
Wallis, W. (2006): The shrewd chairman of Emaar is rapidly expanding beyond the emirate. In: Financial Times 119 (23. Oktober 2006), S. 7

Vom Autor durchgeführte Interviews

Fahad Al Gergawi Direktor, International Relations, Dubai Properties und Estithmaar Reality: 2. März 2005

Nabil Al Yousuf, Stellvertretender Generaldirektor, The Executive Office (von Emir Sheikh Mohammad): 13. März 2006

Dr. Martin Berlin, Chefstratege DDIA: 13. Januar 2005

Dr. Martin Berlin, Geschäftsführer, Tatweer und Chefstratege, Dubai Holding: 23. März 2006

Salem Bin Dasmal, Leitender Geschäftsführer, Dubai Tourism Project Development Company Dubailand: 13. März 2005

Gerrit Gräf, Direktor, Hotel Operation, JW Marriott Dubai: 23. Februar 2005

Jean-Marie Hoffmann, Direktor Representative Office Dubai, Deutsche Bank: 1. März 2005

A. J. Jaganathan, Leitender Geschäftsführer, Emaar Properties: 1. März 2005

David King, Amtierender leitender Geschäftsführer, Dubai Financial Service Authority: 7. März 2005

Gerald Lawless, Leitender Geschäftsführer, Jumeirah: 12. März 2005

Marwan G. Mansour, Senior Vize-Präsident, Real Estate, Rasmala (damals Senior Manager, Real Estate Portfolio, Nakheel): 26. Februar 2005

Hamad Mohammad bin Mejren, Leitender Manager, Inward Missions, DTCM: 25. März 2006

Transit Hotel Dubai

Transit Hotel Dubai

Ein Gespräch mit Michael Schindhelm, Culture Director Dubai Culture and Arts Authority, geführt in Zürich im Mai 2008

Vorbemerkung zur Lage

Es war der südafrikanische Unternehmer Sol Kerzner, der am 21. November mit einer 20-Millionen-Dollar-Party, deren Feuerwerk im Weltraum zu sehen war, in Dubai sein 1,5-Milliarden-Dollar-Hotel *The Atlantis* eröffnete. Vierzehn Tage später bot das Fünfsternehotel auf der Palme Jumeirah seine Zimmer für weniger als 50 Schweizer Franken an.
Wer öfters nach Dubai kommt, ist an riesige Verkehrsstaus gewöhnt, an quirliges Gewoge in den Shopping Malls und den Beat unzähliger Baustellen. Doch derzeit geht es auf der zehnspurigen Sheikh Zayed Road so gemächlich zu wie auf einer Kantonsstraße im schweizerischen Uri. Die Stadt steht beinahe still: Dubai hat (wie seine Nachbarn auch) einen großen Teil seiner Baupläne auf Eis gelegt. Die Auswirkungen der globalen Finanz- und Wirtschaftskrise machen sich bemerkbar. Wie könnte es auch anders sein in einem Staat, der davon lebt, daß er die Investitionsbedingungen für internationales Kapital begünstigt hat.
Es wird Monate dauern, bis über das von Zaha Hadid projektierte Opernhaus und andere Projekte die Würfel fallen, und niemand kann sagen, was passieren wird. Eines aber steht fest: Entweder halten Dubai und die Staaten am Golf an ihrer Strategie fest, eine moderne islamische Gesellschaft mit globaler Präsenz aufzubauen, oder die Region wird ihre Bedeutung als internationaler Handelsplatz verlieren.
Die jetzige Revision hat deshalb auch etwas Gutes: Sie wird den Herrschern am Golf ein Bekenntnis abverlangen zu den Projekten, die für die Weiterentwicklung ihrer Länder wichtig sind. Es geht auch um die Frage, welche Rolle Kultur und Bildung in diesem Prozeß spielen sollen. Dubai braucht keine superteure Kiste, keinen Design-Hype, sondern eine flexible

Kulturstätte, die schnell zu bauen und vielseitig zu bespielen ist. Glücklicherweise teilt der holländische Architekt Rem Koolhaas meine Ansicht. Gemeinsam haben wir ein Projekt entwickelt, das man im September 2008 in der Ausstellung ‚Dubai Next' im Vitra-Museum in Weil am Rhein sehen konnte: eine Spielstätte mit Bühne und Kunsthalle, ein Fenster der Stadt, in dem sich die Szene (zum Beispiel ein quicklebendiger Kunstmarkt) und ihre Vernetzung mit der Welt zeigen kann. Bisher haben wir sie es nicht verwirklichen können. Doch in Zeiten des Mangels könnte fruchtbare Bescheidenheit auch am Golf eine Tugend werden.

Michael Schindhelm, *SonntagsZeitung*, Zürich, 14. Dezember 2008

Michael Schindhelm, Anfang 2008 haben wir uns auf der Palm Jumeirah umgesehen, einer der vor der Küste Dubais angelegten künstlichen Inseln. Ehrlich gesagt: Viel war da nicht los. Und es läßt sich nicht übersehen, daß ein großer, wenn nicht der überwiegende Teil der Villen Spekulationsobjekte sind, also kaum Orte zum dauerhaften Wohnen. Welche Art von Urbanität, wenn sich denn davon hier überhaupt sprechen läßt, wird sich Ihres Erachtens auf den – aus der Luft imposant wirkenden, in Augenhöhe jedoch schnell entzauberten – Palmeninseln entwickeln? Auf dem Stamm der Palm Jumeirah sieht man nur Hochstraßen und postmoderne Beliebigkeitshochhäuser. Eine Welt, die die von Le Corbusier immer wieder beschworene Perspektive der sich auf der Erdoberfläche bewegenden Menschen vergessen hat – Fehler, die man bei der Planung der Palm Jebel Ali nicht wiederholen will. Aus europäischer Perspektive scheint es nicht sonderlich attraktiv zu sein, auf einer Palmeninsel eine Villa zu erwerben – das Gros der Objekte, hört man, sei 2004 vom Plan weg innerhalb weniger Stunden verkauft worden ... Welche Vorstellungen von Lebensgefühl erwarten Sie dort?

Viele Leute, die auf den Inselaufschüttungen Immobilien gekauft haben, taten das ja vor allem aus spekulativen Gründen – nicht, weil sie dort ihren eigenen Lebensmittelpunkt sehen. Neben den reichen Leuten viele andere, zum Beispiel Leute aus dem indischen Mittelstand. Rein zahlenmäßig ist Dubai ja eher eine indische als eine arabische Stadt. Die pakistanische und die indische Bevölkerung machen mehr als 50 Prozent aus, das hat ja auch eine gewisse Tradition und Geschichte – die Rupie war sogar einmal die Währung in den Emiraten.

Hinausgetragen in die Wüste

Auch in unseren Städten gibt es ja mehr oder weniger urbane Quartiere. Das Besondere an Dubai ist, daß es kein Zentrum hat. Dubai hat keine urbane Geschichte, wie europäische Städte sie haben. Dubai liegt zwischen dem Meer und der Wüste, Dubai ist extremen klimatischen Verhältnissen ausgesetzt. In den sechziger und siebziger Jahren lebten ja alle noch in einer kleinen Gemeinde um die Mündung des Creek. Dann explodierte die Stadt mit dem Boom und riß die Emiratis mit. Wer heute über 35 ist, ist ja noch in dieser ursprünglichen Gegend aufgewachsen, und niemand von ihnen lebt heute mehr dort. Sie sind mit hinausgetragen worden aus ihrer eigenen Lebensumwelt, hinausgetragen ans Meer und in die Wüste, so wie die Stadt sich eben ausgebreitet hat. Ohne ein Zentrum zu bilden. Dubai hat deswegen noch heute voneinander getrennte Strukturen oder Cluster, die erst nach und nach zusammenzuwachsen beginnen. Wie, das ist Sache der Stadtplanung und darf nicht einfach den Real Estate-Developern überlassen werden.

Auch in der Kultur beschäftigen wir uns mit diesen Fragen. Wie werden öffentliche Räume geschaffen? Wie geht man mit Parks um? Wie mit Verkehrsachsen? All das steht im Moment an. Die Stadt ist ja noch im Entstehen. Was Sie sehen, ist vielfach noch Baustelle. Auch die Insel Palm Jumeirah. Wenn sie einmal fertig sein wird, dann wird sie mit Sicherheit nicht das urbane Zentrum von Dubai sein, so ist sie ja auch nicht gedacht. Und dennoch wird es auf der Palme, die ja selbst eine Stadt ist, urbanere und weniger urbane Bereiche geben.

Übrigens sind die Villenanordnungen auf der Palm Jumeirah eine Kopie dessen, was Sie auch auf dem Festland finden, in Villenvororten wie Jumeirah, Umm Suqeim und so weiter. Als ich diese Vororte erstmals sah, dachte ich: Da würde ich ja nie hinziehen. Das ist ja alles 08/15, eine Schachtel an der anderen. Und irgendwie auch ziemlich tacky. Und darüber hinaus wenig öffentlicher Raum. Jetzt halte ich mich viel in einer solchen Villa auf. Davor gibt es einen schönen Garten, der das ganze Jahr über grün ist, zur Rechten und zur Linken Häuser, fünf Minuten bis zum Strand. Schon jetzt, wir haben Mai, können wir draußen nicht mehr sitzen. Seit mindestens drei bis vier Wochen ist das schon so. Und das wird mindestens bis Oktober, November so bleiben. Sieben bis acht Monate haben Sie in dieser Region nur sehr eingeschränkt die Möglichkeit, sich draußen aufzuhalten. Das stellt natürlich völlig andere Anforderungen an die Stadtplanung und auch daran, wie man mit öffentlichen Räumen umgeht.

Viele Leute empfinden überhaupt nichts dabei, kleine Grundstücke zu haben, weil sie nicht nur sehr teuer sind, sondern ihnen auch nichts bringen. Allein die Bewässerung des Gartens und das Personal kosten soviel wie die Miete. Und da die Wasserknappheit in Dubai größer werden wird, wird diese Situation noch dramatischer werden.

Dubai muß heute urbane Zentren entwickeln, die einen Fokus setzen innerhalb der urbanen Strukturen. Der Creek ist eine solche Struktur, das Downtown rund um die Emirates Towers und das Gate DIFC (Dubai International Financial Center), Dubai Marina und so weiter. Daneben wird es Outskirts geben, in denen gewohnt wird, in gated communities. Unsere zentraleuropäischen Vorstellungen über öffentliche Räume können wir allerdings nicht auf Dubai übertragen. Das sind Vorstellungen, die etwas mit Jahrhunderten von Stadtgeschichte zu tun haben.

Rund 80 Jahre nach den inzwischen längst überholten CIAM-Leitsätzen zur Funktionstrennung in den Städten scheint man in Dubai diesen Regeln erneut zu folgen: spezialisierte Stadtteile wie Knowledge Village, Healthcare City, Internet City und so weiter, reine Wohnviertel. Auf 70 km Autobahnlänge kommt man von einer Binnenwelt in die andere. Man braucht schon einiges an Phantasie, um den Begriff ‚Öffentlicher Raum' für Dubai neu zu definieren.

Das betrifft ja nur denjenigen Teil der Stadt, der am Anfang des Masterplans gestanden hat. Damals ging es darum, die Attraktivität Dubais als *Brand* zu etablieren. Dubai als *Free Zone*, wo man, anders als überall sonst auf der arabischen Halbinsel, die Möglichkeit hat, ohne Sponsor ein eigenes Business aufzubauen. Die Free Zone kennt man ja auch in Europa: Rahmenbedingungen für die optimale Abwicklung von Geschäften. In den Free Zones von Dubai kann man ohne lokalen Paten eine Firma gründen und Leute anstellen, die von dieser Firma ein Residenzvisum erhalten. All das gilt nur hier, für andere Teile Dubais nicht, geschweige denn sonstwo auf der arabischen Halbinsel. Bei den ersten Stadtteilprojekten ging es darum, Brands zu bilden, um klarzumachen, daß diese Gebiete für die Ansiedlung international operierender Unternehmen gedacht sind. Wenn Sie den Masterplan als ganzen studieren, sehen Sie, wie diese Free Zones durchwirkt sind von Wohnsiedlungen. Da entsteht eine Art von Geflecht, ein Patchwork aus Wohnen und Business. Darüber hinaus gibt es ganz andere Formen von Developments. Am Ende des natürlichen

Creek soll die Lagunenstadt *The Lagoons* mit einem Opernhaus von Zaha Hadid entstehen, ein Mix aus Wohnen, Arbeiten, Tourismus, Logistik und Kultur. Nur ein Beispiel unter vielen, wo Sie feststellen, daß es inzwischen – parallel zu den Free Zones, in denen die Trennung vollzogen wird – auch den Mix gibt. Rein flächen- und budgetmäßig überwiegt die Funktionsmischung.

Es gibt noch ein anderes Problem: die Einwanderung. Nur die Emiratis sind Bürger des Emirats. Alle anderen sind nur sehr beschränkt als Einwohner zu betrachten. Wie ich und viele andere. Deren Fragestellungen in bezug auf ihre Lebenszukunft und künftigen Bedürfnisse sind natürlich unkalkulierbar. Ausländische Einwanderer leben in einem bestimmten Sinne unverbindlich gegenüber dem Gemeinwesen, denn sie können es politisch nicht beeinflussen. Am Golf wird man sich jedoch früher oder später auch mit der Vertretung von Arbeitnehmerinteressen beschäftigen müssen. Man wird sich fragen müssen, unter welchen Bedingungen Arbeitskräfte aus dem indischen und asiatischen Raum in Dubai oder anderen Emiraten arbeiten werden. Zur Unverbindlichkeit der ausländischen Einwohner kommt die radikale Unverbindlichkeit der Touristen, die nur kommen, die Infrastruktur nutzen und wieder gehen. Riesige Menschenmengen.

In Dubai, sagt man, leben Menschen aus mehr als 200 Nationen. Todd Reisz hat Dubai als „Large Transit Hotel" bezeichnet, wo jeder sein Checkout Date kenne.* Wenn knapp 90 Prozent der Bevölkerung rechtlose Ausländer und Touristen sind und in all diesen neuen Zentren nur diese mehr oder weniger vermögende Nomadenklasse anzutreffen ist – alle anderen können sich den Aufenthalt dort ja nicht leisten –, muß man den Begriff ‚Öffentlichkeit' nicht in anderen Dimensionen denken? Nach sozialen Klassen gegliedert? Weil die Räume von Tausenden Arbeitsmigranten andere sind als die der Businessklasse?

Das ist ja in Europa nicht anders. Nirgendwo auf der Welt gibt es den durchdemokratisierten öffentlichen Raum, der für alle gleichermaßen wichtig wie zugänglich wäre. Sicherlich spitzt sich das in Gesellschaften wie Dubai besonders zu. Zu ergänzen ist, daß der öffentliche Raum von Kultur zu Kultur sowieso etwas anderes ist. In den letzten vier Jahren habe ich viel Zeit in China verbracht, während der Dreharbeiten zu *Bird's Nest*, dem Dokumentarfilm über Herzog und de Meurons Pekinger Stadion.

In Peking gehe ich fast jedes Mal für eine halbe Stunde in den Temple of Heaven. Dort gibt es diesen langen Korridor, ein phänomenaler Ort, an dem sich zu jeder Tageszeit Menschen treffen, spontan, in Chören zu singen beginnen, irgendjemand übernimmt die Chorleitung, dann stehen vor Ihnen 60 Menschen aus zwei Generationen und singen alte kommunistische Pseudovolkslieder oder anderes. Andere spielen Schach. Das ist nichts Organisiertes, von niemandem. Es findet einfach statt. Diese Erfahrung war für Jacques Herzog und Pierre de Meuron entscheidend für die Idee zum Stadion. Sie haben immer gesagt, es gehe nicht einfach nur um die Olympiade. Es gehe um das, was danach kommt.

Flüsterpost

In der arabischen Welt ist der öffentliche Raum wieder etwas anderes. Wenn Sie dort nicht zu Hause sind, stehen Sie zunächst einmal vor verschlossenen Toren. Hohe Wände, hinter die Sie nicht schauen. Aber es gibt dieses Zwischenreich des *majlis* oder *Madschli*, das ist ein zentraler öffentlicher Raum. In vielen Emiraten, selbst in Abu Dhabi, Sitz des obersten Herrschers der Emirate, gibt es das Madschli, wo an jedem Freitag der Scheich mit den anderen männlichen Familienangehörigen sitzt. Wenn Sie dort nicht völlig unbekannt sind, melden Sie sich an, setzen sich hin und nehmen an einer öffentlichen Beratung teil. Wenn man weit weg sitzt vom Scheich, teilt man sein Problem seinem Nachbarn mit. Und so erreicht ein Begehren, eine Frage, eine Stellungnahme – von Ohr zu Ohr – den Scheich. Man nennt das Flüsterpost.

Ist die von Ihnen skizzierte Szene nicht eher im Bereich der Folklore anzusiedeln?

Ein öffentlicher Raum, an dem die autokratische Macht nicht unmittelbar beteiligt beziehungsweise anwesend ist, ist kein öffentlicher Raum. Das ist auch der Nachteil der Internetforen. Der politische Alltag wird nach meinem Eindruck davon nicht besonders bestimmt, ebenso wenig, wie in der DDR der Stammtisch den politischen Alltag bestimmt
hat. Er bestimmt den sozialhygienischen Alltag. Die VAE sind meines Erachtens auf einem langen und langsamen Weg der Demokratisierung von oben. Aber wie entsteht die Verbindung zwischen oben und der Basis?

Durch die Folklore des Majilis und die soziale Folklore im allgemeinen. Öffentliche Räume dieses Typs, die graduelle soziale Schwellenüberschreitung möglich machen, müssen wir in Dubai entwickeln. Das kann man in verschiedenen Formen tun und mit unterschiedlichen inhaltlichen Angeboten – sogar mit einem Opernhaus. Das Opernhaus in Dubai darf auf keinen Fall ein reines Opernhaus sein. Da muß es auch arabische Musicals geben, indische Musik und indischen Tanz, chinesische und russische Musik, da müssen sich Menschen begegnen, die sich sonst nicht begegnen würden. Eine Art musikalisches Madschli also auch, wo die unterschiedlichsten Rangordnungen und kulturellen Hintergründe zusammentreffen.

Ein letzter Punkt: der Marktplatz. Auch in Europa hat alle kollektive Kommunikation ja dort begonnen. Der Marktplatz war zugleich immer auch: Theater. Auch die arabische Welt kennt den Markt. Wir verteufeln gern die Shopping Mall – aber unter den klimatischen Bedingungen Dubais ist sie einfach der Ersatz für den öffentlichen Raum. Viele gehen da nicht hin um einzukaufen, sondern um andere zu treffen, ihre Kinder spielen zu lassen, Kaffee zu trinken. Das ist auch für uns wichtig. Es mag vielleicht bizarr klingen, aber wir überlegen tatsächlich, ob wir Ausstellungen in Shopping Malls machen sollen. Einfach weil die Shopping Mall in Dubai der öffentliche Raum ist. Wenn Sie zu den Leuten gehen wollen und nicht erwarten, daß die Leute zu ihnen kommen, sprich, zu irgendwelchen elitären Kulturinstitutionen, dann müssen sie in die Malls gehen.

Sie gelten als derjenige, der die Kultur nach Dubai bringt: Oper, Theater, Kunst. Wenn nun aber in Dubai Menschen aus über 200 Nationen leben, läßt sich ja kaum allein mit einem aus dem Westen importierten Kulturbegriff arbeiten. Und wenn man sich dann mit einigen Zirkelschlägen die Beziehungen Dubais zur Welt vergegenwärtigt, wird einem sofort klar, daß man in Dubai nicht bei einem eurozentristisch oder westlich geprägten Kulturbegriff stehen bleiben kann, daß dieser eine Kulturbegriff nicht hinreicht, daß es viele weitere gibt. Müßte man hier also nicht zu einem offeneren Kulturbegriff kommen? So gesehen wäre das Opernhaus, das in Dubai entstehen soll, eher ein erster Knoten in einem weiter zu entwickelnden Netz aus vielfältig heterogenen Perspektiven, Einrichtungen beziehungsweise Standorten.

Richtig. Gut, daß Sie darauf hinweisen. Ich habe den Begriff Opernhaus in Dubai nicht ins Spiel gebracht, aber gleich gesagt, das sollte besser nur ein Arbeitstitel sein. Dafür muß man später eine andere Benennung finden. Der spätere Name sollte vielleicht gar nicht an den Inhalt erinnern. Andere Häuser heißen ja auch Bastille, Covent Garden, La Monnaie, Esplanade [Singapur] und so weiter.
Wenn Sie den eigentlichen dafür Grund wissen wollen, warum ich in Dubai bin: Ich will etwas lernen, an etwas mitwirken, das es so noch nicht gegeben hat, in einem Land, das in extrem kurzer Zeit Menschen aus so vielen Ländern, Kulturen und Religionen zusammenzubringen vermochte. Was Dubai heute politisch verkörpert, ist das andere Arabien. Vor bald vierzig Jahren, 1971, als man die Emirate gegründet hat, amüsierten sich Saudis, Iraner, Libanesen, andere arabische Kulturen über die Idee der Emiratis, einen eigenen Staat zu gründen. Heute gehen die Besten aus dem Libanon, aus Ägypten, aus dem Irak nach Dubai, schicken ihre Kinder dorthin. Und trotzdem gibt es unter Arabern diese ambivalente Haltung – auf der einen Seite dieses „die Beduinen haben es irgendwie hingekriegt, das hätten wir denen nie zugetraut", auf der anderen Seite aber müssen sie konzedieren, daß das, was sich in Dubai entwickelt, tatsächlich für sie heute Vorbildfunktion hat.
Vor fast vierzig Jahren war die Herausforderung für die Emiratis, einen Staat zu schaffen. Das haben sie nur erreichen können, indem sie sich geöffnet und Menschen ins Land gelassen haben. Jetzt müssen sie darauf achten, daß sie kulturell nicht einfach verschlungen werden von der Revolution, die sie selbst ausgelöst haben. Beiträge zur Frage der emiratischen Identität können Sie heute fast jeden Tag in den Zeitungen lesen. Immer wieder wird die Frage gestellt: Wie können wir verhindern, daß wir verschwinden? Daß unsere Kinder kein Arabisch mehr sprechen? Daß wir nicht mehr wissen, woher wir kommen? Daß uns unser eigenes Land fremd wird? Während es in den europäischen Städten und Ländern darum geht, Ausländer zu integrieren, geht es in Dubai darum, Einheimische zu integrieren.
Auch in Europa gibt es verschiedene Kulturen und Religionen, die immer näher zusammenrücken. Dubai ist für Europa ein interessantes Labor, um zu verstehen, was in bestimmter Form auch in unseren Ländern in Zukunft passieren wird: Der Ausländeranteil wird steigen, das Tempo wird zunehmen. Die Globalisierung können wir nicht verhindern. Mit vielen Problemstellungen, die sich in Dubai dramatisch zuspitzen, werden wir in

abgemilderter Form auch in Zürich, in Berlin oder Paris umzugehen lernen müssen.

Im Zusammenhang mit Dubai ist immer wieder von neuer Gesellschaft, neuer Stadt, neuer Kultur die Rede. Im Reich der Begriffe jedoch, die für Kultur und kulturelle Einrichtungen stehen und somit das Denken in diesen Bereichen prägen, hört man bisher nur Vertrautes, sind Einflüsse indischer, pakistanischer, nepalesischer und all der anderen in Dubai präsenten Kulturen nicht bemerkbar. Da wäre es spannend, auch in bezug auf die verwendeten Schlagworte, andere kulturelle Quellen und Perspektiven sichtbar und hörbar zu machen. Zu zeigen, aus welchen Mosaiksteinen sich die neuen Kulturbegriffe zusammensetzen.

Das zu entwickeln haben wir vor. Mit den Generaldirektoren der drei deutschen Museen Berlin, München und Dresden ist eine langfristige strategische Partnerschaft verabredet. Und dies nicht mit dem Ziel, deutsche Museen einfach nach Dubai zu holen, sondern eine Art von Dachorganisation zu bilden, die wir vorläufig *Universalmuseum* nennen. Um so viele verschiedene kulturelle Stimmen wie möglich unter diesem Dach zu versammeln. Das Nationalmuseum in Peking ist an einer Zusammenarbeit interessiert. Wir sind mit der Eremitage in St. Petersburg im Gespräch, wir werden mit den Amerikanern reden, und wir werden in Europa mit potentiellen Partnern sprechen, und nicht nur mit den ganz großen. Es soll ein offener Ansatz sein. So wie Dubai eine Einladung an alle ist, so soll auch hier die Einladung an alle ausgesprochen werden. In Abu Dhabi gab es vor einem Jahr eine Ausstellung über den Sudan. Auch da gibt es viele kulturelle Verwandtschaften.
Zu Ihrem Stichwort Zirkelschläge. Die konzentrischen Kreise dieser Region reichen von Südostasien bis nach Casablanca. Das ist die Realität – und die sollten wir in eine kulturelle Wirklichkeit ummünzen. Das wird schwierig sein, und es wird dauern. Wenn diese Gesellschaft auf lange Sicht funktionieren soll, dann müssen die Inder und andere, die in Dubai in großer Zahl leben, ihre öffentlichen Räume und ihre eigenen kulturellen Ausdrucksformen finden. Überall dort, wo sich etwas ummünzen läßt in Business, hat es ja bisher auch funktioniert. Es gibt sehr gute Schulen in Dubai, auch eine hervorragende indische kommerzielle Kultur: Bollywood ist in Dubai besonders aktiv. Wenn Cricket-Weltmeisterschaften stattfinden, steht die Stadt still. Sie sehen, was das für eine Bedeutung hat,

wie viele Menschen daran teilnehmen. Wenn man das alles auf einen nichtkommerziellen Bereich übertragen will, dann wird es schwierig – aber das ist in Dubai immer schwierig. Sobald Dubai den kommerziellen Sektor verläßt, betritt es Neuland. Das tun wir gerade.
Obwohl dem Real Estate-Development Grenzen gesetzt sind, ist man sich darüber im klaren, daß man in Dubai geopolitisch an der richtigen Stelle ist. Man ist davon überzeugt, daß Europa weiterhin ein wichtiger Motor sein wird, und zugleich weiß man, daß in Indien und in China Gesellschaften wachsen, die schon rein quantitativ für den Mittleren Osten enorm wichtig sind. Der Mittlere Osten, das sind kleine Gesellschaften. Im Vergleich dazu entsteht ein riesiges ‚Hinterland' mit riesigen Bedürfnissen, von denen einige bereits jetzt im Mittleren Osten befriedigt werden können. Darauf baut man ganz stark. Auch in der Real Estate-Entwicklung.

Europa ist kein Museum

In einer Filmdokumentation über die Kultur arabischer Länder sagt ein junger arabischer Prinz mit Blick auf den Westen: Wir sind ganz anders als ihr. Wir sind jung, wir haben Energie, wir sind schnell, wir sind entscheidungsfreudig – und wir haben die Mittel, zu entscheiden. Wenn wir nach Osten schauen, begegnet uns Ähnliches. Im Westen dagegen geht alles langsam, die Menschen sind alt. Ein großes Ungleichgewicht. Überschätzen wir uns mit unserem Einfluß?

Ich schätze den Stolz, den es heute in der arabischen Welt gibt über das, was geleistet worden ist. Sie brauchen ja nur zu schauen, wie Dubai vor 20 Jahren ausgesehen hat und wie heute. Vor 35 Jahren gab es in den VAE nicht mehr als 200.000 Emiratis. Heute leben dort 5,2 Millionen Menschen ...
Ich kann mich nicht mit dem Gedanken anfreunden, daß Europa nur noch Museum sein soll und nichts mehr zu sagen habe. Am Golf spüren Sie ganz besonders, wie groß der Einfluß Europas ist. Das hat zunächst einmal wirtschaftliche Gründe, darüber hinaus auch geopolitische Gründe. Europäer stehen den Arabern näher als Amerikaner. Man merkt in den Emiraten ganz einfach die Offenheit gegenüber Franzosen, Deutschen, insbesondere gegenüber Engländern, gegenüber Mitteleuropäern. Es geht ja nicht nur um wirtschaftliche Interessen. Es geht darum, daß wir seit

500 Hunderten von Jahren immer wieder über diese Ost-West-Problematik sprechen. Noch nie war sie so greifbar wie heute, weil wir viel näher zusammengerückt sind. Die Konflikte im Libanon und im Irak sind in gewisser Weise auch unsere Konflikte, ob wir wollen oder nicht. Gesellschaften wie die von Dubai brauchen Expertisen des Westens, in jeder Hinsicht. Das ist keine Arroganz, wir werden dringend gebraucht.

Insbesondere woran denken Sie?

Ich denke an Umweltschutz, an Bildung, natürlich an Kultur. Unser Skeptizismus in bezug auf Entwicklung hat ja manches für sich.

Sie haben einmal gesagt, in Dubai entstehe eine völlig neue Form von Gesellschaft, und es sei eine fundamentale Aufgabe, daran mitzuwirken. Worin besteht das Neue dieser Gesellschaft? Wie läßt sie sich beschreiben?

Ich denke, daß unsere Demokratievorstellungen nicht ein für allemal feststehen. Sie sind dynamisch. Wir müssen anpassungsfähig bleiben. Der entscheidende Unterschied zwischen einer neuen Stadtgesellschaft wie derjenigen Dubais und einer Stadt wie etwa Zürich ist, daß Dubai sozusagen aus dem Nichts hervorgegangen ist. Niemand kann mit Sicherheit Gebietsansprüche stellen, niemand kann die Leitkultur für sich beanspruchen. Natürlich gab es die Beduinen, aber selbst die sind ja nicht mehr dort, wo sie vorher waren. Wir haben es also mit einer anscheinend voraussetzungslosen Gesellschaft zu tun, die in Dubai im Entstehen ist. Angesichts dieser Voraussetzungslosigkeit versagen auch bei mir die mir vertrauten Kategorien, mit der man eine solche Gesellschaft beschreiben oder mit anderen vergleichen könnte.

Downtown-Gesellschaften

Was jedoch im Größenmaßstab Dubais insgesamt geschieht, kann man in kondensierter Form auch in den europäischen Gesellschaften beobachten. Auch in unseren Städten gibt es diese Downtown-Gesellschaften, die mehr oder minder entkoppelt sind vom Rest der städtischen Gesellschaft.

Beispielsweise die Mitarbeiter multinationaler Unternehmen in Zürich, die die komfortable Infrastruktur brauchen und schätzen, ansonsten jedoch mit der Stadt nichts zu tun haben. Ich gehöre im übrigen ja auch dazu. Ich bin gestern aus Dubai gekommen, ich gehe morgen nach Berlin, kommuniziere während des ganzen Tages mit Leuten, die nicht in der Schweiz leben. Wenn Sie in Dubai arbeiten, haben Sie praktisch ununterbrochen mit Menschen zu tun, die nicht in Dubai sind. Dieses Neue gibt es auch bei uns. Und wenn wir weiter an der Globalisierung teilnehmen, wird dieses Neue einen immer größeren Raum beanspruchen. Wir erleben hier das Neue einfach in einer besonders radikalen Form.
Ich glaube, daß gerade die Kultur ein besonders gutes Feld ist, um Beschreibungen für dieses Neue zu finden. Jeder, der nach Dubai kommt, bringt auch kulturell etwas von sich mit. Der Strand ist der größte öffentliche Raum, trotz der Hitze. Wenn Sie an den Strand gehen, dann sehen Sie Inder, Mongolen, Emiratis, Russen, Leute aus dem Westen – Menschen, die vollkommen unterschiedlich gekleidet sind und sich mit jeweils anderen Gewohnheiten dort bewegen. Jeder besteht darauf, seine eigenen kulturellen Gewohnheiten auch in Dubai zu praktizieren. Ein interessantes Phänomen der Selbstorganisation. Jeder macht nur das weiter, was er gewohnt ist, und trotzdem ist es nicht mehr dasselbe.

In Al Manakh ist von der „culture of the instantaneous" die Rede. Müßte nicht bei einer Reformulierung des Kulturbegriffs das Neue auch in seinen spontanen und ephemeren Qualitäten erscheinen? Das Kulturelle im Alltäglichen, das alltäglich Kulturelle?

Genau. Aber trotzdem braucht es in Dubai einen kulturellen Masterplan. Es gibt allerdings Leute, die sagen, daß die Selbstorganisation so gut sei, daß man das besser über Interventionen macht und gar nicht erst versucht, eine Matrix draufzulegen. Ich glaube jedoch, daß alles, was entstanden ist an Subkultur, Einsprüchen, Opposition und Kommentaren nur möglich war, weil es zuvor diese Setzung gegeben hat. Wenn es in Dubai eine starke eigene Kultur geben soll, dann muß es zunächst den Masterplan geben und Infrastrukturen, die mit einer bestimmten Entschiedenheit und Rigorosität durchgesetzt werden. Das andere ist ja schon da. Die spontane Form der kulturellen Kommunikation und der Alltagskultur, sie existieren ja bereits.

Wird sich das auch institutionell zeigen?

Das wird sicherlich wichtig werden. Am Ende lautet die Frage immer: Wieviel Intervention seitens der öffentlichen Hand ist wünschenswert? Es gibt Künstleraktivitäten in Dubai mit wenig Geld, die ihre Unabhängigkeit zu bewahren suchen. Viele Künstler leben in einer Art öffentlichem Untergrund. Kunsttätigkeit löst unter Emiratis eher Unverständnis aus. Lange Zeit gab es in den Schulen keinen Kunstunterricht, für Generationen existierte Kunst gar nicht. Ich sehe einen bestimmten Heroismus darin, wenn ich an die Menschen denke, die in der extrem durchkommerzialisierten Gesellschaft Dubais Kunst machen. Ein Banker hat irgendwann sein Haus mehreren Künstlern zur Verfügung gestellt, alles Emiratis, auch Frauen, 20 bis 50 Jahre alt. Im ganzen – rein emiratischen – Quartier versteht kein Mensch, was die da machen. Der Banker wird regelmäßig dafür kritisiert, daß er kein Banker mehr sei, daß er seinen gut bezahlten Job aufgegeben habe und darüber hinaus sein Haus nicht wenigstens Leuten vermiete, die ihm Geld bringen, sondern hergelaufenen Künstlern zur Verfügung stelle, die nicht arbeiten und zu Hause herumsitzen. Das Haus heißt übrigens „flying house".

Eine letzte Frage: Was sind Ihre Träume?

Träume sind ja oft Ausdruck nicht gelebter Realität oder nicht gelebten Lebens. Im Moment habe ich um mich herum ziemlich viel Leben und deswegen wenig Grund zu träumen. Ich träume wenig, muß ich gestehen.

---

* Todd Reisz: Workers City, in: Al Manakh, hg. von Ole Bouman, Mitra Khoubrou und Rem Koolhaas, Stichting Archis, Niederlande, 2007, S. 306

Das Dubai-Experiment

Kevin Mitchell

In What Style Should Dubai Build?

An essay entitled "Constructing Fact, Fantasy and Fiction" published earlier in *Al Manakh* briefly addressed some of the implications of accelerated development occurring in the Gulf.[1] This article expands on some of the themes introduced in the *Al Manakh* piece, focusing specifically on the facts, fantasies and fictions that are negotiated as Dubai struggles with architectural expressions that attempt to respond to contradictions resulting from a past often obscured by a present focused on the future. Speed, scale and the variety of architectural production in Dubai tend to be favorite media themes. These factors can also induce anxiety of the sort that motivated nineteenth-century German architect Heinrich Hübsch to pose the question: *In What Style Should We Build?*[2] It is interesting to consider the relevance of this question in relation to early twenty-first century Dubai, where globalizing forces, liberal economic policies, and an investment-infused real estate market have contributed to a lack of visual and spatial coherence in the built environment.

In What Style Should We Build?

The difficulty in addressing Hübsch's question begins with the use of "we" as it implies communality and the potential for consensus regarding a singular "style" of buildings reflecting and responding to inhabitants. While Dubai-based developers indicate that their projects will create "communities", it is unclear whether shared norms and values will emerge and lead to the development of institutions and social capital that may mitigate the adverse effects of a market-driven economy. United Arab

Schizophrenia. Sign makers for Dubai's "Global Village" provided a precise summary of the precarious relationship between past and present architectural production in the Gulf.

Emirates (UAE) citizens currently make up less than 20% of the population. And, if projections prove correct, the number could shrink to 5%. While the tolerance found in Gulf countries is impressive, it is also being tested. A *New York Times* article from 2006 revealed some of the tensions resulting from the significant immigration required to support continued economic growth. One person interviewed for the article stated "We fear that the expatriate is going to impose his culture on us ... Most locals are afraid that they are losing their basic identity forever."[3] And, in April 2008, the UAE Ministry of Culture, Youth and Community Development organized a "National Identity" conference to discuss the consequences of the demographic imbalance between citizens and an extremely diverse expatriate population. A shrinking citizen minority, shifting immigration patterns and transient tourist and expatriate populations compound the difficulties associated with defining the role of identity. Further challenges arise when the right of residency is based on employability and the right to work (and therefore the right to remain in the country) is not extended to expatriates past the age of 70. Although developers have marketed projects based on the fact that a life-long residence visa would come with a freehold purchase, in mid-2008 the Dubai Real Estate Regulatory Agency stated unequivocally "There is no direct link between property ownership and residence visas. Developers should not lure investors to property sector with a promise of residence visa."[4]

Instantaneous Skylines and New Sub/Urban Enclaves

Debates regarding identity seem to quickly turn to the built environment, which comes as no surprise given that rapid urbanization is one of the most tangible manifestations of change in Dubai and other Gulf states. Buildings designed to attract free-flowing foreign direct investment have created instantaneous skylines and new sub/urban enclaves that closely resemble the results of speculative development in other parts of the world. As the website for brokers of "signature villas" on the Palm Jumeirah indicate, investors can choose from a range of stylistic options: Arabic, Mediterranean, European, Contemporary, Caribbean, Floridian, Ranch, New Mexican, Bali, Spanish, Italian, and the oddly titled "One Style".[5] Modifications can provide features such as a Grand Lobby, a Great Rotunda or a Central Gallery. And prospective purchasers can choose from one of the following interior finish packages: Classical, Modern or Traditional. But, regardless of style, features or finishes, the houses resemble counterparts that contribute to suburban sprawl from Chicago to Cairo.

Unbridled development has intensified discussions relating to identity and architecture in the Gulf; however, claims are often overly reductive and tend to assume an "authentic" pre-oil past characterized by cultural homogeneity. Historical accounts reveal a more complex and interesting reality. In a late nineteenth-century account of the Gulf, George Curzon wrote, "I have seen many quaint conglomerations of colour, race, language and religion, but rarely more diversified than this [...] surely a more curious study in polyglot or polychrome could not be more well conceived."[6] Frauke Heard-Bey indicates that in the 1920s the ports along the UAE coast provided ready melting pots for those from neighboring areas seeking work as pearl divers or in other jobs.[7] Maritime trade gained in importance at the end of the nineteenth century. And the foundations for Dubai's commercial success were strengthened when merchants moved their base of operations from the Persian coast to settle in places like the Bastakiya district in the early twentieth century, bringing with them a well-defined building type that has come to be known as the windtower house because of the characteristic four-sided wind catcher (*barjeel*) extending above the roof to capture breezes.

Left: *Ornamental Flourish*. Designers of so-called "villas" that have rapidly multiplied throughout the Gulf seem to pay more attention to cornices than to climate or context.
Right: *From Air-Con to Icon*. The Bastakiya's windtowers originated as a response to climate and have now taken on a representative function beyond providing relief from the heat

Whereas conferences and periodic newspaper articles lament the loss of identity by employing the traditional/modern dichotomy, developers promise to overcome this by providing a future with the best of both past and present. As discussed above, the "signature villas" on the Palm Jumeirah will allow owners to have a "modern" interior and an "Arabic" exterior characterized by either domes and arches (for the Central Gallery version) or decorative windtowers (for the Gallery Views edition). The developers of Dubai's "Culture Village" tell us that "While the Middle East region's architecture has a history of its own, Culture Village has beautifully blended this history with the rich heritage of Dubai, to offer an inspired mix of Arabic and old Dubai architecture"[8] and "A rich hospitality awaits visitors in the form of boutique hotels with a neo-modern ambience, featuring specialty restaurants and designer coffee shops."[9] Dreamy watercolor illustrations in promotional literature indicate that the Arabic/old Dubai mix results from the appliqué of elements derived from features found in the windtower houses mentioned above. However, marketing material fails to mention the fact that the windtower house originated elsewhere and was introduced (but nevertheless imaginatively adapted) less than 100 years ago.

(Re-)constructing the architectural past in this manner ignores the richness resulting from instances of exchange and adaptation across the Gulf. While claims to an "authentic" Dubai architecture encourage the traditional/modern opposition, it is understandable in the context of the relatively sudden introduction of new materials and settlement patterns. With regard to materials, cement has been used in Dubai since the mid-1960s but the first large-scale factory was built in 1975. By the late 1990s, there were eight Portland cement factories in operation. A range of other facilities producing metal, glass and ceramics for the building industry also appeared. New materials and technologies were accompanied by changes in the morphology and scale of neighborhoods across the Gulf as dense settlements gave way to what would come to be known as "villas" in suburban enclaves. In Saudi Arabia, planning based on orthogonal grids appeared as early as the 1940s in projects like the royal residence compound at Nasriyah and the Arabian American Oil Company (ARAMCO) plans for Dammam and al-Khobar.[10] The ARAMCO Home Ownership Plan, introduced in 1951 to provide low-cost loans to its employees to purchase homes, resulted in houses designed as detached free-standing dwellings located in the center of relatively large plots of land.[11] S. George Shiber indicated a similar tendency in Kuwait: "… the modern house or "villa" plunked on a uniform and non-descript plot which, with several hundred similar plots constitute the inorganic and uneconomic new neighborhoods of Kuwait, is often a caricature house in a caricature setting obeying a caricature philosophy of architecture and urban form that could have only emanated from caricature architectural concepts. The house sits clumsily in its plot exposed on all four sides to the elements, with a garden that is no garden at all for it consists of the "corridor" set-backs from every boundary of the lot."[12] This pattern would become codified in building standards and planning legislation in the latter part of the twentieth century, resulting in the abandonment of the courtyard and the introduction of houses ill suited for the context and climate.

The transformation of the built environment across the Gulf in the 1970s also resulted in isolated attempts to transcend the traditional/modern dichotomy by adapting principles employed in the past rather than imitating the visual appearance; notable examples include the Dubai International Airport (Page and Broughton), and the National Bank of Dubai (John R. Harris & Associates). The latter, built along the Dubai Creek and surrounded by vernacular buildings, was particularly significant. Although the National Bank of Dubai building is no longer extant, photographs reveal a rare sensitivity to context. Rather than reproducing a windtower house with the newly available materials, Harris made reference to the neighboring buildings through the scale established by the rhythm of the façade. Relying on a reinforced concrete frame and an infill system, Harris could have exploited the technological advances made possible by the material and achieved greater spans and larger openings. While this may have proven more efficient, it would have significantly increased the scale of the building and affected its relation to the immediate context. Early architectural projects designed by Harris for the Gulf indicated an alternative view of precedent that did not reduce the past to *pastiche*. Without resorting to imitation, the work demonstrated the same restraint and economy of material and means that characterized the windtower houses. While the approaches developed by Harris during the 1970s in the New Dubai Hospital and the Dubai World Trade Center represented a promising alternative, they did not have a lasting impact and, as addressed below, would also be abandoned by Harris himself.

Marketing Icons

A survey of twentieth-century architecture in Dubai reveals a steady progression toward the iconic.[13] An early indication of this trend can be found in the Diwan of His Highness the Ruler of Dubai, which was initiated by John R. Harris & Associates in the mid-1980s. While the same concern for scale exhibited in other Harris buildings informed the design of the diwan, an increasing reliance on visual references to historical precedents revealed an affinity for postmodernist tendencies that were widespread in Europe and the United States in the early 1980s. The use of windtowers as decorative elements in the diwan foreshadowed the proliferation of the pseudo-traditional across Dubai in the coming years.

The most grandiose example of this trend to date has been the Madinat Jumeirah. According to the website, the resort complex "is a magnificent tribute to Dubai's heritage and is styled to resemble an ancient Arabian citadel." Offering a themed experience that approximates a *souq*, the complex freely interprets and invents traditions. While it is unclear which "Arabian citadels" informed stylization efforts, there is little beyond the façade treatment that makes reference to "Dubai's heritage". According to the architects, "What if in ancient UAE or ancient Oman they had the money we have now and the technology we have now? What would they have built? That's how we came up with Madinat Jumeirah. We built what they might have built with the resources available to us."[14] Given that the intention was to re-imagine the "ancient", it is curious that the windtowers introduced in the early twentieth century became the defining feature of

Left: *A Struggle of Significance*. The Diwan of His Highness the Ruler of Dubai in the foreground seems to represent a struggle to reconcile a preference for restrained elegance with the demands for iconic statements. Right: *Inventing Traditions*. Madinat Jumeirah's designers have re-created "what might have been created" for recreation.

the development. Furthermore, it is likely that windtowers would have never appeared in Dubai if builders at the time had access to the technology that makes air-conditioning possible. In the case of Madinat Jumeirah, the architects' fantasy turns out to be a fiction marketed as fact.

While developments like the Madinat Jumeirah have been constructed as an assemblage of iconic elements derived from an imagined past, others have treated buildings as singular iconic statements. The most extreme case was unveiled in January 2007 with the announcement of *Burj al Arab*: "... as many developers race to copy buildings which have nothing to do with our property heritage or highlight our historic values [...] Burj Al Arab is not intended to be the statute [sic!] of a person, but symbolizes a particular style of dress. It honours the religion, culture and language of the Arab people from a real estate perspective."[15] Rather than following the example of projects like Madinat Jumeirah and essentializing Gulf architecture, the developers of the *Burj al Arab* turn their attention to the current clothing preferences of UAE national men and propose a building faintly resembling a figure fitted with a *kandura* (long robe-like garment), *guthra* (headscarf), and *egal* (rope used to hold the *guthra* in place). It is interesting to note that, while the exchange and adaptation of architecture in the Gulf makes generalizations problematic, the history of dress is significantly more complex and make the reductivist premises of a project like the *Burj al Arab* highly questionable.[16]

Another *burj*, the *Burj al Arab*, relies on imagery of a different sort with visual references to a sail through form and material. This self-proclaimed 7-star hotel provides "...[a] chauffeur driven Rolls Royce, discreet in-suite check in, private reception desk on every floor and a brigade of highly trained butlers who provide around-the-clock attention ..."[17] The emphasis on luxury, iconic form and marketing campaigns have complimented each other to generate the desired publicity and media attention. But the tension resulting from creating an easily recognizable external form while retaining overstated opulence within results in a slightly surreal relationship between interior and exterior. In this respect, the hotel reveals the difficulties associated with the insistence on the iconic while responding to use and/or client demands that may be at odds with arresting forms. While the *Burj al Arab* addresses this issue by treating the envelope as primary and adapting the interior to maintain the integrity of the form, other attempts at creating iconic structures have resulted in a lack of formal and spatial resolution that will ultimately affect how the buildings are inhabited and used.

Architecture and "Identity"

Treating singular buildings as iconic statements fuels debates on architecture and identity in the Gulf. Although critiques are often vague, there tends to be a focus on the suitability and sustainability of glass-sheathed high-rises in the harsh climate of the Gulf. Publications like the World Wide Fund for Nature (WWF) Living Planet Report have brought attention to the excessive use of resources in the UAE. According to the 2004 report, the global ecological footprint was 2.2 global hectares per person; the ecological footprint for the UAE was reported to be the highest at 9.9.[18] The global ecological footprint remained the same in the WWF Living Planet Report 2006; however, the UAE increased to 11.9, once again the highest published in the report.[19] Estimates indicate that 75–85% of the total power generated during the summer season is used for air conditioning and cooling can cost as much as one-third of the total cost of the building over the life of the structure. Bold statements supporting environmentally sensitive solutions have been made, but it is unclear whether comprehensive legislation will be developed and, more importantly, consistently enforced. In spite of preliminary measures, costs remain low and there is little incentive for change. While some may argue that *laissez faire* economic policies and ecological sustainability are not mutually exclusive, the current situation in the Gulf seems to indicate that direct intervention is required to balance the desire for profit with the urgent need to reduce the consumption of resources and environmental degradation.
At the urban scale, projects like the Palm Jumeirah and The World are massive manifestations of the iconic. The instantaneous creation of coastline increases the amount of waterfront property and provides new territory for expansion. Developers for the Palm Jumeirah claim that this project alone increased Dubai's waterfront by 100% with the addition of 78 kilometers of coastline. An extra 70 kilometers will be provided by the aptly titled "Waterfront", which has been designed for 1.5 million inhabitants. If projects like this reach capacity, then the percentage of UAE citizens residing in the country will shrink considerably. A 2006 study reported the following distribution of property buyers in Dubai: Asians (40%); Europeans (including Russians) (20%); UAE Nationals (15%); Gulf Cooperation Council and Arab Nationals (13%); and Iranians (12%).[20] While the methodology for determining how the percentages were determined is unclear, the data does provide some indication that UAE citizens also represent a minority in terms of those purchasing available property. The majority of

buyers are foreign investors – some see this as an advantage and liberally interpret statistics to market their properties: "In Dubai the majority of the population herald from abroad, up to 94 % of the entire population are expatriates and the number of those coming to the emirate grows substantially on a weekly basis as up to 20 new companies establish themselves in the emirate each week. This trend is projected to continue for at least the next five years as the remaining planned 7 free trade zones move from the planning stages into realisation and more opportunity is created in Dubai for international companies from around the world."[21]

The emphasis on the iconic, from the scale of the individual elements to man-made islands, represents a dominant tendency in the architecture of Dubai. Speculation supports growth in the real estate and construction industries, creating demand for visually arresting icons to attract the attention of individual and institutional investors. In Dubai and neighbouring emirates, many real-estate transactions are based on nothing more than sales brochures that promise advantages such as "an inspired mix of Arabic and old Dubai architecture" or "neo-modern ambience". At least for the speculator, the material reality is often less important than the reality that has been constructed from photorealistic images; the craft of making that is absent in the building itself has been replaced by the artifice of highly skilled CAD technicians and adept model makers. As representations become reality the cracks, both real and metaphorical, begin to show: contrary to expectations, a recent resident of the Palm Jumeirah found that "It was absolutely nothing as depicted in the brochure."[22]

In What Style Should Dubai Build?

Should architecture in Dubai respond to the citizens who form part of a shrinking minority or to the expatriate population comprising the majority? And, if it is to be the expatriates, which group(s) should be privileged? The apolitical response would be to answer that architecture should respond to and serve all, which presupposes universalizing tendencies that deny the cultural differences present within the heterogeneous population that has enriched, and made substantial contributions to growth in, the Gulf. And the unease manifested through concerns about identity reveals that the negation of difference would certainly prove problematic.

There is also the complex question of belonging that must be addressed as Dubai moves beyond the search for the iconic to fuel speculation and investment-driven development. Who does the city belong to and who belongs to the city? Vaguely defined property legislation will no doubt be clarified and clear rules regarding private ownership will be established. However, questions related to belonging to the city are, to some degree, outside the scope of legislation; the intersection does occur with issues of the right to citizenship. Here the concern is with the sense of belonging that allows one to engage in a reciprocal relationship with architecture through a vested interest in a particular place. Can Dubai function as a city if the right of residency for the majority is tied to employability and encourages a transient population more concerned with interest on investment rather than establishing a vested interest in the city itself?

The questions raised above are at the core of discussions focused on identity and architecture. But perhaps most challenging is the insistent, but nevertheless elusive, search for iconic representations of a place seemingly suspended in a state of becoming. As noted in the introduction, Dubai struggles with architectural expressions that attempt to respond to contradictions resulting from a past often obscured by a present focused on the future. Iconic buildings have captured the attention of investors, but livability will ultimately be determined by the quality of so-called "background" buildings that frame and enhance everyday experience. In the long term, these will perhaps play the most significant role in establishing the identity of the city.

Investor-driven markets seem to breed the need for the extraordinary that results in a cacophony of the outrageous. While cities are branded using buildings, they are remembered by the spaces that buildings form. The anxiety induced by the excesses resulting from an infatuation with iconic statements should not be discounted. But, ultimately, concerns related to identity and architecture in the Gulf may be less about the identity of cities as manifest in the iconic and more about the ability of inhabitants to identify with and relate to the spaces they inhabit.

References

1 Kevin Mitchell, "Constructing Fact, Fantasy and Fiction". In: Khoubrou, M., Bouman, O. and Koolhaas, R. (eds.) *Al Manakh*. Amsterdam: Stichting Archis, 2007. pp. 30–35.
2 Heinrich Hübsch, "In What Style Should We Build". In: Hübsch, H., et al. *In What Style Should We Build? The German Debate on Architectural Style*. Santa Monica, CA: The Getty Center for the History of Art and the Humanities, 1992. pp. 63–102.

3 Hassan M. Fattah, "Beyond Skimpy Skirts, a Rare Debate on Identity", *New York Times*, Retrieved October 25, 2006, from www.travel.nytimes.com.
4 Gulf News, "No automatic residency for property buyers in Dubai", June 23, 2008.
5 http://www.palmsales.ca/new_properties/villas/signaturevillas/signature_villas.htm, Retrieved June 2, 2008.
6 George N. Curzon, *Persia and the Persian Question*. London: Longmans, Green and Co., 1892. pp. 467–468.
7 Frauke Heard-Bey, *From Trucial States to the United Arab Emirates*. Dubai: Motivate Publishing, 2004.
8 http://www.dubai-properties.ae/culture-village.html, Retrieved December 19, 2006.
9 ibid.
10 Saleh Al Hathloul, *The Arab-Muslim City: Tradition, Continuity and Change in the Physical Environment*. Riyadh: Dar Al-Sahan, 1996.
11 ibid.
12 S. George Shiber, *The Kuwait Urbanization*. Kuwait: Kuwait Government Printing Office, 1964. pp. 287–288.
13 Kevin Mitchell, "From the intimate to the iconic: Architecture in Dubai from 1967 to 1997". In: Katodrytis, G. (ed) *Dubai: Growing through Architecture*. London: Thames & Hudson, in press.
14 "Brand New Old", *Identity*, July/August 2004, p. 86.
15 Gulf News, "Dubai's Man Mountain Unveiled", *Gulf News*, January 10, 2007.
16 See Bruce Ingham, "Men's Dress in the Arabian Peninsula: Historical and Present Perspectives". In: Lindisfarne-Tapper, N. and Ingham, B. *Languages of Dress in the Middle East*, Richmond, Surrey: Curzon, 1997.
17 www.burj-al-arab.com, Retrieved June 14, 2008.
18 World Wildlife Fund for Nature, *Living Planet Report 2004*. Gland, Switzerland: World Wildlife Fund for Nature, 2004.
19 World Wildlife Fund for Nature, *Living Planet Report 2006*. Gland, Switzerland: World Wildlife Fund for Nature, 2006.
20 FutureBrand, *FutureBrand's Gulf Real Estate Study*, www.futurebrand.com, Retrieved April 28, 2007.
21 www.clifton-dubai.com/working_in_dubai.html, Retrieved July 2, 2008.
22 Robert Booth, "Pitfalls in Paradise: Why Palm Jumeirah is Struggling to Live Up to the Hype", *The Guardian*, Retrieved April 28, 2008, from www.guardian.co.uk.

Spacemaking. Developments like "International City" provide open spaces planned to accommodate traffic and parking rather than human activity.

„We do it our way – and you do it our way"

Jost Kreussler, Design Manager und Senior Architect Dubai Waterfront-Palm Jebel Ali, über seine Beobachtungen und Erfahrungen in Dubai

Ich bin hier, ungewöhnlich, als Architekt im Senior Management eines *arabischen* Unternehmens tätig. Arabisch heißt meistens: staatlich. Bevor ich 2007 bei Nakheel, dem staatlichen Projektentwickler und Immobilienunternehmen, angefangen habe, war kein Deutscher für Nakheel tätig. Klar, es gibt einige deutsche Architekturfirmen, auch Immobilienfirmen, die versuchen, sich in Dubai zu etablieren.

Die Frage heißt nicht: Wann geht dein nächster Flug nach Dubai?

In Deutschland vermitteln die Medien das Bild eines boomenden Marktes in Dubai: Da boomt es ohne Ende, da wird unendlich viel gebaut. Der erste Gedanke, den man hat: Man fährt los. Und weil der Markt so groß ist, denkt man sich, wird für mich bestimmt ein Stück vom Kuchen abfallen. Als guter Architekt werde ich schon einen Auftrag an Land ziehen können. In Deutschland ist die Landschaft für Architekten ja ziemlich schlecht. Vor zehn oder 20 Jahren hat man sich ja als Architekt kaum nach außen geöffnet, aber inzwischen gehen deutsche Architekten nach Dubai, nach Moskau oder in asiatische Länder. Aber im Verhältnis zu den angelsächsischen Ländern, insbesondere England, Australien, Südafrika, die hier unglaublich stark vertreten sind, findet man Firmen aus europäischen Ländern hier kaum. Das wundert mich sehr. Ich vermute, man hatte in den Grenzen Europas in den letzten Dekaden so viel zu tun, daß man es einfach nicht nötig hatte, über den Rand hinauszusehen. Engländer dagegen sind seit langem im arabischen Raum etabliert. Ich kenne englische Firmen, die seit 1960 in Dubai tätig sind. Als die Entwicklung hier dann richtig startete, kannten die hier natürlich die entscheidenden Leute.
In Dubai sagt man sich: Wir brauchen keine Leute, die hier einfach einfliegen, sich Aufträge abholen, nach Hause fliegen und die Aufträge in ihren Heimatbüros erarbeiten. In Dubai will man die Leute vor Ort haben. Das

heißt, man muß *hier* ein Büro etablieren. Das geht aber natürlich nicht so einfach. Man braucht lokale Partner, die dafür sorgen, daß die Leute hier bleiben. Natürlich können hier gegründete Büros ihr Back Office zu Hause haben, wo auch immer das ist. Aber die Leute müssen hier präsent sein. Man muß sie als Auftraggeber anrufen und ihnen sagen können: Wir müssen mit dir reden, wir brauchen dich in zwei Stunden. Die Frage heißt nicht: Wann geht dein nächster Flug nach Dubai?

Viele Deutsche sagen sich jedoch: Ich will nicht umziehen, meine Familie will nicht mit und und und … Am liebsten hätte man einen Auftrag über 7, 8 oder 10 Millionen, würde den dann im eigenen Büro in Deutschland bearbeiten, die Rechnung schreiben und schön im warmen Zuhause bleiben.

In Dubai geht das so: dich kenne ich nicht, dir helfe ich nicht – und umgekehrt: dich kenne ich, dir helfe ich. Das Gesicht habe ich schon mal gesehen, das ist ein netter Kerl. Beim nächsten Mal sieht er dich wieder. Beim dritten Mal sagt er: Natürlich helfe ich dir. Kommt aber einer hier einfach an und sagt: Ich bin Architekt, ich habe gehört, ihr seid Bauherren, ihr habt Aufträge, dann sagt man hier: Das interessiert uns überhaupt nicht. Namen von Architekten, die in Europa groß sind, kennt man hier nicht.

In den letzten Jahren habe ich ungefähr zehn Architekturbüros kennengelernt, die hierhergekommen sind in der Hoffnung, von hier etwas mitnehmen zu können. Zwei oder drei von ihnen haben die Ausdauer gezeigt und den Mut, hier zu investieren – denn das ist die Voraussetzung, um hier erfolgreich zu sein, und dann kann man wirklich sehr erfolgreich sein. Man muß den Firmensitz *hier* planen, man muß in Logistik und Infrastruktur *hier* investieren. Man muß Mitarbeiter einstellen. Natürlich dauert es zwei bis drei Jahre, bis man im Markt angekommen ist. Und das kostet Geld. Ich kenne angelsächsische Büros, die es im Rahmen von fünf Jahren geschafft haben, von zehn auf zweihundert Mitarbeiter zu kommen, hier in Dubai.

Wenn man mit *Locals* spricht, hört man immer wieder: „We do it our way – and you do it our way". Nur etwa 8 Prozent der Einwohner von Dubai sind *Locals*, und die sagen dir: Das ist unser Land. Die achten schon darauf, daß sie die Kontrolle behalten.

Socialising & ad hoc-Lösungen

Socialising ist hier schon außerordentlich wichtig. Das ist ein bißchen anders, als man das in Deutschland kennt. Gerade im Vergleich zu Kollegen aus anderen Nationen merke ich, daß deutsche Architekten außerordentlich gut ausgebildet sind, interdisziplinär. Im angelsächsischen Raum, insbesondere in den USA, ist Architektur Design. Das heißt: Ich male von einem Haus ein schönes Bild – aber wie das funktioniert, konstruktiv, haustechnisch und so weiter, das interessiert dort gar nicht. Der gesamte Projektablauf ist dort ganz anders. Deutsche Architekten sind Entwerfer, und zwar durch alle Disziplinen. Sie sind Projektmanager. Natürlich sind sie auch Zahlenmenschen, die ein Projekt wirtschaftlich im Griff haben. Sie müssen etwas von Statik verstehen, von Haustechnik, von Ökologie. Darauf sprechen Bauherren an. Das Design muß stimmen. Und – seit 2008 ein großes Thema in Dubai – Nachhaltigkeit. Hier hat man inzwischen begriffen, daß man mit der Umwelt nicht mehr so umgehen kann wie bisher. Und natürlich denkt man hier ganz anders als in Europa. In Europa haben wir seit vielen Jahrhunderten Erfahrungen mit Städten. Damit, wie Stadträume gebaut werden. Das gibt es ja hier alles nicht. Hier fängt man einfach an zu bauen: Machen wir das mal in einem Raum von hier bis da, 100 km in die eine Richtung, 97 in die andere. Bis sie auf einmal feststellen, daß sie alle Flächen versiegelt haben. Mit dem Resultat, daß man hier bei starken Regenfällen, wie Anfang Januar 2008, Verkehrsverstopfungen hat ohne Ende.

Dann erst fragt man sich, warum und was zu tun ist. So läuft das hier. Man versucht etwas.

Dann merkt man, daß es einem über den Kopf wächst. Dann wird ein neues Gesetz gemacht, nachdem man sich weltweit umgesehen hat, wie das wo warum wie gut funktioniert. Also man erkennt ein Problem, reagiert darauf aber nicht panisch. Man analysiert. Und dann kommt man mit sehr konkreten Lösungen.

Consulting Culture

Hier muß man sich übrigens das Wort *Consulting* einmal auf der Zunge zergehen lassen. Was soll man sich darunter vorstellen? Als Consultant bist du beispielsweise Architekt. Oder Statiker. Oder Haustechniker. Also berätst du mich – aber die Entscheidung treffe ich. So muß man sich das hier in allen Bereichen vorstellen. Man holt sich Spitzenkräfte aus dem Ausland, läßt sich beraten und trifft dann seine eigenen Entscheidungen. Man erwartet hier, daß man genau erläutert, was man ihnen vorschlägt. Du hast ein Haus gemalt, übergibst deine Arbeit dem Auftraggeber. Dann guckt er dich an, und das Gespräch stoppt erstmal. Dein Partner erwartet, daß du ihm genau erklärst, was du vor hast. Möglicherweise kann er die Zeichnung gar nicht lesen. Und was passiert, wenn er nicht einverstanden ist? Das ist er nämlich in der Regel nie. Dann gibt es mehrere Möglichkeiten. Die eine ist, daß man nach Hause geht, von vorne anfängt und so lange arbeitet, bis man den Geschmack trifft. Dabei kann es passieren, daß der Bauherr dir sagt: Du weißt eigentlich gar nicht, was du tust. Mit dir will ich nicht mehr arbeiten. Es kann also durchaus sein, daß man unterwegs abgebrochen wird.

Graue Haare

Der Erfolg hängt hier auch davon ab, was für eine Reputation man hat. Für uns ungewöhnlich ist, daß Berater, in welchem Bereich auch immer – das weiß ich auch von Berichten anderer deutscher Architekten, die hier arbeiten –, Berater, die ein bestimmtes Alter haben, von dem man in Deutschland denken würde: Du gehörst zum alten Eisen, hier in Dubai geschätzt werden. Graue Haare zu haben heißt hier: Erfahrungen haben. Hier denkt man: Dreißig Jahre Berufserfahrung? Den will ich haben, der weiß was. Leute von sechzig können hier wunderbar arbeiten, haben hier eine gute Reputation. Und wenn man das auch noch mit einem guten Namen und vielleicht sogar mit einem guten Erscheinungsbild verbindet, dann ist man auf der richtigen Seite. Natürlich muß man hier die Produktionsabläufe sehr genau kennen. Es ist übrigens auch nicht so, daß die Auftraggeber hier eher mit jemandem arbeiten, der seine Arbeit um 20 Prozent günstiger anbietet, wie man das auch aus Deutschland kennt. Das ist hier ganz anders. Wenn ein Projekt gefällt und alles andere stimmt, dann arbeitet man mit dem, für dessen Projekt man sich entschieden hat. Man muß das ja schließlich aus der Sicht der Menschen hier sehen und verstehen. Die schaffen hier etwas, das Billionen frißt. Und sie haben es mit so vielen Menschen zu tun, die davon was abhaben wollen. Die Strategie ist einfach die: es mit den Besten und den Erfahrensten zu machen.

Entwickeln – auf Teufel komm raus

Hier in Dubai wird darauf geachtet, daß und wie man vom Ölgeschäft wegkommt, daß man das Bankwesen aufbaut, den Tourismus. Man arbeitet hier unter hohem Zeitdruck. Die müssen hier entwickeln auf Teufel komm raus. Die Ölvorräte sind in Kürze zu Ende, dann fehlen die entsprechenden Einkünfte, also muß man hier von anderen Dingen leben. Man könnte sich ja auch sagen: Lassen wir das Öl hier sprudeln bis zum Ende, und das war's dann. Es ist aber ganz anders. Sie sind entschlossen, das Land zu entwickeln. Ich finde das mutig. Und sie lassen viele Menschen aus der ganzen Welt an dieser Entwicklung teilhaben. Wer hier wirklich etwas will, der kann hier anfangen.

Von wem die Idee der Palme ist, weiß ich nicht. Vielleicht war es wirklich der Scheich, wie es immer heißt. Ich könnte mir auch vorstellen, daß er einfach die Idee hatte zur Schaffung von mehr Küstenlinie und sie mit irgendwelchen Consultants diskutiert hat, die ihm dann schließlich das Projekt in dieser Form vorgeschlagen haben. Die endgültige Form jedoch ist mit Sicherheit vom Scheich autorisiert worden. Für mich jedenfalls ist es schwer vorstellbar, daß irgendjemand sich abends hinsetzt, sich einen Zettel nimmt und sagt: Jetzt machen wir mal eine Palme. Aber der Hintergrund ist – und das ist entscheidender –, daß das Emirat Dubai geographisch nur 75 km Küstenlinie hat. Wenn man den Tourismus entwickeln will, braucht es einfach mehr Küste. Wie schafft man das? Indem man künstliche Inseln baut. Soweit ich weiß, hat man auf diese Weise 500 km neue Küstenlinie geschaffen. Es geht also letztlich um mehr *Beachfront* beziehungsweise *Waterfront*, um mehr Villen und *Residential Areas* am Wasser. Dafür ist die Form einer Palme natürlich optimal.

Mit *Beachfront*-Projekten dieser Größenordnung hat man ja in der Architektur und bei der Stadtplanung nicht auf Erfahrungen zurückgreifen können. Ob die Inselaufschüttungen längerfristig ‚sicheres' neues Festland sind? Ungesichert. Dazu gibt es bislang keine Erfahrungen. Der Zufall will es, daß ich von dem heutigen Global Management Meeting hier in Dubai mitgenommen habe, daß 1996 die ersten Untersuchungen darüber begannen, in welchem Umfang Fauna und Flora solcher Projekte betroffen sind. Im Jahre 2001 hat man bei *The Palm Jumeirah* mit den Aufschüttungen begonnen. Wie uns dargestellt wurde, war die Situation unter Wasser keine andere als die auf dem Festland, also alles Wüste, auch unter Wasser. Indem man jetzt die künstlichen Inseln schafft, bringt man Leben ins Wasser. Fische finden neuen Lebensraum, Schutz vor Raubfischen. Die Fischwelt hier hat sich positiv verändert. Ich will damit sagen, daß man hier Machbarkeitsstudien startet, bevor man mit der Ausführung solcher Großprojekte beginnt. Man macht sich also Gedanken darüber, was das, was man hier plant, für Auswirkungen hat. Nakheel arbeitet nicht nach

dem – hier häufig praktizierten – Prinzip *learning by doing*, sondern kümmert sich akribisch um Hintergründe und Perspektiven.
Vor 50 Jahren gab es in Dubai vermutlich eine mehr oder weniger nomadische Kultur. Stadt? Gab es hier praktisch nicht. Jetzt aber gibt es 75 km Stadt. Stadt nicht wie in Europa, wo man schnell mal in die Buchhandlung geht, sich im Café mit Freunden trifft, sondern Stadt eher nach amerikanischem Typus. Kilometer für Kilometer ist man hier nur mit dem Auto unterwegs. Das heißt natürlich, daß ein Teil der Gesellschaft – also diejenigen, die kein Auto besitzen und nicht in irgendeiner Enklaven-Hochhausetage wohnen – in einer anderen Stadt oder wenigstens nicht in dieser Stadt wohnt. Die einen modernisieren sich, die anderen bleiben im Hinterland. Wie geht das zusammen? Wie lebt man unter diesem Modernisierungsdruck? Unter dieser Geschwindigkeit? Das ist natürlich nicht ganz einfach. Aber es sind ja auch nicht viele ... und irgendwann in absehbarer Zeit sterben bei dieser kleinen Zahl die Nichtmodernisierten aus. Die Nachkommen der jetzigen Generation werden die sein, die Schlüsselpositionen innehaben, hervorragend Ausgebildete, Studienabschluß im Ausland, in den USA und in England, und hier dann Positionen im Management einnehmen. Die Leute von hier, die ich kennengelernt habe, sind sehr intelligent. Natürlich bleiben einige auf der Strecke, aber für die wird auch gesorgt.
Wenn man in die Wüste fährt sieht man schon, daß sie ihr früheres Leben fortzusetzen versuchen. Da sitzen sie dann abends zwei Kilometer neben der Straße am Lagerfeuer und grillen, bauen ihre Zelte auf. Wir in Europa wollen immer ans Wasser, und die wollen in die Wüste. Waterfront-Entwicklungen, das ist etwas für die anderen. Für *Locals* wird das alles nicht gebaut. Das ist für ‚die da draußen'.
Im Alltag zeigen sich diese kulturellen Unterschiede schon. Die Unfallrate ist 2007 um 700 Prozent gestiegen. Und dann hört man zufällig im Radio, daß 50 Prozent der einheimischen Autofahrer nicht lesen können – natürlich muß man hier lesen können, wenn man einen Führerschein erwerben will. Man merkt, die Zeit hat diese Menschen überholt.
Interessant, wie die Kulturen hier aufeinandertreffen. Einheimische Frauen zum Beispiel haben ganz deutlich Vorrechte. Du stehst an der Kinokasse in einer Schlange von 50 Leuten, da zieht eine einheimische Frau an der Schlange vorbei und kauft sich eine Eintrittskarte – das ist einfach so. Deswegen gilt ja auch die Regel: „Never fight with a local guy, never touch a local girl." Das sind die Gesetze hier. Die – nach einer bestimmten, oft tödlich verlaufenden Krankheit (die hier gern beschwiegen wird) – zweite Todesursache sind Autounfälle, die junge Leute unter 20 verursachen. Die

sind wild. Die sind mit zehn noch auf dem Kamel geritten und steuern jetzt einen Porsche mit 530 PS.

Es gibt keinen Stil in Dubai

Von vielen Stilen kann man hier eigentlich nicht reden. Es gibt in Dubai überhaupt keinen Stil. Wenn man durch die Stadt fährt, entdeckt man hie und da *Heritage Architecture*, also Kopiertes. Aber einen Architekturstil in unserem Sinne gibt es hier nicht. Die haben hier ihre eigene Architektursprache erfunden. Hinter den riesigen Volumen, die Sie oft abliefern müssen, steckt ein großes wirtschaftliches Interesse. Die Büros kennen natürlich die Prinzipien der hiesigen Städteplanung. Die Plots haben diese Tiefe und diese Länge, die Parzellen sind so und so groß, und es sollen beispielsweise zehn Türme entstehen. Also werden Sie nicht zehnmal denselben Turm planen, sondern ändern die Fassade auf der Basis desselben Grundrisses. Man muß immer daran denken, in welcher Geschwindigkeit hier alles entstanden ist und entsteht. Und dabei ist die Sprache der Architektur auf der Strecke geblieben. Ich stelle mir vor, daß die städtebaulichen Entwicklungen auf höchster Regierungsebene festgelegt worden sind, über das Erscheinungsbild einzelner Gebäude oder ganzer Gebäudegruppen aber nicht weiter nachgedacht wurde. Inzwischen sind in Dubai Architekten von internationalem Ruf angekommen, inzwischen denkt man in Dubai über Architektur nach. Bei der Bewältigung der riesigen Baumassen zählte bisher nur das Management. Die Frage war, wie kriegt man das alles hin?, nicht aber: Sieht das auch gut aus? Wenn man jetzt die Tagespresse aufschlägt oder Zeitschriften, bemerkt man schon, daß die Qualität der Architektur ein Thema zu werden beginnt. Wenn Sie bedenken, daß der Scheich sagt, erst 10 Prozent seiner Visionen seien in die Tat umgesetzt, dann ist es durchaus vorstellbar, daß Architektur von jetzt an einen anderen Rang erhält. Man denkt über Nachhaltigkeit nach, über grünes Bauen. Und so denkt man hier inzwischen auch über Architektur nach. Ich beobachte, daß Bauherren inzwischen beginnen, mehr Geld für Architekten auszugeben, um wirklich gute Entwürfe zu bekommen. Da sehe ich eine Chance für europäische Büros, hier Nägel einzuschlagen. Diese Investitionen werden zum Erfolg führen, die Anzahl und die Namen der Büros, die hier, mit Sitz in Dubai, aktiv sind, begründen diese Hoffnung. All diese Büros sind ja zu 500 Prozent ausgelastet. Ich kenne hier kaum eines, das weniger als 50 Mitarbeiter beschäftigt, viele haben 200 Leute. Nicht zu reden von den international arbeitenden Büros mit bis zu 2.500 Mitarbeitern. Wettbewerbs*pflichten* gibt es hier nicht, das entscheiden die Projektentwickler selber. Entweder beauftragt man ein bestimmtes Büro aufgrund guter Erfahrungen. Oder man holt sich drei Angebote und sucht sich das beste aus. Oder man schreibt einen Wettbewerb aus, Nakheel schreibt viele Wettbewerbe aus, eingeladene Wettbewerbe. Klar behält man sich vor, darüber zu entscheiden, wer den Auftrag erhält – nicht notwendigerweise der erste Preis.

Wenn ich Bundeskanzlerin wäre ...

Wenn man sich mit Freunden von früher unterhält, merkt man, daß man für sie sowas wie ein Außerirdischer ist. Wenn ich heute Bundeskanzlerin wäre, würde ich sagen: Leute, bewegt euern Hintern über die Grenzen hinaus, wenn ihr für euer Land etwas tun wollt. Das heißt, daß eure Kinder mehrsprachig aufwachsen müssen, sie müssen hervorragend Englisch sprechen können. Hier in Dubai trifft man bei Baubesprechungen Menschen, die acht Sprachen beherrschen – neben mir ein Italiener, daneben ein Amerikaner, dann ich als Deutscher, einer gegenüber redet den ersten auf Italienisch an, dich auf Deutsch und den dritten auf Englisch. Die Blickweise müßte eine andere sein, um erfolgreich zu sein. Man müßte viel breiter ausbilden, nicht nur fachspezifisch. Man muß sich mit Menschen anderer Sprachen verständigen können, verstehen, was im Vis-à-vis vorgeht, wie er denkt. Wer hier erfolgreich ist, hat diese Art von Verständnis und lernt ständig weiter. Die Angelsachsen beherrschen das perfekt, sie haben da eine ganz andere Mentalität. Die Australier haben die „can do"-Mentalität: Was gemacht werden kann, wird gemacht. Wenn man in Deutschland noch an der dritten Stelle hinter dem Komma überlegt, sind die schon längst fertig.
Ich kenne wenige Deutsche in Dubai, die hier wirklich verankert leben. Soweit ich weiß, ist die deutsche Community 10.000 Personen stark. Vor drei Jahren waren es noch 2.000. Die Firma BASF zum Beispiel baut hier jetzt ein neues Werk, mit eigenen Leuten, die haben natürlich ihre Rückfahrscheine in der Tasche. Das heißt also: Ich arbeite drei Jahre für BASF in Dubai, aber danach fahre ich zurück. Genau das aber bringt nicht die Nähe zur Kultur, die Sie brauchen. Andere Nationen machen uns das vor, und zwar mit Erfolg. Wo aber sind die Österreicher? Wo die Schweizer? Wo die Italiener, Dänen, Franzosen? Ich bekomme immer wieder Anrufe

von der Außenhandelskammer: Es kommen 20 Leute. Für 500 oder 1.000 Euro eine Reise buchen und dann mit 20 Leuten herumgeführt zu werden, wie Kinder, die es nicht allein fertigkriegen, das ist nicht der Weg, um hier reinzukommen.

Aufgezeichnet von Elisabeth Blum und Peter Neitzke am 15. Januar 2008 im Hotel Mina Ar Salam (Madinat Jumeirah), Dubai

Dubai 2008/2009

George Katodrytis

The Dubai Experiment

1 Accelerated Urbanism

New building developments in Dubai, especially high-rises, are linked to the global network of trends, forces, finance and trading than related to their locality and community. As such they are alienated from their geographic and physical location. Therefore a dose of self-stylization is necessary, like a surreal machine that reproduces its own identity. Buildings are self-referential and they are held together by virtue of proximity. On a barren landscape anything goes and anything is new. This condition is a reminiscent of early modernists utopian visions where the new city refers to the present and projects to the future. The desert is not the killing field we are accustomed to see in newsreels in the last decade, but the setting of slick developments. There is a new urban and spatial perception of the desert, a renewed mirage, not unlike Las Vegas in Nevada. The new global city is developing from "scratch": a real "tabula rasa," the dream of any urban designer and architect as well as a real estate investor. This is about newness, clean, fresh with little residue of anomaly and deterioration. Buying architecture is like buying a product. Living in it is like acquiring any lifestyle you can afford.

Like any new city, Dubai has no density, no layering. Buildings are detached and isolated, and some communities gated. Even though architecture appears homogeneous its social reality is heterogeneous. This paradoxically becomes a haven for upper class buyers, seeking exclusive retreats.

Almost overnight, the city has become a juxtaposition of barren desert, 21st-century skyscrapers at extravagantly optimistic construction sites. The visual voyage through the city like in any contemporary cityscape operates like a continuous shift between eye and mind, as though differences no longer existed between the two. The city has definitely ceased to be a site: instead, it has become a condition. Perhaps it has even lost its site:

it tends to be everywhere and nowhere. The urban setting as a large construction site is unique as it can always keep the promise alive and prepare itself for new users, the incoming international nomads: settlers, laborers, consultants, traders, in-transit business travelers and tourists, all seeking and challenged by newness.

This is an accelerated urbanism, unlike none before; it is immediate in its pictorial seduction. The urbanization process is streamlined, effective and fast. Dubai is the largest architectural experiment in progress, soon achieving a critical mass of mega expansion. This is symptomatic of approaches to development in many other regions in the world today. This 'model potential' makes Dubai an ideal case study of urbanization; in a sense, Dubai has become 'required reading'. Yet, a critique needs to be articulated and new strategies proposed.

What is interesting is that this is a new city caught up in unprecedented conditions of the new century: globalization, accelerated technologies of imaging and communication, abundance of investment and mass tourism.

2 Tourism and Constructed Leisure-land

Dubai thrives on consumerism. This is a city that owes its early survival and its current momentum on trading. Everything points to consumption. This turns any city into a theme park seeking to sell the arabesque, tropical, oriental and international, all in one. Tourism and shopping is the new past time of the middle class, associated with leisure, the resort and the lifestyle experience. We work more efficiently nowadays, and have more free time. Dubai is a constructed leisure land. It is more like a diagram, a system of staged scenery and mechanisms of good time.

Flying over Dubai, one is confronted with a new type of 21st century urbanism, which is both diagrammatic and prosthetic in the form of islands. As a tourist, there is no need to travel to distant destinations, to desolated islands. Islands are now close to shore, in a new typology of hydro-suburbia.

The island is the lowest form of spatial organization. Pure accumulation, it has an iconic form and a certain perimeter and location. It can be reached by dramatic arriving (compare here with Venice's Lido and Florida's Key West). The surface of the island reveals everything there is, all contents; islands are fundamentally consistent and predictable: they give an assurance of security. But they have potentials; they are exclusive.

As Briavel Holcomb points out in his essay "Marketing Cities for Tourism" (1999)[1], in the tourist realm "it is the consumer, not the product that moves. Because the product is usually sold before the consumer sees it, the marking of tourism is intrinsically more significant than the conventional case where the product can be seen, tested, and compared to similar products *in situ*. It means that the representation of place, the images created for marketing, the vivid videos and persuasive prose of advertising texts, can be as selective and creative as the marketer can make them – a reality check comes only after arrival".

Increasingly, the kind of contemporary architecture and urbanism that simulates mass tourism has to be not only photogenic but also telegenic – buildings that look striking in a sequence of rapid-fire cuts, or that stand out in a static shot as backdrops.

The city of Dubai sprawls out like an exponent of an algorithmically evolving pattern: a fractal architecture with forms of increased perimeter and endless topological variations, as two-dimensional patterns, allowing very little for 3-dimensional variety. Dubai's recent development has put it on the map of iconic projects, of real estate prospecting and holiday dream destinations.

Motivated by a desire for authentic experience for exotic places, for escape or spectacle, or simply by an urge for new knowledge, the tourist leaves a familiar environment to view other locations. Today, as places increasingly get restructured as spaces of consumption, tourist activities merge with other mass-consumption practices.

Historically, the origin of modern vacation time can be traced back to the 1930s, when workers in France, for the first time, were given the right to twelve paid vacation days. Today, tourism has become a "total lifestyle experience." The modern tourist resort is by definition a constructed one. The tourist's perception seems to have shifted away from the pictorial 18th century: there is no longer the desire for the panoramic view. The excessively visual contemporary culture has made everything look familiar. Contemporary tourists are looking for familiarity: they want to feel at home in a strange place.

This has led to concentrated tourist infrastructures and mega-structure complexes (hotel + apartments + mall + cinema + expo + anything), which are clustered together. In this sense, architecture and landscape are part of a single system, characterized by stratification and controlled spatial experience.

In mass tourism, a dose of familiarization is required. Whereas it was once uncommon to shop for ordinary clothing items while on vacation, brand-name stores and outlets mall have popped up all over the world. Similarly, with the spread of franchised restaurants and hotels, it is possible to eat and sleep in circumstances that are remarkably alike, and tune into the same TV channels almost everywhere.

Mass tourism is indeed like mass media. The lure of the new works best when the new is both anticipated and well packaged. In 1925, in his essay "travel and dance"[2], Siegfried Kracauer already remarked that tourists are prepared for foreign places though the perusal of illustrated magazines. Nowadays, through coffee-table books, television and movies, tourists are well prepped for on-site architectural experiences. A profusion of tour guides, and especially Internet sites, launches the tourist into touring weeks or months before the actual trip begins. What is striking about this body of preparatory information is the degree to which issues of touring comfort and efficiency take precedence over historical information about architecture or place.

From the airport to the air-conditioned bus to the four- or five-star hotel, package tourists spend much of their time within a cocoon. They might as well be at home, or at the mall. This tropical but not so dangerous adventure appeals to million tourists.

In Dubai there is little difference between holiday accommodation and housing. Architectural programs are becoming fused and undifferentiated. The morphology of the landscape and seascape is becoming fabricated to the point that it may soon be difficult to differentiate between the natural and the constructed. Artificial islands will add another 1,500 km of beachfront, turning the coastline and the city into an inexhaustible holiday resort. This constructed landscape, like a stage set, provides edited scenes of adventure and entertainment.

No matter which part of the world, whenever architecture is built from nothingness – it seems to be fond of a universal language of spectacle and the exoticism of the new. It might be useful to look at another aspect of the exotic at this point, and ask in what ways specific examples of architecture are elusive and foreign to the city itself. This is also a way of asking how the exotic intervenes in the cultural politics of global tourism.

Jean Baudrillard has analyzed contemporary culture through the model of Disneyland, thereby inserting a form of simulated architecture and tourism into the heart of his definition of hyper-reality. Disneyland is presented as an imaginary kingdom, set aside from the values of everyday. As such, it serves as a "prop" to make us believe that the world outside is "real." For Baudrillard, however, the world outside is not "real" but "hyper-real," and Disneyland is no different. The logic of role-playing is and theming is not limited to Disneyland. It has permeated the whole of the Western society.

Everyday life is colonized by fantasy, dominated by escapist dreaming. Both the "authentic" architectural icons, and the simulated architectural icons, such as Disneyland or Las Vegas, are inscribed within the same logic of escapist dreaming.

Escapism is an ambivalent, even negative word when juxtaposed against realism or authenticity. Yet we are inescapably escapist. Animals flee when confronted by some sort of threat. Humans are no different. What makes us different is that we are not only pushed, but also pulled by some imagined reality that is either already in existence "out there," to be discovered, or by the possibility of its realization and manifestation. We escape from the given into the desirable through theme parks, shopping malls, and the suburban developments.

3 Transmitted Imagery

Architecture serves emergent economies to express the fascination for symbols of economic development, national progress in a context of inflationary globalization and international economic competition. In the first half of the 1990s, several countries in Asia invested much effort and ingenuity in the construction of skyscrapers, which not only challenged the legendary supremacy of the American high-rise, but were also meant to represent these countries' new role on the international stage. The Middle East and Gulf states have been slow to take on the construction of highrises, despite abundance of land and investment. This is not the case anymore. Dubai has surged into the global market of finance and fantasy and is now expressed in the construction of hundreds of high-rise buildings. International architectural firms have found an expanding and profitable market. Transnational practices place their designs within the more general framework of globalization with speed and easiness. The simplicity of transmitting digital documents of both building imagery and specifications allows for complex designs to be prepared in New York, outsourced and detailed in Mumbai, and delivered to a project manager in Dubai within days. The universality of curtain wall detailing allows for a "common architectural language" without barriers to be constructed and delivered on site equally fast. Further more, the speed of transmitting the image of the building itself, allows for a chain of global real estate networks to sell the product i.e. the architectural space, long before its completion on site. Dubai's heavily invested digital and telecommunications infrastructures allow its continuous presence in the Internet and electronic space. This is the city of transmitted imagery.

Urbanism as an art form in the Arab World has an interesting precedent. The Muslim Middle Ages was marked by the formation and development of new art style, which found its reflection both in the art as well as in architecture and city planning. Abstract geometric forms and woven urban spaces have been established very early on in the Arab World. Cities became basic generators of new art styles, and the urban culture of this period obtains a role of system forming factor. It was a period of self-identification of urban mentality and formation of new aesthetic of Muslim Urbanism. Grunebaum wrote: "From its birth Islam, by its spirit and main centers, had urban character"[3]. This tradition is carried on. Urbanizing large areas and introducing a new aesthetic and "art" is very much inherent in the creation or the contemporary Arab city.

The earliest stage of urbanization was connected with switching of the nomads to the settled life way and cultivation of fertile lands which goes back to the 2nd millennia B.C. The unification of the aesthetic principles in the Muslim world as a whole had become a new cultural dogma – a period of universal aesthetic canon had started. Therefore, some generalized and standard vision of oriental city as a composition of blue domes and slim minarets has some basis to be reasonable. The universal style spread over not only over plastic forms of culture, but verbal ones too. Ornament and words' ligature became a distinguishing feature of new aesthetic. Even though this is a case of complex art form and craftsmanship, it was rarely exported or exploited in the west, except in the case of Orientalism. This imagery was exported, exhibited and eventually bought by wealthy Europeans in the form of exotic decoration. Nevertheless the uniqueness of Arab urban form and art was unique and unified.

This urge for unification and expand as a cultural need is now changing. The fast transmission of architectural imagery is now part of everyday advertising marketing practice. The sky is the new medium of Satellite Urbanism. This turns the land, desert and water via military technology into a spectacle and consumption. GIS and reconnaissance technologies turn into telegenic (as opposed to photogenic) postcards for selling real estate markets as well as mass tourism destinations. Satellite imagery of unfinished projects gives rise to the exciting promise of the future. Satellite technologies used to monitor wildlife development, hydrography, land drought is now a tool for global transmission of projects under construction, reconnaissance tourism advertisement and construction theatre.

Dubai and the UAE Ministry of Labour currently use the Swiss-based firm Informap and high-resolution satellite technology to monitor construction sites and projects. Using high-resolution photography a team will be able to monitor minute details on construction sites beamed back to the ministry by Digital Globe satellite technology also used by the US military.

This is the new global capital of the world in the making. Its imagery is transmitted long before its reality. It is therefore not surprising that the all the housing on Dubai's Jumeirah Palm Island was sold out in fifteen days. Virtuality dominates over reality. Eventually, 70000 islanders on Jumeirah Palm will be privileged in that their neighborhood will be clearly visible and identified from Google Earth.

Anmerkungen

1 Briavel Holcomb, "Marketing Cities for Tourism", in: Susan Fainstein and Dennis Judd (Eds.), The Tourist City., New Haven and London: Yale University Press, 1999, pp. 54–70 (A.d.Hg.).
2 Siegfried Kracauer, Die Reise und der Tanz, in: Siegfried Kracauer, Schriften 5.1., Aufsätze 1915–1926, hg. von Inka Müller-Bach, Frankfurt am Main (Suhrkamp) 1990, S. 288–296 (A.d.Hg.).
3 von Grunebaum, G. E., Classical Islam. *A History 600 A.D.–1258 A.D.,* London *(Aldine Publishing Company)* 1970 (A.d.Hg.).

Man entwickelt eine Idee, produziert Bilder und startet das Marketing

Ein Gespräch mit den Architekten Dominic Wanders und Hannes Werner von Wanders Werner Falasi Consulting Architects, Dubai

Dubais Bauwirtschaft boomt. Man spricht gar von der größten Baustelle der Welt. 75 km Stadtentwicklungsgebiet, so lang wie der Küstenstreifen des gesamten Emirats.

Dominic Wanders: Der unglaubliche Entwicklungsschub der letzten Jahre in Dubai geht unter anderem auf den 11. September 2001 zurück. Danach sind Milliarden von US-Dollars aus den Vereinigten Staaten abgezogen worden, und die finden vor allem in Dubai eine neue Heimat. Dubai ist der neue Standort in einem globalen Logistik-, Wirtschafts-, Banken- und spekulativen Geldinvestitionssystem.

Hannes Werner: Ein Baustein ist ganz sicher 9/11. Seither boomt die ganze Region. In der anläßlich des ersten International Design Forum 2007 in Dubai vorgestellten Publikation *Al Manakh*[1] gibt es eine Karte der Golfregion, nicht von Dubai oder Bahrain mit seinen neuen Inseln, sondern von der gesamten Region mit ihren Megaprojekten, Aufschüttungs- und Inselprojekten, ein spannendes Dokument mit einem hervorragenden Überblick über die Entwicklung. Rem Koolhaas als Key-Speaker des Forums wurde nicht müde zu propagieren, daß man ernst nehmen müsse, was hier passiert. Und genau das ist es, was in Dubai derzeit so faszinierend mitzuerleben ist – wie aus vielen Häusern endlich Stadt wird.
Ich lese gerade *From Rags to Riches – A Story of Abu Dhabi [Vom Wüstensand zum Wohlstand]*, ein sehr persönliches Buch. Geschrieben hat es Mohammed al Fahim, ein *Local* aus Abu Dhabi. Der Autor ist nahezu siebzig Jahre alt. Er erzählt, wie er hier aufgewachsen ist, daß seine Schwester – da es Ende der fünfziger Jahre in Abu Dhabi noch kein Krankenhaus gab – auf einer zweitägigen Fahrt durch die Wüste nach Sharjah

verblutet sei – die Strecke fährt man heute in zwei Stunden. Erst 1958 ist die erste Schule eröffnet worden. Damals sah der Scheich nicht ein, daß man dort nun drei Lehrer brauchte, bisher habe der Imam das ja alleine bewerkstelligt. 50 Jahre Geschichte, und was ist seither alles passiert!

DW: Dubai wächst und will weiter wachsen. Irgendwann, heißt es, soll die Stadt vier bis fünf Millionen Einwohner haben. Die *Business Bay* zum Beispiel – das zukünftige Finanzzentrum von Dubai – hat eine Gesamtfläche von 6 Mio. km². Geplant sind, man stelle sich das einmal vor, insgesamt 265 Türme. Oder das Gebiet *Dubai Waterfront*. Hier entsteht ein Stadtgebiet für eine Million Menschen.

Aus großer Höhe betrachtet, erinnern die vor der Küste realisierten Inselfiguren an utopische Projekte. Wer hatte die Idee zu diesen Figuren? Wer setzt sie durch? Wie wird ein solcher gigantischer Planungsprozeß in Gang gesetzt?

HW: Alle diese Fragen führen letztlich zum Scheich.

DW: Als ich unlängst bei Nakheel war, Dubais wichtigster staatlicher Projektentwicklungsgesellschaft, die Projekte dieser Größenordnung betreut, sagte mir mein Gesprächspartner, die Figur der Palme gehe auf den Scheich zurück, nicht auf einen Architekten. Sie war zunächst nur als Park gedacht, wurde dann aber schnell zu dem Real Estate-Projekt, das Dubai wieder weltweit in die Schlagzeilen brachte. Die Planer sind namentlich nicht bekannt. Eine Kultur der Autorschaft gibt es hier nicht, auch nicht in der Architektur – bisher wenigstens nicht. Die Hauptüberlegung war, den knappen Strand von Dubai zu verlängern. Die bestehenden 75 km Küstenlinie werden durch die Palm Jumeirah, die erste der drei Palmen, verdoppelt – alle Nakheel-Projekte zusammen werden rund 1.000 Strandkilometer neu erzeugen.

HW: Das läuft hier so: Es gibt genügend Geld, es gibt eine ausreichende Menge an Grundstücken. Dann wird überlegt, was man damit machen kann – wie man die Stadt weiterdenken, programmatisch oder funktional verdichten kann. Man beauftragt internationale Consultants, die Ideen liefern und Masterpläne entwickeln. Manchmal werden Wettbewerbe ausgeschrieben, für die Dubai Waterfront etwa gab es einen internationalen Workshop, an dem beispielsweise das holländische Büro MVRDV und viele andere internationale Büros teilgenommen haben. Was dann entsteht, hat damit nur noch im Ansatz zu tun. Das Herz der *Waterfront* baut zum Beispiel nun Rem Koolhaas an einer Stelle, an der zuvor ein solcher städtebaulicher Schwerpunkt nicht vorgesehen war. Das Wichtigste in diesen Planungsphasen ist, einen Rahmen von möglichst hoher Flexibilität zu entwickeln. Ein anschauliches Beispiel dafür ist die *Business Bay*, der Bereich, der den Burj Dubai (Entwurf: Skidmore, Owings & Merrill, SOM) umgibt – ein Projekt der Dubai Properties. Die *Business Bay* wurde mit einem schwarzen Plakat propagiert: neben der Skyline von New York nur die Zeile *Business Bay*: Türme in der Nacht, ein Lichtermeer. Ein zweites Bild zeigte das Projekt aus der Vogelperspektive: ein Kranz aus Hochhäusern – Idealtypen, alle in bester Wasserlage. Monatelang waren die mit dem Wort *Business Bay* propagierten *Bilder* das einzige, was man mit dem neuen Planungsgebiet verbinden konnte. Weitere Informationen wurden Monat für Monat nachgeliefert. Wenn man sich dann aber den Masterplan und das riesige Modell anschaut, dann hat das längst nicht mehr den Charme der ursprünglich propagierten Bilder. Mit anderen Worten: Man ist zunächst leicht ernüchtert – andererseits aber auch interessiert, weil der ganze Prozeß ja genau diesem Prinzip folgt: Man entwickelt eine Idee, produziert Bilder und startet das Marketing. Die meisten Developer hier haben für das Marketing Millionenbudgets zur Verfügung. Später erst entsteht ein Grundstücksplan, damit man verkaufen kann. Das geht sehr, sehr schnell, innerhalb von Stunden sind viele Grundstücke verkauft. *Stadt* – oder zunächst wenigstens ein Bild von Stadt – entsteht erst durch diejenigen, die dann die Grundstücke bebauen. Wenn jemand mehrere nebeneinander liegende Grundstücke erwirbt und die mögliche Baumasse zusammenzieht, dann hat das selbstverständlich Auswirkungen für den gesamten Kontext, was den Masterplan entsprechend ändert. Diese Flexibilität des Masterplans ist ganz wichtig. Die als zentrale Figur der *Business Bay* von Zaha Hadid geplanten *Dancing Towers* gab es am Anfang gar nicht – nun wird sogar überlegt, die Börse von Dubai in den Sockel der Towers zu verlegen, um den Ort zu stärken und eng mit dem gesamten Business-Distrikt zu verbinden.

DW: Rem Koolhaas' ursprünglicher Beitrag für den internen Wettbewerb um diese zentrale Stelle der *Business Bay* war eine 300 m hohe, sich drehende Scheibe, die sich dem Höchststand der Sonne jeweils mit ihrer Schmalseite zuwandte – das Projekt, das nun realisiert wird, ist vergleichsweise atypisch innerhalb der ‚Turmszene' von Dubai. Hadids *Dancing Towers* sind hier die zentrale Figur: drei 350 bis 400 m hohe Türme, die sich dynamisch aneinanderzulehnen scheinen.

Im Business Bay Sales Center kann man die einzelnen Objekte beziehungsweise das Modell des ganzen Gebiets sehen. Diese Sales Centers mit ihren Modellpräsentationen gibt es übrigens erst seit wenigen Jahren. Anders gesagt, die Planungsperspektiven sind erst seit dieser Zeit öffentlich zugänglich. Ein vollständiges Stadtmodell gab es bislang noch nicht. Auf der alljährlichen Ausstellung *Cityscape* hat der Projektentwickler Nakheel zum ersten Mal seine Bauvorhaben im Gesamtkontext der Stadt präsentiert, zusammen mit den wichtigsten Projekten anderer Projektentwickler, in einem riesigen Modell von der Größe eines Volleyballfeldes. Die von Nakheel vorgelegte Karte ist am besten geeignet, die Stadt zu verstehen und zu erklären. Aber einen Gesamtplan von der Dubai-Planungsabteilung, der alle Entwicklungen im Kontext zeigt, gibt es noch nicht.

Hat die Stadt die Absicht, hierzu die Initiative zu ergreifen? Gibt es eine Planungsbehörde, die die Übersicht über die gesamten Entwicklungen hat und alle Projekte koordiniert?

HW: Jedenfalls nicht so, wie wir das von Europa her kennen. Die Behörde hat eher den Charakter einer Regionalplanungsbehörde. Es gibt ein *Central Information System*, einen Plan, der sich eher mit dem deutschen Flächennutzungsplan vergleichen ließe. Der Plan zeigt, wo sich Entwicklungsgebiete befinden, etwa die *Business Bay*, das *Arabian Village*, die *Industrial Area* und andere Gebiete.

DW: Oder man entdeckt auf einem solchen Plan große, gelb angelegte Flächen mit dem Eintrag „Future Development". Man darf schließlich nicht vergessen, daß der Plan 75 km Länge abbilden muß ... Und diese „Future Development"-Fläche wird nun auch komplett bebaut. Hier wird Dubais erster „grüner" Städtebau entstehen: die „Mohamed bin Rashid Gardens" – ein Projekt, das alles Dagewesene in den Schatten stellen wird: 72 km², davon 70 Prozent Grün – wir reden hier also nicht mehr von Parks, sondern von künstlichen Landschaften ...

HW: Oder nehmen Sie den *Arabian Channel*, ein 70 km langer neuer künstlicher Kanal.

Was verbindet er womit?

HW: Zugespitzt: nichts mit nichts. Es geht einfach darum, eine neue Attraktion zu schaffen. Entlang des Kanals werden sich wieder Großprojekte aufreihen, etwa der weltweit größte Flughafen. Die überraschendste Nachricht 2007 war – man glaubt es kaum –, daß Dubai nicht das Wasser, sondern der Sand ausgehe. Für die Inselaufschüttungen benötigt man Meeressand. Das Hoheitsgebiet Dubais gibt die benötigten Sandmengen aber nicht mehr her – wir müssen heute schon in Bodengutachten die „Inseltauglichkeit" des Sandes feststellen. Der Aushub muß zunächst vor Ort gelagert werden, wird geprüft und wenn er für tauglich befunden wird, zu den Palmprojekten gebracht. So könnte man den *Arabian Channel* auch in diesem Zusammenhang sehen – das ist aber grobe Spekulation. Mit den Inseln schafft man mannigfaltige *new locations*. Mit der Verlängerung des Creek durch die *Business Bay* hindurch und wieder zurück zum Meer baut man eine weitere Insel, diesmal zu Land – man baut sich sozusagen sein eigenes Manhattan, endlich ein klares Stadtzentrum.

DW: Hier geschieht alles gleichzeitig. Wir sehen ja auch städtebauliche Fehlplanungen, etwa wie die Metro geführt wird oder die Straßenführung hinter der *Sheikh Zayed Road*[2], wo das große Entwicklungsgebiet der Business Bay mit dem Burj Dubai als Zentrum liegt. Der Verkehr auf dieser Straße mit ihren 10 bis 14 Spuren führt jeden Tag zu Staus. Bei der *Business Bay* sieht man deutlich, daß die Straßen das von einem anderen Projektentwickler betreute Nachbargebiet buchstäblich abschneiden. Das kommt eben dabei heraus, wenn jeder nur sein Teilgebiet, sein eigenes Projekt im Blick hat. Die Verkehrsplanung in Dubai folgt im Prinzip den Mustern des Städtebaus der sechziger Jahre – der autogerechten Stadt. Ein Stadtgefüge nach europäischen Vorstellungen wird hier so nicht entstehen.

Wer steht hinter den Planungen?

HW: Die Dubai Municipality, also das Rathaus von Dubai. Jetzt aber wird es richtig kompliziert. Da sind zunächst einmal die großen Projektentwickler, die hier in den letzten Jahren das Sagen hatten: Nakheel, Dubai Holding und schließlich Emaar, eine halbstaatliche, bereits börsennotierte Gesellschaft. Auch hier hat der Staat die Mehrheit. Emaar ist inzwischen einer der größten Projektentwickler und übrigens auch Projektexporteure – weltweit. Rem Koolhaas hat ausgerechnet, daß die Firma nach weiteren fünfzehn Jahren gleichbleibender Aktivität 1,2 Milliarden Menschen beherbergen wird, also rund 20 Prozent der aktuellen Weltbevölkerung. An zweiter Stelle rangiert die Dubai Holding, Dachorganisation einer größeren Zahl von Projektentwicklern wie Dubai Properties, Sama Dubai und anderen, ebenfalls alles halbstaatliche Einrichtungen.

Ein interessantes Beispiel für den Aufstieg eines privaten Projektentwicklers ist Mehdi Amjad, einer der größten IT-Distributoren im Mittleren Osten. Dieser realisiert seit kurzem auch Architekturprojekte. Seine Firma Omniyat Properties (Omniyat = Wünsche) hat Millionen ins Marketing investiert, hat sich den Marketing-Direktor von BMW hier aus der Region geholt und es innerhalb weniger Monate geschafft, sich mit einem *Brand* und einem *Image* am Markt als zukunfts- und hightechorientiert zu etablieren. Sie realisiert hier in Dubai die coolsten Hochhäuser mit Architekten wie Zaha Hadid, Norman Foster und anderen.

DW: Erwähnt werden müssen auch die *Free Zones*, Erfolgsprojekte ersten Ranges. Diese *Freihandelszonen* sind hier das städtebauliche Instrument par excellence. Sie haben sich in kurzer Zeit vervielfacht. Sie sind über die ganze Stadt verteilt und thematisch spezifiziert: *Dubai Internet City*, *Dubai Knowledge Village*, *Dubai Media City*, *Silicon Oasis*, *Dubai Airport Free Zone* und andere mehr. Alle diese Gebiete sprechen bestimmte Geschäftsbereiche an, man bezahlt entsprechend hohe Mieten, erhält den besten Service – und hat hundert Prozent Ownership garantiert, da hier der Staat der „Sponsor" ist.

HW: In Dubai geht es ja immer um den wirtschaftlichen Rahmen. Man muß Firmen die Möglichkeit geben, hier zu investieren, den Standort Dubai zu stärken, das heißt, Aufträge und Jobs nach Dubai zu holen. Bisher galt, Dubai sei nicht interessant für das, was es ist, sondern dafür, wer sich dort trifft. Genau das aber muß sich ändern, wenn man hier wirklich Stadt entstehen lassen möchte. Ein Beispiel: Nach arabischem Gesetz dürfen Ausländer hier keine Bankgeschäfte tätigen. Eine deutsche Bank kann sich hier also nicht einfach niederlassen. Sie kann dies aber in der Freihandelszone tun. Das ist kein exterritorialer, eingezäunter Bezirk, sondern eine

‚Insel' mit besonderem Recht, mit außerordentlichen steuerlichen Vorzügen, sprich Steuerfreiheit. Innerhalb einer Freihandelszone gelten andere Gesetze. Innerhalb der *Financial Free Zone*, dem *Dubai International Financial Centre*, sind auch Ausländern, die sich hier niederlassen, Bankgeschäfte möglich, aber nur innerhalb dieser Zone und selbstverständlich nur internationale Geschäfte. Die Deutsche Bank etwa bedient von dieser Freihandelszone aus die gesamte Region, als eigene Körperschaft. In Dubai aber darf sie keine Filiale eröffnen.

Dann könnten Sie also in Dubai kein Konto bei einer deutschen Bank eröffnen?

HW: Nein, das geht nicht. In der *Free Zone* sind nur Investmentbanker tätig – die Deutsche Bank hat hier mit zwei Mitarbeitern angefangen – jetzt sind es über 100, von denen die meisten aus London abgezogen wurden. Am Ende ist es oft Europa, das an Dubai verliert.
Als weiteres Beispiel einer Freihandelszone nenne ich die *Welfare City*. Dubai hat große Lagerhallen gebaut und stellt diese internationalen Hilfsorganisationen umsonst oder für einen Spottpreis zur Verfügung, die davon natürlich dankbar Gebrauch machen. Über die Infrastruktur des Flughafens erreicht man in sechs Stunden 80 Prozent der Krisenherde der Welt. Dadurch haben die Organisationen hier ihre regionalen und überregionalen Zentren, sie haben hier ihre Mitarbeiter, ihre Büros, halten hier ihre Konferenzen ab, die Konferenzen füllen die Hotels – das ist die Businessidee Dubai.
Oder die *Healthcare City*. Ein Problem in Dubai ist noch immer die ärztliche Versorgung. Kürzlich gab es in Abu Dhabi einen Kongreß, den Scheich Mohammed dazu benutzt hat, den Finger in einige der Wunden zu legen, die mit seiner Vision, dem *Strategischen Plan 2015*[3], geheilt werden müssen – wie beispielsweise Bildung und Gesundheitswesen. Die *Healthcare City* soll den großen Krankenhäusern der Welt die Möglichkeit bieten, nach Dubai zu kommen. Die Heidelberger Herzkliniken etwa werden hier ein Zentrum einrichten. Ihre arabischen Kunden müssen nicht mehr für jede Vor- oder Nachuntersuchung nach Deutschland fliegen, sie fliegen dann nur noch – wenn überhaupt – für die eigentliche Operation. Man könnte sich natürlich auch, wie das andere Unternehmen bisher tun, mit einem *Local* zusammentun und ein Krankenhaus in Dubai eröffnen, nur wäre man dann in seinen Entscheidungen nicht frei und es gäbe Kon-

flikte mit der Wertschöpfung, wenn der eigentliche teure, aber lukrative Eingriff in Deutschland passiert.

Nun könnte man sagen: Das ist ja eine Städtebauvorstellung vom Anfang des letzten Jahrhunderts: Funktionstrennung – hier Wohnen, da Arbeiten, hier Internet, da Medien, hier *Knowledge*, da *Healthcare* und so weiter. Das produziert natürlich einen unglaublichen Verkehr. Das Problem ist erkannt – inzwischen mischt man, Beispiel *Motor City*. Dort gibt es den Formel-1-Park, die Rennstrecke. Dort wollen vielleicht die großen Autofirmen bauen, aber es gibt eben auch Business, Schulen, Moscheen, Wohnbereiche und so weiter.

Globalisierung heißt ja nicht nur Globalisierung des Warenhandels und der Finanzströme. Mit der Globalisierung und dem damit verbundenen Entwicklungsschub importiert man auch soziale und ökonomische Fragen – und Widersprüche.

HW: Genau das macht Dubai aus: Hier leben Menschen aus 180 Staaten friedlich neben- und miteinander. Es ist wirklich faszinierend zu sehen, wie gut das funktioniert. Beim Städtebau wie in der Wirtschaft – man denkt hier nicht alles ganz durch, bevor man handelt, also man bedenkt oft nicht alle möglichen Folgen bestimmter Entscheidungen. Diese Haltung läßt sich etwa so beschreiben: Wenn ungefähr 70 bis 80 Prozent dessen, was zur Zeit kontrollierbar ist, strukturell, rechtlich und wirtschaftlich durchdacht ist, dann beginnt die Realisierung. Probleme werden gelöst, sobald sie erkannt werden – und erst dann werden Lösungswege gefunden. Ein anschauliches Beispiel ist die *Sheikh Zayed Road*, die Hauptschlagader der Stadt. Die funktioniert so ein bißchen als ‚Boulevard Autobahn': auf der einen Seite dieser Rennstrecke liegen Geschäftshäuser, Autovertretungen, Einrichtungsgeschäfte und anderes mehr. Genau auf dieser Seite entsteht aber jetzt eine Hochbahn – und jetzt erst sieht man, daß diese Verkehrs-Infrastruktur die Gebäude mit ihren Schaufenstern komplett verdeckt. Von der Werbung an den Häusern sieht man von der Straße aus nichts mehr, vor allem weil die Häuser in bestimmten Abschnitten so niedrig gebaut sind. Daraufhin ist für diesen Bereich sofort das Baurecht geändert worden. Auf neuen Grundstücken kann man jetzt drei Etagen höher bauen, so daß man wieder einen Bezug zur Straße bekommt und nicht nur zur Hochbahn.

Gibt es in Dubai ein Baugesetz?

HW: Es gibt ein ziemlich strenges Baugesetz, in den Durchführungsbestimmungen ist es strenger als das deutsche. Es ist nicht so definiert wie dort, es gibt kein dickes Buch mit unzähligen Paragraphen und Durchführungsverordnungen, nur ein recht kompaktes kurzes Baurecht. Dieses ist nur in arabischer Sprache zu haben, dazu self-made-Übersetzungen ins Englische, die alle wesentlichen Punkte enthalten. In rundbriefähnlichen Aktualisierungen werden unregelmäßig neue Festlegungen des Rathauses veröffentlicht.

Was regelt das Gesetz im einzelnen?

HW: Bebaubarkeit, Bruttogeschoßflächen, Bebauungshöhen, Abstandsregeln, Parkplatznachweise je nach Nutzungsart und Nutzungsflächen. Das Problem in Dubai ist allerdings, daß jede *Free Zone* ihre eigene Verwaltung hat. Die stellt beispielsweise Lizenzen aus für Firmen, Visa für dort lebende Mitarbeiter, sie erteilt schließlich auch die Baugenehmigungen. Einige *Freihandelszonen* haben inzwischen eigene Baubehörden, bei denen man Projekte einreichen muß. Andere nehmen lediglich die Vorprüfung vor und verweisen nach der Genehmigung eines Projekts ans Rathaus in Dubai. Unterm Strich gibt es hier inzwischen vielleicht etwa zehn verschiedene Baurechte. Und so haben in großen Architekturbüros zwischen zwei und fünf Mitarbeiter nichts anderes zu tun, als auf der Basis ihres Spezialwissens die Abstimmung mit den Behörden zu organisieren.

Gibt es einen veritablen Bebauungsplan für Dubai?

HW: Den gibt es. Die Behörden geben einem für jedes einzelne Grundstück einen Katasterauszug mit Angaben über die zugelassene Nutzung und Ausnutzung.

DW: Der jeweilige Projektentwickler formuliert dann erst seine Gestaltungsvorgaben. So kann es etwa passieren, daß wir einen modernen Bau entwickeln und später erst mit den Gestaltungsregeln des Projektentwicklers konfrontiert werden. Da geht es dann etwa um *Heritage*, also um den sogenannten arabischen Stil, der einem Projekt später appliziert werden muß.

Wie steht es in Dubai mit der Ausbildung von Architekten?

HW: Es gibt Universitäten in Sharjah, Dubai und in Abu Dhabi. Sharjah hat die beste Architekturfakultät des Landes, unter den Lehrenden sind auch einige ausländische Professoren. Ein Emirati, der etwas auf sich hält, schickt allerdings seinen Sohn oder seine Tochter zum Studium nach England oder in die Vereinigten Staaten. Aber die Bildungsoffensive des Scheichs zeigt inzwischen Wirkung. So gibt es hier bereits Ableger von Cambridge und anderen Universitäten des westlichen Auslands. Man kann hier inzwischen auch seinen Master machen.
Seit April 2007 gibt es hier eine Architektenvereinigung, die AAUAE – *Architectural Association of the UAE*[4]. Sie befindet sich noch in der Gründungsphase. Die Innenarchitekten (Interior Designer) haben als erste begonnen, sich zu organisieren, Architekten haben dann nachgezogen. Ihr Verband ist recht aktiv, alle zwei Monate gibt es Veranstaltungen, Lesungen, Vorträge. Die Aktivitäten des Verbandes ebenso wie des International Design Forum zeigen, was hier entsteht. Architekturdiskussionen gibt es hier bislang aber nicht. Keine Diskussionsforen, keine Architekturgalerie, keine Architekturbuchhandlung. Mit einem Wort: Uns fehlen die Drogen. Natürlich gibt es in Dubai Buchhandlungen in den Shopping Malls. Da werden diese großformatigen coffee-table books angeboten ... Wir waren kürzlich in Tokio und haben dort einen ganzen Nachmittag lang nur in Buchhandlungen zugebracht. Was hier in Dubai fehlt, müssen wir sehr wahrscheinlich selber aufbauen. Wir träumen davon, so etwas hier zu eröffnen. Es mangelt auch an einigen Arbeitsmaterialien. Wahrscheinlich sind wir die einzigen in Dubai, die einen *Styrocutter* haben, daß ist diese Heißdrahtmodellbaumaschine, mitgebracht natürlich. Selbst Skizzenrollen müssen wir importieren. Wir sind eben die letzte Generation, die noch mit dem Rapidographen ‚tätowiert' ist.

Gegenüberliegende Seite: Blick vom Hotel ‚The Atlantis' auf The Palm Jumeirah. Im Hintergrund: Dubai Marina. Foto: Heiko Schmid, 2009

Welche Rolle spielen in Dubai die Stars der internationalen Architekturszene?

DW: Die sind hier inzwischen angekommen. Als ich vor einigen Jahren nach Dubai kam, gab es weder größere Baustellen noch Projekte internationaler Stararchitekten. Ein Jahr darauf waren sie alle da: Norman Foster, Zaha Hadid, SOM, Frank Gehry und viele andere.

HW: Auch die deutschen „Stars" kommen langsam. GMP hat sich zwar von seinen Stadienbauten zurückgezogen, als klar wurde, daß die Ausführungsplanung in China gemacht werden wird – das Ergebnis ist übrigens wirklich mäßig. BRT ist noch da und baut seinen vierten Tower, Schweger und Partner hat mit Dubai Pearl gerade einen großen Erfolg hingelegt, Henn und Partner Achitekten haben gerade eine Lizenz bekommen ...

DW: In Wirklichkeit gibt es aber nur eine Handvoll wirklich lizenzierte und bauvorlageberechtigte deutsche Büros in Dubai. Außer unserem Büro sind das meines Wissens nur noch Planquadrat aus Darmstadt, Niklas Kiefer aus Stuttgart, Kling Consult und Henn aus München.

Wo und wie leben die Arbeitsmigranten in Dubai?

DW: In sogenannten *Labor Camps*. Diese Camps werden von den Baufirmen eingerichtet. Die Arbeiter werden morgens mit Firmenbussen zu den Großbaustellen gebracht, und abends fahren sie wieder zurück in die Camps. Ihre Arbeitsverträge schließen eine geregelte Unterkunft und Grundversorgung ein. Ein Arbeiter verdient 800 bis 1.000 Dirham monatlich[5], für uns erschreckend wenig. Wenn man bedenkt, was man mit dem Geld hier machen kann ...

HW: Man könnte das als nackte Ausbeutung bezeichnen. Man könnte von Arbeitssklaven reden, die in Camps, also Lagern, gehalten werden, im Schnitt sechs Männer in einem Raum. Sie leben getrennt von ihren Familien, das ist die Bedingung. Die Arbeitsverträge schließen einen kostenlosen Hin- und Rückflug in ihre Heimatländer ein. Man kann es aber auch ganz anders sehen: Die Arbeiter leben hier oft unter besseren Lebensbedingungen als in ihren Heimatländern, Indien, Nepal, Pakistan. Richtig, sie arbeiten hier im Billiglohnsektor, können aber von ihrem Geld so viel Geld nach Hause schicken, daß sie damit ihre Familien ernähren können. Und dafür nehmen sie viel in Kauf.

DW: Eine Zahl zum Vergleich: In Südindien verdiene ein Lehrer, heißt es, 70 US-Dollar im Monat. Ein einfacher indischer Arbeiter verdient hier das Drei- bis Vierfache.

HW: Ich komme noch einmal auf die unterschiedlichen Einschätzungen zurück. Muß man wirklich von Arbeitssklaven sprechen? Wie sehen beziehungsweise beurteilen die Arbeitsmigranten die hiesigen Arbeitsbedingungen? Und wie sehen beziehungsweise beurteilen wir sie? Natürlich bin ich immer wieder entsetzt, wenn ich die Busse sehe, die im Sommer bei 40 bis 50 Grad ohne Klimaanlage durch die Stadt fahren. Bis ich mir sage: Die Leute arbeiten unter diesen Temperaturen auf den Baustellen. In klimatisierten Bussen würden sie sofort krank. Alles hat seine zwei Seiten, man sollte nicht zu vorschnell urteilen.

DW: Ich nehme immer wieder mal Arbeiter im Auto mit, einfach um mit ihnen zu reden. Mein Eindruck ist, daß es vielen gut geht, daß sie stolz sind, in Dubai zu sein, hier arbeiten und ihre Familien zu Hause ernähren können. Aber natürlich schimpfen auch viele über die Business-Welt und sehnen sich nach Hause zurück.

Gibt es die Möglichkeit des Familiennachzugs?

HW: Das ist nur möglich ab einer bestimmten Gehaltshöhe. Im Klartext: nicht für Arbeitsmigranten. Die Grenze liegt bei weit über 1.000 Euro monatlich. Der Nachzug der Familie ist einfach geregelt. Jeder braucht einen ‚Sponsor', eine Person, die gegenüber den Behörden für einen die Verantwortung übernimmt, die Firma in der Regel. Man kann es positiv oder negativ sehen – Abhängigkeit oder Fürsorge. Bei meiner Familie bin ich der Sponsor. Das heißt, meine Familie beziehungsweise ihre Aufenthaltsmöglichkeit hängt von mir ab. Wenn ich meinen Job verliere, dann verliere ich mein Visum und damit zugleich mein Familienvisum.

Welche Rechte haben Ausländer in Dubai?

HW: Es ist interessant zu sehen, wie sich die Gesetzgebung der schnellen Entwicklung nach und nach anpaßt. Das Arbeitsgesetz aber folgt noch immer dem alten Schema: Man hat einen Job anzubieten, holt jemanden aus dem Ausland, der den Job macht – und wenn die Sache vorbei ist, dann geht der wieder. Erst langsam ändern sich hier die rechtlichen Möglichkeiten der Arbeitnehmer. Nach westlichen demokratischen Vorstellungen haben wir hier in der Tat noch praktisch eingeschränkte Rechte. Jeder, heißt es hier, habe alle Möglichkeiten, jeder sei willkommen. So ist es ganz einfach, in Dubai wirtschaftlich tätig zu werden – prinzipiell. Aber der Teufel steckt wie immer im Detail.
Dubai kann man auch als eines der aufregendsten Experimente der Globalisierung sehen. Hier leben Angehörige vieler Nationen, jeder mit seinem spezifischen sozialen und kulturellen Hintergrund, das zeigt sich im Alltag: In den Firmen gibt es die unterschiedlichsten Gehaltstrukturen je nach Nationalität der Mitarbeiter. Drei Mitarbeiter, die dieselbe Arbeit machen, bekommen ganz unterschiedliche Gehälter, die Gehaltsunterschiede sind massiv. Eine Praxis, die übrigens zunehmend weniger akzeptiert wird. Diese Gehaltsunterschiede schaffen notwendigerweise unterschiedliche Realitäten: Ich verdiene wahrscheinlich vierzigmal mehr als der am schlechtesten bezahlte Angestellte des Büros. Wenn er jedoch seine Arbeit fünf Jahre lang gut macht, dann hat er inzwischen für seine Familie in Indien ein Haus gebaut und damit entscheidend zur Existenzgrundlage seiner Familie beigetragen. Wenn ich meine Arbeit hier fünf Jahre mache, dann kann ich vielleicht nördlich von Berlin ein Grundstück anzahlen, um irgendwann dann mal mit einem Wohnwagen draufzuziehen ...
Es gibt außerhalb der *Free Zones* nur nationale Firmen in Dubai, der Mehrheitsanteilhaber ist immer – das ist generell so – ein *Local* mit mindestens 51 Prozent Kontrolle. Das muß man letztlich verstehen: Heute machen die Locals weniger als 10, vielleicht nur 8 Prozent der Gesamtbevölkerung aus.
Die Frage heißt hier: Wie kann man die eigene Tradition, die eigene Kultur erhalten? Ein Freund von uns, ein Emirati, sagt, für ihn sei es eine Herausforderung, seine Kinder im Sinne der einheimischen Kultur zu erziehen – Kinder, die in den Vereinigten Staaten zur Welt gekommen sind, besser Englisch als Arabisch sprechen, im Ausland zur Schule gehen und dort mit ganz anderen Moral- und Wertvorstellungen konfrontiert werden. Einerseits versuchen die Emiratis, die eigene Identität zu erhalten, andererseits

If 25 years ago urban plans were still produced to cater to an actual demographic necessity – a more or less delayed response to a more or less urgent need –, today urban plans are designed to attract the very population they are planning for. […] The consequences of this shift have largely left the profession of urbanism in limbo. It is as though the ethic of thorough analysis and accurate planning has become worthless overnight. In its place have come advertisement slogans and marketability analysis. Renderings precede plans, the sale of land precedes the planning of infrastructure, the image precedes the substance …

A shocking account of events around a recent urban development: apparently the sale of plots had preceded the planning of utilities and amenities. By the time the need was identified, the sale of land had already been completed. The result: a community of 200.000 people without schools, fire stations, electricity or even a single mosque. The money involved in buying back enough land to accomodate the amenities allegedly consumed the entire profit of the development. Who said the free market was a self-regulating intelligence system?

Reinier de Graaf, A year in the Gulf.
Excerpt from a diary

For architecture, The Gulf represents, simultaneously, the apotheosis and the ultimate democratization of the icon. The collapse of a whole series of earlier legitimizations of architecture – function, efficiency, organization, originality: all exiled to the realm of the big yawn – creates a titanic struggle on an infinitely reduced battlefield. The ubiquity of extravagance creates fewer and fewer opportunities for distinction; it will therefore erase the distinctions between the first, second and third rate … The winner will be the one who walks away from this battle first …   RK

As quickly as this stage [The Gulf] has been set, two-desk architecture firms have transformed into regional agglomerates in less than a decade. But they still do not register on architecture's radar. Sometimes more than 15.000 architects, they have stretched their bounds to attempt to satiate the unsatiable. While 'world-class' architects focus on the jewel, their more robust counterparts design rows of towers, as similar or as different from the others as the client pleases.   AMO zu akzeptieren, was in diesem Land passiert. Also man will die Fäden in der Hand behalten ...

DW: Zugespitzt heißt die Frage: Was wird aus Dubai? Wir sind hier Zeugen einer großen Dynamik. Die Möglichkeit, in Dubai Eigentum zu erwerben, gibt es erst seit 2002. Die erste Palme in Jumeirah bot Ausländern erstmals die Chance, in Dubai Wohneigentum zu erwerben. Genau das ist es, was den Dubai-Boom so anfeuert. Viele der aus über 70 Ländern stammenden Käufer – in erster Linie Engländer, Saudis und Russen – haben in den letzten Jahren mit dem Weiterverkauf von Immobilien unglaublich viel Geld gemacht, einfach weil sich die Preise fast verzehnfacht haben. Man behält ein Grundstück ein halbes Jahr und erhält beim Verkauf sofort das Doppelte. Und diese Kette geht immer weiter. Viele Ausländer besitzen hier Eigentum und haben zum Teil hoch investiert. Es ist nur eine Frage der Zeit, daß irgendwann Bürgerrechte eingefordert werden, wenigstens von denen, die hier ihren Lebensmittelpunkt haben.

Unter welchen Bedingungen kann man denn in Dubai Eigentum erwerben?

DW: Das kann man nicht überall, sondern nur in sogenannten *Freehold Zones*. Nur in solchen Gebieten kann man als Nichteinheimischer Baugrund kaufen. Beispiele: *Dubai Waterfront, Emirate Hills, Marina, Dubailand, Arabian Ranches,* und es kommen weitere, als Themenquartiere konzipierte Entwicklungsgebiete hinzu. Interessanterweise werden gerade jetzt die rechtlichen Rahmenbedingungen weiter gestärkt: Ein Grundbuch gibt es erst seit einem Jahr, nun kommen klare Regeln zu Finanzierungen und Investitionen hinzu, die eine ‚wilde', unkontrollierte Spekulation unterbinden oder zumindest einschränken sollen.

HW: Interessant ist, daß man hier grundsätzlich ein Stück Land nicht *besitzen* kann. Diese Idee wäre hier so absurd wie die Vorstellung bei uns, daß wir die Luft über unserem Grundstück besitzen. Man kauft hier ein Objekt und hat dann das Nutzungsrecht. Diese Haltung kommt vielleicht aus der Beduinentradition, wo man seine claims genau verteilt, dann aber wieder weiterzieht.

Zur Gesamtperspektive von Dubai. Anfang Januar 2008 sagte Scheich Al Maktoum, der Non-Oil-Sektor belaufe sich inzwischen auf 97 Prozent des Bruttoinlandprodukts. Auf welche Zweige, außer auf den Tourismussektor, stützt sich die Wirtschaft des Landes?

HW: Das Thema Öl gehört im Prinzip der Vergangenheit an. Die Maktoum-Familie hat seit langem erkannt, daß sie sich um die Zeit nach dem Öl kümmern muß. Was Sie hier in Dubai sehen, legt von dieser Einsicht anschaulich Zeugnis ab.

DW: Der Tourismus umfaßt etwa 12 Prozent der Wirtschaft. Seit 1997 steuert das *Department of Tourismus & Commerce Marketing* die weltweite Werbung für das Ferienziel Dubai. Beim Thema Luxushotels besetzt Dubai im internationalen Ranking einen der ersten Plätze. Der Bausektor ist mit etwa 30 Prozent ein riesiger Wirtschaftszweig – was aber, wenn die Arbeit irgendwann getan ist, weil die Gebäude stehen? Wenn die Arbeiter nach Hause gehen, auch wir Architekten?

HW: Wenn man heute von 4 Millionen Einwohnern spricht, dann ja nicht nur von einer bloßen Zahl, sondern von einer funktionierenden Infrastruktur: von Handwerkern, vom Mittelstand, von verschiedenen Kulturen, Schulen, Kindergärten, Galerien, also von städtischem Leben. Was ist die wirtschaftliche Grundlage von Dubai? Die Frage ist ganz einfach zu beantworten: der Flughafen und der Freihafen, beides Riesenunternehmungen, die beiden genialen Schachzüge der Herrscherfamilie. Und natürlich der Immobilien- und der Finanzsektor.
Angefangen hat diese enorme Entwicklung mit der Gründung der Vereinigten Arabischen Emirate im August 1971. Deira und Bur Dubai waren ja ursprünglich zwei Fischerdörfer am Creek, das eine eher wirtschaftlich, das andere eher repräsentativ. Der Creek ist ein Naturhafen, Dubai war sozusagen der Hafen von Sharjah. Hier hat sich der gesamte Handel abgespielt. Dann sind die Werder am Creek zugeschüttet worden, um die Kaianlagen zu bauen. Auf der anderen Seite, in Bur Dubai, stehen heute die wieder aufgebauten Paläste, in denen die Herrscherfamilien lebten. Später wurde der Hafen angelegt, dann der noch größere Freihafen in Jebel Ali, inzwischen einer der größten Frachthäfen der Welt. Man kann dort Waren umschlagen und innerhalb der *Freihandelszone* handeln – zollfrei. Wenn Sie aber beliebige Waren von dort nach Dubai

bringen, müssen Sie Einfuhrzoll bezahlen. Dubai ist inzwischen Nummer eins im internationalen Warenumschlag zwischen Asien, Afrika und Europa. Der Hafen boomt.

DW: Die geographische Lage ist in der Tat perfekt. Dubai schließt die Lücke zwischen New York, London, Hong Kong und Tokio. Im weltweiten Finanz- und Warenumlauf liegt Dubai strategisch genau an der richtigen Stelle.

HW: Hier muß auch die Bedeutung der von der Regierung 1985 ins Leben gerufenen Fluggesellschaft *Emirates* erwähnt werden. *Emirates* gehört heute weltweit zu den größten Fluggesellschaften, inzwischen fliegt sie allein vier Ziele in Deutschland an, Berlin und Stuttgart gehören nicht dazu, dort hat die Lufthansa das Sagen. Dubai ist ein Durchgangs-Carrier par excellence. Man kommt auch nach Dubai, um umzusteigen. Jedes Passagierflugzeug hat einen Anteil von 20 bis 30 Prozent Luftfracht. *Emirates* hat vor kurzen eine direkte Fluglinie nach Südamerika aufgenommen. Schon jetzt ist absehbar, daß 20 Prozent der Luftfracht nach Asien nun über Dubai statt über Frankfurt abgewickelt wird.
Die Ende der neunziger Jahre eingerichtete *Dubai Airport Free Zone* nutzt die direkte Nähe zum Flughafen. Und der in Planung befindliche neue Flughafen *Maktoum International* wird über einen Viadukt direkt mit dem Freihafen Jebel Ali verbunden sein.

DW: Man wird Hochseecontainer innerhalb von vierzig Minuten vom Schiff ins Cargo-Flugzeug bringen können. *Emirates* bedient übrigens noch andere Bedürfnisse: Dubai ist inzwischen eine erstrangige Shopping-Destination – Shopping scheint ja inzwischen der Lebensinhalt vieler Menschen zu sein. Zwei Tage Zwischenstation in Dubai, nur um zu shoppen.

HW: Für zahlungskräftige Menschen aus Mumbai oder aus Seoul bietet Dubai ‚Einkaufserlebnisse', die man in ihren Heimatländern nirgends findet.

DW: Das 1995 erstmals veranstaltete Dubai Shopping Festival stand unter dem schönen Motto „One World. One Family. One Festival".

Veröffentlicht die Regierung ihre strategischen Planungen?

HW: Es gibt ein Buch von Sheikh Mohammed mit dem Titel *Meine Vision*, leider nur auf Arabisch. Es sei spannend, höre ich, wenn es wohl auch kaum mit Neuigkeiten überrascht.

DW: Alles, was man in Dubai sehe, sagt der Scheich, entspreche noch nicht einmal 10 Prozent seiner Vision. Zur Vision gehören 2.000 Hochhäuser. Die wesentlichen Entwicklungsstrategien sind im *Dubai Strategic Plan 2015*[3] benannt, der sich mit allen Bereichen beschäftigt und Entwicklungsprioritäten setzt.

Hat man in Dubai schon Erfahrungen mit Leerständen?

HW: Es gibt gerade die erste Bauruine. Möglicherweise ist der Investor oder die Baufirma pleite gegangen. Dort soll nun Schweger und Partner die sogenannte Dubai Pearl bauen. Der Abriß der Altbebauung hat begonnen. Zu Leerständen hört man allerdings nichts Offizielles.

DW: In *Dubai Marina* stehen sechs von Emaar realisierte Türme, teilweise leer. Hinter dem Gebiet entstehen weitere 150 bis 200, vor allem für Wohnzwecke geplante Türme, für mich so etwas wie Berlin-Marzahn am Wasser … Da fragt man sich schon, wie das bei insgesamt 500 geplanten Türmen eigentlich funktionieren soll. Mit Leerstand kann man offensichtlich viel mehr Geld verdienen als mit Vermietung.

HW: Das sozial allergrößte Problem ist, daß man mit hochbezahlter jährlicher Arbeit nur einen Bruchteil des Gewinns erwirtschaftet, den Spekulanten mit einer Wohnung oder einer Villa machen, die sie kaufen und nach einem Jahr weiterverkaufen. Das entwertet jede Arbeit auf unglaubliche Art und Weise. Wir haben einen Kollegen, der hat eine Wohnung nach zwei Jahren mit 500.000 Euro Gewinn weiterverkauft. Wie soll man da noch mit wertschaffender Arbeit argumentieren?

Kapital ist hochmobil. Die hier in Dubai das schnelle Geld machen, könnten sich irgendwann – rechtzeitig bevor die Immobilienblase platzt – entscheiden, ihre Aktivitäten anderswo fortzusetzen ...

HW: Das ist in der Tat das Risiko, das Dubai eingeht. Die Diskussion darüber, wann die Blase platzen könnte, wird hier seit zehn, zwölf Jahren geführt. Wenn man in Deutschland einen IT-Firmenpark planen möchte, würde man erst nach 50 bis 60 Prozent abgeschlossenen Mietverträgen mit der Realisierung beginnen. Aber hier ist das genau umgekehrt: Hier wird sofort gebaut. Statt Angebot durch Nachfrage – Nachfrage durch Angebot!

DW: Wir sind hier in Dubai. Worauf soll man sich verlassen? Für die nächsten Jahre kann man sich alle möglichen Szenarien vorstellen. Wir sind schon eine Art neue „Expatsgeneration" – wir kommen nicht nur für ein paar Jahre schnelles Geld, sondern gründen unseren Lebensmittelpunkt in dieser Stadt. Haben hier eine Firma gegründet – Hannes' Kinder nennen Dubai ihr „Zuhause"! Aber gegenüber liegt der Iran, Saudi-Arabien ist nebenan. Nicht weit liegt der Alptraum Irak – weltpolitisch eine hochbrisante Lage. Die kann sich jederzeit so verändern, daß man Dubai unter Umständen sehr schnell wieder verläßt.

Das Gespräch führten Elisabeth Blum und Peter Neitzke in Dubai Anfang 2008.

Anmerkungen

1 Al Manakh, hg. von Ole Bouman, Mitra Khoubrou und Rem Koolhaas, Stichting Archis, Niederlande, 2007. Der informative Band hat drei Kapitel: Dubai Guide, GulfSurvey, Global Agenda
2 Vgl. http://de.wikipedia.org/wiki/Sheikh_Zayed_Road
3 Offizieller Text, Rede von Sheik Mohammed Bin Rashid und weitere Informationen unter: http://www.dubai.ae/en.portal?topic,hm_dxbstgplan,0,&_nfpb=true&_pageLabel=misc
4 www.aauae.org
5 1.000 AED entsprechen 212,36 EUR (Anfang Februar 2009). Der VAE-Dirham (AED) ist zwar fest an den US-Dollar gebunden (Wechselkurs 1 USD = 3,674 AED), jedoch nicht an den Euro. Anfang Februar 2009 entsprach 1 EUR = 4,71 AED.

Nachbemerkungen, 23. Dezember 2008

Welche Folgen hat die derzeitige Krise für den Arbeitsalltag, die Immobilienspekulation und die Perspektiven von Architekten?

HW: Wir erleben gerade die wohl dramatischste und spannendste Phase in der Stadtentwicklung Dubais – das vorläufige Ende des Super-Booms. Alles, was noch vor vier Wochen galt – all das, was wir in unserem Gespräch vor fast einem Jahr zu erklären versucht haben –, ist vorbei, gilt nicht mehr. Allein in den letzten paar Wochen sind in Dubai mehr als 4.000 hochbezahlte, motivierte und erfahrene Architekten und Projektmanager entlassen worden. Ein Monat Kündigungsfrist – ein Monat Rest-Aufenthaltsrecht ... zum Jahresende werden viele Dubai den Rücken kehren – müssen.
Der Developer Damac ist pleite und von Dubai Properties übernommen worden, Nakheel hat hunderte Architekten entlassen, Emaar plant einen weiteren Abbau auf bis zu 50 Prozent des Personals. Die gerade begonnenen Projekte zu eigenen Schulbauten sind komplett eingestellt worden, die Abteilung ist aufgelöst. Woods Begart, auf der Cityscape noch gefeiert als der Architekt des Kilometer-Towers, hat über 100 Architekten entlassen. Alle bauen ab.
Die Baufirmen folgen. Zu gigantischen Unternehmen mit Tausenden von Mitarbeitern aufgeblasen, entlassen sie ganze Hundertschaften von Arbeitern, weil nicht genug Projekte nachkommen. Weniger Projekte heißt weniger Materialien, weniger Umsatz für die Bauzulieferungsindustrie.
Aber dennoch wird noch gebaut. Die Anmeldungen für die nächsten Baumessen sind voll und nehmen eher zu. Dubai und die VAE bleiben interessant oder werden noch interessanter, weil in anderen Teilen der Welt gar nichts mehr geht.
Der Arbeitsmarkt hat sich völlig gedreht. In meinen Sommerferien habe ich noch diverse Bewerbungsgespräche in Deutschland geführt, im Nebenbei am Flughafen, in Autoraststätten auf dem Weg von Berlin nach Düsseldorf – weil in Dubai bezahlbare Kräfte für ein Start-Up-Büro wie das unsere nicht zu begeistern waren. Jetzt ist der Arbeitsmarkt plötzlich voll, und wir können uns vor Anfragen nicht retten.
Mein altes Büro, das ich bis zum Anfang des Jahres geleitet habe – bis vor kurzem hat es keine Kündigungen akzeptiert, allen Mitarbeitern, die gekündigt haben, mit einem Arbeitsverbot gedroht, die Pässe einbehalten – man stelle sich das einmal vor, ein deutsches Büro! Nun hat es von heute

auf morgen zugemacht und alle entlassen. Alle stehen auf der Straße, die letzten Gehälter und Abfindungen können nicht bezahlt werden, für die kleinen Leute ist das eine Katastrophe. Im letzten Monat sind mehr als 50.000 Filipinos aus aller Welt nach Hause zurückgekehrt!
Für Arbeitssuchende ist es im Moment unglaublich schwer, für Leute ohne örtliche Erfahrung praktisch unmöglich. Die großen Büros bauen alle ab, da viele Großprojekte massiv abgespeckt oder komplett auf Eis gelegt werden. Das trifft die Branche extrem hart. Selbst wenn man das Glück hat, eine neue Arbeit zu finden, muß man sich auf empfindliche Gehaltseinbußen einstellen. Der Markt ist auf der einen Seite voll, und auf der anderen Seite wird es auch für die Büros schwieriger, auskömmliche Honorare durchzusetzen, da plötzlich Konkurrenz da ist. Auch mittelgroße Projekte rücken ins Visier der großen Büros. Bis vor kurzem galt noch „Unter 500 Millionen [500 Mio. Dirham = 100 Mio. Euro] fassen wir gar nichts an!" Damit ist es natürlich auch vorbei.
Wir zum Beispiel haben bisher Glück – nur ein Projekt ist auf Eis gelegt. Und es kommen neue dazu. Alle unsere Kunden sind private Bauherren, die für sich selber beziehungsweise für ihr eigenes Business bauen, wo konkrete Nutzer und Nutzungen dahinter stehen. Wir müssen noch immer Leute einstellen, vorsichtig weiterwachsen. Wir sind jetzt seit acht Monaten auf dem Markt, haben 15 Mitarbeiter und müssen in den nächsten zwei Monaten auf etwa 20 Leute wachsen. Aber wir haben eine eigene vollwertige Lizenz, eine solide Partnerschaftsstruktur, und unsere ‚Locals' stehen voll hinter uns. Wir sind zuversichtlich, daß besonders jetzt, in der Krise, unsere Vorzüge zählen. Lokale Erfahrung, Qualität und Verläßlichkeit bei der Planung und Durchführung werden jetzt um so wichtiger sein.
Bislang war in Dubai an eine vernünftige Durchplanung von Projekten nicht zu denken – keine Zeit, jede Woche zählte ... plötzlich aber hat es keiner mehr eilig mit dem Bauen. Die Baupreise sinken, alle warten ab. Es ist die Zeit fürs Planen! Darauf können wir uns im nächsten Jahr stützen – vielleicht endlich einmal eine richtige gute Planung hinlegen. Aber danach ...
Schon jetzt haben viele ihren Fokus von Dubai abgewendet. Sie konzentrieren sich nun auf Muskat, die Hauptstadt des Sultanats Oman, auf Abu Dhabi und Qatar. Die Städte, in denen noch immer täglich der Öl- beziehungsweise Gasreichtum Geld in die Staatskassen spült und so von der öffentlichen Hand weiter investiert wird. Dort gibt es noch immer einen ungebremsten Nachholbedarf.
Ich bin fest davon überzeugt, daß dieser Region genau wie dem Rest der Welt schwere Zeiten bevorstehen – am Ende aber wird man hier im Gegen-

satz zu anderen Regionen gestärkt aus der Krise herausgehen. Die jetzige Generation in Dubai ist exzellent ausgebildet, welterfahren und hervorragend vernetzt, darüber hinaus pragmatisch und sehr prinzipientreu. Sie wird weiterhin Erfolg haben.
Auf der einen Seite wird sich Dubai ‚normalisieren', der Markt wird von unzähligen Glücksrittern bereinigt. Aber Dubai wird weiter bestehen. Dubai ist im weltweiten Logistikgeflecht zu wichtig geworden – denken Sie an all seine Standortvorteile, an seine geographische Lage. Aber man wird erheblich bescheidener sein müssen. 2008 wird man hier nur noch 6 Prozent Wachstum haben – vergleichen Sie das einmal mit Deutschland.
Die Perspektiven? Nach dem, was die Welt in den letzten Wochen erlebt hat, mag man gar keine Perspektiven mehr zeichnen. Dubai und die Region werden erwachsen werden, es wird in Zukunft bewußter und solider, nachhaltiger gewirtschaftet werden, Qualität und Erfahrung werden wichtiger. Gute, engagierte Architekten werden hier weiterhin unvergleichbare Arbeitsmöglichkeiten haben. Aber für Büros, die nicht solide und legal in Dubai aufgestellt sind, wird es um so schwieriger werden, am Markt ernstgenommen zu werden. Großbüros werden extrem reduzieren müssen, aber durch ihren unglaublichen Fundus an erfahrenen Mitarbeitern ebenfalls gestärkt aus der Krise hervorgehen können. Aber die Zeiten, in denen Architekturbüros hier praktisch täglich Hochhäuser abliefern, wie andere Brötchen gebacken haben – diese Zeiten sind unwiderruflich vorbei.
In unserem Gespräch vom Januar 2008 haben Sie gewarnt: Kapital sei flüchtig. Wenn die Blase platzt, sei es schnell woanders. Nun ist die Blase geplatzt, aber in erster Linie nicht durch Fehler oder Probleme in Dubai, sondern durch eine Finanzkrise, die in den USA ihren Anfang genommen hat. Wenn man hier mit den Locals spricht, schütteln alle den Kopf.
Der Wirtschaft in Dubai geht es eigentlich gut. Die meisten Firmen haben eine solide Geschäftsgrundlage sowie etablierte und eingespielte Arbeitsstrukturen. Aber in einer Situation, in der internationale Banken in Dubai offiziell keine Kredite mehr an Mitarbeiter von Emaar vergeben ... einer Firma, von der noch vor vier Wochen Tausende von Menschen in Dubai geträumt haben, weil sie Sicherheit und Karriere versprach, einer halbstaatlichen Firma, die anscheinend unendliche Reserven hatte ... nicht mehr kreditwürdig ...
Nicht weil die Projekte schlecht sind, schlecht gemanagt werden oder übertauert sind ... die Investoren und Endnutzer gelten nicht mehr als kreditwürdig. Sie können nicht mehr kaufen, ihre Zahlungsverbindlichkeiten nicht mehr bedienen. Die Spekulation, Immobilien noch vor Fer-

tigstellung (Schlußzahlung) mit erheblichem Gewinn weiterverkauft zu haben, sie ist dahin. Weil Banken weder einander noch gar ihren Kunden mehr vertrauen, brechen am Ende die Produkte zusammen. Produkte, die man ohne Banken nicht verkaufen kann beziehungsweise kaufen würde.
Die Entwicklungsimpulse der Developer sind weg. Sie haben keine Möglichkeit mehr, aktiv zu agieren – sie können nur noch abarbeiten, was angefangen ist. Alles Neue wird hinterfragt und im Zweifelsfall zurückgestellt.
Unsere Bauherren sind verunsichert. Wie geht es weiter? Was wird noch alles kommen? Leider kann das keiner wirklich beantworten. Nun wird sich beweisen, ob Dubai es geschafft hat, groß und stark genug geworden zu sein, um eine solche Krise zu meistern.

Nadine Scharfenort

Requiem für Satwa*

Satwa, zwischen dem Stadtteil *Jumeirah* und dem südlichen Teilabschnitt der Sheikh Zayed Road mit ihrer Hochhausbebauung gelegen, ist einer der ersten, in den Frühphasen der Oil-Urbanisation Ende der 1960er und Anfang der 1970er Jahre außerhalb des Siedlungskerns erschlossenen Bezirke Dubais. Satwa wird insbesondere für sein authentisches multikulturelles Flair und sein fußgängerfreundliches Ambiente geschätzt, das allerdings durch den Bau zahlreicher Einkaufszentren weitgehend verloren gegangen ist. Vergleichbares findet sich, wenn auch nur partiell, nur noch in den ursprünglichen Siedlungskernen, in Deira und Bur Dubai. Die Geschäftsstraßen mit ihrem klassisch breit gefächerten Waren- und Dienstleistungsangebot (zur „Bazar-Kultur" vgl. Kaabour 2008) rund um die *Al Satwa Road* und die *Al Dhiyaffa Road* zählen tagsüber wie nachts zu den lebendigsten und am stärksten frequentierten Straßen Dubais. Emiratische Bewohner stellen einen größeren Teil der Bewohnerschaft. Ihnen war hier vom damaligen Herrscher Sheikh Rashid (1958–1990) Land zugesprochen worden. Angesichts der verhältnismäßig geringen Mieten, sie liegen zwischen 5.000 und 7.000 Dirham[1] (Sengupta 2008), leben und arbeiten in Satwa auch zahlreiche arabische und asiatische Gastarbeiter vom indischen Subkontinent und aus den Philippinen, ebenso wie als ‚Illegale' Geführte, die sich ohne Paß oder gültige Aufenthaltsgenehmigung in den Vereinigten Arabischen Emiraten aufhalten, Schätzungen zufolge 60 bis 70 Prozent der Bewohner Satwas. (Laurence 2008, Westley 2008) Neben finanziell erschwinglichen Villen der ‚älteren' Generation, die häufig gesetzeswidrig an alleinstehende Gastarbeiter oder Familien untervermietet werden (Sengupta 2008b), befindet sich hier auch eine Hüttensiedlung, die bislang den Modernisierungsfortschritt überlebt hat. Viele teilen sich – häufig mit Nutztieren, wie Hühnern und Ziegen – engen Wohnraum. Ein demographisches Charakteristikum des Quartiers,

---

* Der Titel ist dem Artikel „Requiem for Satwa" (Gulf News, 1. Oktober 2008) entlehnt.

neben der Multikulturalität der exorbitant hohe Anteil alleinstehender Männer, ruft bei vielen Familien Unmut aufgrund der Intoleranz gegenüber (gleichgeschlechtlichen) Wohngemeinschaften hervor. Nicht nur eine fortschreitende Verwahrlosung der jeweiligen Grundstücke, sondern auch die Lautstärke, die abends häufig aus den übernutzten Gebäuden auf die Straße dringt und die (unbegründete) Befürchtung vor einem allgemeinen Werteverlust aufgrund andersartiger Lebensstile strapaziert die Geduld der durchaus noch wertkonservativ verhafteten Gesellschaft. Die Dubai Municipality hat eine ‚emergency hotline' eingerichtet (Jones 2008, Sengupta 2008a), an die sich besorgte Bürger wenden können. Die Palette der Maßnahmen zur Einschüchterung der ungeliebten Nachbarn reicht über die Abschaltung der Wasser- und Stromversorgung mit Unterstützung der *Dubai Electricity and Water Authority* bis schließlich zum Abriß der betroffenen Wohnsubstanz (Jones 2008). Seit Oktober 2008 wird das Prinzip ‚One villa, one family' (Afshan 2008, Abu Baker 2008) praktiziert. Auch in anderen Bezirken Dubais, etwa in Rashidiya, Jumeirah, Umm Suqeim (Abu Baker 2008), wird die Vermietung heruntergekommener beziehungsweise sanitär und sicherheitstechnisch schlecht ausgestatteter Häuser ähnlich geahndet. Die Arbeitsmigranten leben hier gezwungenermaßen ohne ihre Familien. Durch die neue Regelung werden sie auch aus diesen Bezirken ausgegrenzt. Alternativ bleibt ihnen nur die Suche nach einer primitiven Unterkunft in Arbeitersiedlungen (Labor Camps) – beispielsweise in *Muhaisnah* oder in *Al Quoz*.

All dies wird in Satwa jedoch bald der Vergangenheit angehören. Denn mit dem neuen Immobilienprojekt *Jumeirah Gardens*, das in Teilen von Satwa, Al Wasl und Jumeirah als Ergänzung der Quartiere *Dubai Financial Centre*, *Downtown Dubai* mit *Burj Dubai*, *Dubai Business Bay* realisiert wird, befinden sich Satwas Grundstücke unversehens in erstklassiger Lage und zählen so zu den begehrtesten und teuersten von Dubai. Mit dem neuen Stadtteil – die Realisierung wird rund zehn Jahre in Anspruch nehmen und soll Wohnraum für rund 60.000 Menschen schaffen – wird Satwa Dubais Ehrgeiz zum Opfer fallen, die modernste und bizarrste Stadt der Welt zu werden.

Die Bekanntgabe des Großvorhabens ist von kontroversen Diskussionen begleitet. Berichte über den ohne Rücksicht auf die dort lebende Bevölkerung vorgesehenen Abriß des Bezirks, dessen genaue Bevölkerungszahl aufgrund einer Vielzahl an Illegalen nur grob mit etwa 100.000 beziffert werden kann, lösten gleichermaßen Bestürzung wie Empörung aus. In einem Land, in dem eine Partizipation der Bevölkerung nach westlichem

Verständnis unerwünscht ist und Bauvorhaben vom Herrscher angeordnet und durchgesetzt werden, wird Kritik laut: „The grief over the loss of Satwa is a symptom of the emotions that an urban public feels at not being engaged in transitional initiatives, or finding a place in history for their fading neighbourhoods." (Kaabour 2008) Englischsprachige Tageszeitungen – *Gulf News*, *Khaleej Times*, *The National* – oder die Wochenmagazine *Time Out Dubai* und *Arabian Business* haben das Thema meinungsbildend aufgegriffen. In diversen Internetforen wurde über den Sinn der Maßnahmen diskutiert. Filmemacher, freie Journalisten wie Matt Jones oder Mahmoud Kaabour und andere haben versucht, mit kritischen Berichten und Portraits des Viertels und dessen Bewohner auf das Dilemma hinzuweisen: „A massive cultural heritage, domestic and commercial, is going unrecorded for future generations", schreibt Kaabour 2008. „Coupled with the fact that Dubai's population turns over every few years, the city might be headed towards an era of urban amnesia, with landmark neighbourhoods like Satwa not remembered by anyone."
Während die langjährigen Bewohner und Befürworter des Erhalts des kulturellen Erbes sich zu Wort melden, verweisen andere auf den baufälligen und sicherheitstechnisch unzureichenden Zustand eines Großteils der Häuser: „It would be a great mistake to change Satwa into one of those shiny new communities [...]. This is one of the last places that is ‚real' in Dubai." (Thekkepat 2008) Überlegungen, den Bezirk oder zumindest baufällige Häuser (ähnlich den *shop-houses* in Singapur oder den Gebäuden in den Suqs in Bur Dubai und Deira) zu restaurieren, wurden, offenbar wegen Nichterhaltungswürdigkeit der Bausubstanz, gar nicht erst in Betracht gezogen.
„Compensations have been authorised by the Executive Office and will be handed out after the residence has been evacuated", teilt Hassan Ali Abu Rehaima vom Dubai Land Department mit (Jumeirah Garden City: Venice of the East. 3. Juli 2008). Die Entschädigung der rund 4.000 betroffenen emiratischen Grundstückseigentümer (Aris 2008) erfolgt durch das Dubai Land Department – entweder durch finanzielle Abgeltung bis zum Zweifachen des geschätzten Grundstückswerts oder durch Zuweisung adäquater Grundstücke in anderen Teilen der Stadt. VAE-Staatsbürger mit niedrigem Einkommen werden in Häusern mit Gegenwerten von bis zu 2 Millionen Dirham an andere Standorte im Stadtgebiet umgesiedelt. Berichten zufolge fallen die Abfindungen jedoch häufig weitaus weniger großzügig aus als angekündigt; die Kompensationszahlungen belaufen sich auf Beträge von lediglich bis zu 80.000 Dirham (Westley,

20. Mai 2008) und erfolgen erst mit großer Verzögerung. Die Leidtragenden sind ausländische Mieter (Arbeitsmigranten der Unter- und Mittelschicht), die ohne Abfindung und teils in kürzester Zeit ihre Wohnungen räumen müssen. Obwohl die Öffentlichkeit Anfang 2008 vom Projekt *Jumeirah Gardens* erfahren hat, die offizielle Ankündigung jedoch erst während der *Cityscape Dubai* Anfang Oktober erfolgte, wurde bislang weder ein verbindlicher Zeitplan genannt noch wurden Termine für die Räumung der vom Abriß betroffenen Teile Satwas und dem angrenzenden *Al Wasl* bekanntgegeben. Viele Mieter erhielten kurzfristig Benachrichtigungen von der Dubai Municipality mit der Aufforderung, ihre Wohnung oder ihr Haus binnen 14 Tagen zu räumen (Aris 2008). Ende September 2008 sind die ersten zusammenhängenden Gebiete abgerissen worden (Satwa demolished, 27. September 2008).

Das vorprogrammierte Ende Satwas signalisiert nicht nur den nachhaltigen Verlust eines Stücks der ohnehin raren baulichen Authentizität Dubais – es läuft auch auf die Umsiedlung von etwa 100.000 Menschen hinaus. Betroffen sind überwiegend Menschen, die sich eine Unterkunft in zentrumsnahen oder neu erschlossenen Teilen am Rande der Stadt kaum leisten können – die hohen Mieten würden sie an den Rand ihrer Existenz bringen. Während es Mittelklasse-Europäer in den ‚europäischen' Bezirk *Mirdiff* (stadtauswärts im Anschluß an den *Dubai International Airport* gelegen) zieht und VAE-Staatsbürger bei der Suche nach neuen Wohnstandorten auf staatliche Unterstützung durch finanzielle Kompensation und/oder Zuweisung eines neuen Grundstücks inklusive neuem Wohngebäude hoffen können, versuchen Bewohner mit Niedrigeinkommen eine neue Bleibe in den halbwegs zentrumsnahen Vierteln *Al Quoz* und *Al Barsha* zu finden, wo die Mieten allerdings immer noch um ein Vielfaches höher liegen als in Satwa, oder im Megaprojekt für günstigen Wohnraum *International City* am Stadtrand.[2] (Laurence 2008, Aris 2008) Viele verlassen gezwungenermaßen Dubai und ziehen ins benachbarte Sharjah, nach Ajman (Afshan 2008, Ashfaq / Menon 2008) oder in die nördlichen Emirate, was jedoch mit langen täglichen Pendelzeiten und höheren Kosten verbunden ist. Auch der Gedanke, in ihre Heimatländer zurückzukehren, beschäftigt viele Migranten unter den verzweifelten Bewohnern Satwas (Aris 2008).

Die Realisierung des Projekts *Jumeirah Gardens* ist auch insofern umstritten, als erstmals ein bereits bebauter und bewohnter Bezirk Dubais dem Erdboden gleich gemacht wird, um Platz zu machen für ein weiteres, ehrgeizig angelegtes Großprojekt mit architektonischen Ikonen des bekannten Typus. Mit der sozialen Aufwertung des Quartiers vollzieht sich ein

Austausch der Identität des gesamten Bezirks – wenn von Identität in den *Jumeirah Gardens* überhaupt noch die Rede sein kann.

Anmerkungen

1 Der VAE-Dirham (AED) ist zwar fest an den US-Dollar gebunden (Wechselkurs 1 USD = 3,674 AED), jedoch nicht an den Euro. Anfang Februar 2009 entsprach 1 EUR = 4,71 AED.
2 Der Stadtrand Dubais rückt aufgrund der kontinuierlichen Bautätigkeit ständig in Richtung Hinterland vor. Ende 2008 kann der Stadtrand vorübergehend mit dem Erreichen des (weitgehend) bebauten Stadtgebiets der Emirates Ring Road definiert werden, an der auch die International City liegt.

Verwendete Quellen

Abu Baker, Rasha (25. Oktober 2008): Families defy Dubai villa evictions (www.thenational.ae)
Afshaq, Ahmed und Sunita Menon (11. März 2008): Old villas in Satwa area make way for new project (www.gulfnews.com)
Afshan, Ahmed (29. September 2008): One Villa, One Family Rule Turns Low-income People into Nomads (www.khaleejtimes.com)
Jones, Matt (15. Februar 2008): Bye bye bachelor boys (www.khaleejtimes.com)
Jumeirah Garden City: Venice of the East (3. Juli 2008), www.xpress4me.com
Kaabour, Mahmoud (23. August 2008): As Satwa vanishes, we need to remember. (www.thenational.ae)
Laurence, Jeremy (20. Mai 2008): What next for Satwa? The writings on the wall (www.timeoutdubai.com)
Satwa demolished (27. September 2008, www.arabianbusiness.com)
Sengupta, Joy (6. Februar 2008a): Many Satwa villas to be demolished (www.khaleejtimes.com)
Sengupta, Joy (29. Februar 2008b): Satwa residents in fix over demolition drive (www.khaleejtimes.com)
Thekkepat, Shiva Kumar (1. Oktober 2008): Requiem for Satwa (www.gulfnews.com)
Westley, David (20. Mai 2008): 100.000 residents face eviction (www.arabianbusiness.com)

Die unsichtbare Stadt

Susan Thieme

Dubai chalo! oder Wer baut Dubai?*

„Dubai chalo" – „Let's go to Dubai" oder „Auf geht's nach Dubai" ist ein bekannter Slogan in Südasien. Er steht schon lange nicht mehr nur für die Migration nach Dubai allein, sondern stellvertretend für den Arbeitsmarkt in der gesamten Golfregion. Die bevölkerungsreichste Stadt der Vereinigten Arabischen Emirate (VAE) ist Synonym für die aufstrebende Golfregion. Dubai ist auf dem Weg, ein international führendes Dienstleistungs-, Bildungs- und Finanzzentrum zu werden. Dafür migrieren jährlich Tausende in die Region, um dort für eine begrenzte Zeit zu arbeiten. Dubai steht auch hier stellvertretend für ein Arbeits- und Entwicklungsmodell der Region, in dem selektiv Arbeitskräfte ins Land geholt werden und diese mit ihren Verdiensten und Rücküberweisungen (Rimessen) ihre Familien unterstützen, makro-ökonomisch aber auch ihre Heimatländer am Leben erhalten.
Wer arbeitet in Dubai? Wo kommen die Arbeitskräfte her? Wie reisen sie nach Dubai? Wie leben und arbeiten sie weit entfernt von Familien und Freunden? Wer baut Dubai? Wer kümmert sich um die Gastronomie und die Sauberkeit in öffentlichen und privaten Gebäuden? Wer übernimmt die Kindererziehung? Fragen, die der folgende Beitrag zu beantworten sucht.
Zeitungen und Fernsehen berichten derzeit häufig über Dubai und seine zugewanderten Arbeitskräfte, Menschen, die oft unter sehr schwierigen Bedingungen ihren Beitrag zum Aufbau der Stadt leisten jedoch nun auch von der Finanz- und Wirtschaftskrise mitbetroffen sind (unter anderen: Hermann, 2008; Puntas Bernet, 2008a; 2008b).[1]

---

* Die diesem Beitrag zugrunde liegende Forschung wurde im Rahmen des Nationalen Forschungsschwerpunkts Nord-Süd vom Schweizer Nationalfonds und der Direktion für Entwicklung und Zusammenarbeit finanziert.

Wer arbeitet in den Vereinigten Arabischen Emiraten?

Der Großteil der Bevölkerung der VAE lebt in der Stadt Dubai (1,2 Mio. Einwohner). Wie in den gesamten VAE sind auch in Dubai Emiratis in der Minderheit. Saisonal schwankend sind 60 bis 70 Prozent der Einwohner – Tendenz steigend – Ausländer und erbringen den größten Teil der Wirtschaftsleistung (Leonard, 2006:1596f). Die meisten Arbeitsmigranten und -migrantinnen kommen aus dem südlichen Asien. Offizielle Zahlen über Ausländeranteile gibt es nicht. Schätzungen der Botschaften zufolge arbeiten in den VAE 1,1 Millionen Arbeitskräfte aus Indien, 750.000 aus Pakistan und etwa 500.000 aus Bangladesh, gefolgt von Jordanien, den Philippinen, Sri Lanka und Nepal.

Im Gegensatz zum relativ jungen medialen Interesse an Dubai ist die Arbeitsmigration in den südasiatischen Herkunftsstaaten und auch in den Golfstaaten nicht neu. Allein Indien, Pakistan und Nepal verbinden lange regionale Migrationsgeschichten zwischen ihren Nachbarländern. Eine der ältesten Verbindungen zwischen den Golfstaaten und Südasien ist durch den Islam geprägt. Heilige Stätten in Saudi-Arabien und anderen Ländern ziehen seit jeher Pilger und Händler an (Gazdar, 2003:10; Shah, 1983). Durch den erdölbedingten wirtschaftlichen Boom kann jedoch insbesondere seit den siebziger Jahren von einer planmäßigen Rekrutierung von Arbeitskräften für die Golfstaaten gesprochen werden. In den frühen achtziger Jahren arbeiteten bis zu zwei Millionen Pakistani in den Vereinigten Arabischen Emiraten, Saudi-Arabien und Kuwait. Nach einem kurzzeitigen, dem Golfkrieg geschuldeten Einbruch des Arbeitsmarktes stieg jedoch die Nachfrage nach Arbeitskräften sowohl im formellen als auch im informellen Sektor schnell wieder an. Damit verbunden entstanden schon damals erste, auf die Bedürfnisse des Arbeitsmarktes in den Golfstaaten abgestimmte Rekrutierungs- und Ausbildungsprogramme (Gazdar, 2003:10).

Anfangs waren auf dem Arbeitsmarkt vor allem gering bis gut ausgebildete Bauarbeiter gesucht. Mit zunehmendem Wirtschaftswachstum entstand ein Bedarf auch an höher ausgebildeten Arbeitskräften, auch in anderen Branchen wie Transport, Dienstleistung und Sicherheitsdiensten. Komfortable Einreise- und Niederlassungsbewilligungen für Hochqualifizierte führten in den letzten Jahren zu einem Zustrom von westlichen Arbeitskräften, vor allem aus den USA, Großbritannien und Deutschland, aber auch aus Südasien wie Nepal oder Indien. Das Gros der südasiatischen

Arbeitskräfte ist jedoch nach wie vor in gering qualifizierten Beschäftigungsbereichen tätig; sie stehen im Mittelpunkt meiner Ausführungen.

Die Reise in die Golfstaaten

Die Wege der Migration sind vielfältig. Rekrutierungsagenturen, Netzwerke von Freunden und Familien oder Tourismusvisa, die dann überschritten werden, führen am häufigsten in die Golfstaaten. Die Mehrheit der Arbeiter immigriert jedoch vertragsgebunden über Rekrutierungsagenturen.
Bei vertragsgebundener Migration sind alle Konditionen hinsichtlich Arbeit, Arbeitsstunden, Lohn, Versicherungen, Unterkunft und Rückflug im jeweiligen Vertrag festgehalten. Den Immigrationsregeln der VAE entsprechend liegt es in der Verantwortung des Arbeitgebers, alle Kosten, die mit der Rekrutierung und der Hin- und Rückreise verbunden sind, zu decken. Auch Visa und Rückflugkosten sollten demnach von den Arbeitgebern bezahlt werden (Ministerielle Anordnung Nr. (57), zitiert in: Human Rights Watch, 2006:16, 26f und 48). Allein die Kosten für die geforderten medizinischen Vorsorgeuntersuchungen müssen von den Migrantinnen und Migranten selbst gedeckt werden. Je genauer die Details in den Verträgen geregelt sind, desto weniger Probleme und desto mehr Rekursmöglichkeiten sollten die Arbeiter haben – theoretisch.
Die Praxis zeigt sich als weitaus differenzierter. Trotz staatlicher Regelungen, denen zufolge Reise- und Visakosten zu Lasten der Arbeitgeber gehen, kommen schließlich immer wieder die Migranten für diese Kosten auf (Human Rights Watch 2006:16). Eine profitable Möglichkeit der Abzockerei besteht bereits bei der Rekrutierung im Herkunftsland. Niederlassungen der Arbeitsvermittlungsagenturen befinden sich oft in der Hauptstadt oder in größeren Städten. In der Regel verfügen sie über kleinere Agenturen oder Vermittler in den ländlichen Regionen, dort also, wo die Mehrheit der Arbeitskräfte rekrutiert wird. Nach wie vor ist eine Vielzahl solcher Agenturen nicht staatlich lizenziert (Graner und Gurung, 2001). Für ihre Vermittlungsdienste verlangen sie ohne Wissen der Hauptagenturen viel Geld.
Eine weitere wichtige Form der Vermittlung, teilweise auch in Zusammenarbeit mit lokalen Agenturen, sind eigene soziale Netzwerke. Freunde und Verwandte werben untereinander für die Arbeit in der Golfregion. Wenn die Hauptkontaktperson mehrere Migrationswillige findet, erhält

sie von der lokalen Vermittlungsagentur einen Bonus oder einen kostenreduzierten Service.
Für die Verbindung von Kerala (Indien) zum Golf haben Zachariah et al. (2001) gezeigt, daß 83 Prozent der Arbeitskräfte in die VAE mit ordnungsgemäßen Arbeitsvisa eingereist waren. Die restlichen 17 Prozent reisten mit Tourismusvisa oder auf anderen Wegen ein. Die Visa wurden auch hier durch – lizenzierte und unlizenzierte – Rekrutierungsagenturen besorgt, aber auch über Freunde und Familienmitglieder, die bereits in den VAE gearbeitet hatten. Besonders wenn die Migration über Freunde oder unlizenzierte Agenturen geschieht, kommt es häufig zu Problemen vor Ort. In vielen Fällen wurden direkt nach der Einreise in die VAE Arbeitsverträge gekündigt, oder die Arbeiter wurden gezwungen, neue Verträge zu unterschreiben. In diesen fehlen dann häufig Regelungen über Sozialversicherungen; die Bezahlung des Rückfluges oder der Unterkunft ist gestrichen. Diese Probleme traten der genannten Studie zufolge insbesondere bei Männern im Bau-, Produktions-, und Transportgewerbe auf. Sie zeigt, daß 52 Prozent der Befragten ihren Rückflug selbst bezahlen mußten. Ein weiteres Problem, das für die Vereinigten Arabischen Emirate und andere Golfstaaten bestätigt wird (Zachariah et al. 2001, Shah 2004), ist die Einbehaltung der Reisepässe. In diesem Fall sammelt der Arbeitgeber sofort bei Arbeitsbeginn die Papiere ein und erhält damit die absolute Kontrolle über die betreffenden Personen. Diesen wird so jegliche Möglichkeit genommen, bei unbezahltem Lohn, Beschwerden über die Arbeitsqualität oder anderen Streitpunkten zu intervenieren.
Trotz der skizzierten Probleme können die Einreise und die Organisation über Freunde auch Vorteile haben. Im Gegensatz zur vertragsgebundenen Rekrutierung haben die Arbeitskräfte keine vorgefertigten Verträge. Im günstigsten Fall können sie also individuell bessere Löhne, Arbeits- und Versicherungsbedingungen aushandeln und auch schneller kündigen.

Die ‚unsichtbare' Migration der Frauen

Die Mehrheit der rekrutierten Arbeitskräfte ist männlich. Jedoch leisten auch Frauen, insgesamt sind es 11 Prozent, einen wichtigen Beitrag zum Arbeitsmarkt (Shah, 2004:183). Da, wie bereits erwähnt, internationale Arbeitskräfte den Großteil der Gesamtbevölkerung der VAE ausmachen und diese in der Mehrheit männlich sind, ist der Anteil der Frauen in den VAE generell sehr niedrig. Die Mehrheit kommt aus Sri Lanka, aus den

Philippinen und Indonesien, wenige aus Indien, Nepal, Bangladesh und nur sehr wenige aus Pakistan. Fast alle arbeiten als Hausangestellte, sie kümmern sich teils auch um die Kinder ihrer Arbeitgeber. Eine geringe Zahl von Männern arbeitet als Fahrer, Gärtner oder Nachtwächter, ebenfalls im Haus. Für Frauen ist die Migration im Niedriglohnsektor weitaus restriktiver. Ihre negativen, teilweise dramatischen Erfahrungen im Ausland gelten insbesondere in Südasien als Vorwand dafür, die Migration einzuschränken. Besonders die Auswanderung für eine Arbeit als Hausangestellte wird in vielen Ländern restriktiv behandelt. Oft gehen die Einschränkungen jedoch über diesen Arbeitsbereich hinaus. In Nepal etwa ist erst vor wenigen Monaten (Stand September 2008) das Arbeitsverbot für Frauen in den Golfstaaten aufgehoben worden. In Pakistan dürfen Frauen generell nur mit der Einwilligung männlicher Familienmitglieder ausreisen. Und dennoch haben diese Verbote Frauen oft nicht daran gehindert, ihr Land zu verlassen. Sie zwingen sie, illegal auszureisen oder umständlichere Reiserouten zu nehmen – wie im Falle Nepals, wo Frauen trotz massiver Restriktionen entweder durch die Hilfe bezahlter Mittelsmänner direkt von Nepal aus fliegen oder ohne Visa nach Indien reisen und von dort die Reise in die Golfstaaten antreten (unter anderen Thieme 2006:26 f)

Arbeits- und Lebensbedingungen

Einer in den VAE durchgeführten Befragung von Migranten aus dem indischen Bundesstaat Kerala zufolge (Zachariah et al. 2002), haben Personen mit Sekundarschulabschluß oder darüber hinaus auch in den VAE einen besseren Zugang zum Arbeitsmarkt und damit zu höheren Löhnen. Personen mit geringerem Schulabschluß arbeiten vor allem in der Produktion als Schweißer, Metallarbeiter, Klempner oder Bauarbeiter, im Transport und in anderen Servicebereichen. Die Anstellungen bewegen sich zwischen Festanstellungen mit monatlichem Lohn, tages- beziehungsweise produktionsabhängigem Lohn, Gelegenheitsarbeit und Selbständigkeit (Zachariah et al. 2002:160ff).
Gearbeitet wird in den meisten Fällen an sechs Wochentagen mit Arbeitszeiten zwischen acht und 14 Stunden. Der genannten Studie zufolge arbeiteten 40 Prozent der Befragten zwischen acht und elf Stunden, 10 Prozent zehn bis 13 Stunden. Im Produktions- und Baugewerbe war die Arbeitszeit wesentlich höher als in anderen Arbeitsbereichen (Zachariah et al. 2002). Auch Untersuchungen von Human Rights Watch bestätigten anhal-

tend hohe Arbeitszeiten und niedrige Löhne zwischen 106 und 250 US-Dollar im Baugewerbe (Human Rights Watch 2006:56). Eine verspätete Auszahlung beziehungsweise Einbehaltung von Löhnen ist der häufigste Grund dafür, daß Migrantinnen und Migranten ihre Arbeit beenden und, falls sie keine andere Arbeit finden, vorzeitig in ihre Heimatländer zurückreisen müssen. Ein Großteil der Arbeiter ist als gering ausgebildet eingestuft, bekommt daher befristete Verträge, und die Möglichkeit des Familiennachzugs bleibt verwehrt (Shah 2004:183). Der Familiennachzug spielt eine geringe Rolle auch insofern, als die Arbeitsmigranten in möglichst kurzer Zeit ein Maximum an Geld sparen und dann wieder heimkehren wollen.

Zachariah et al. (2001:180) gehen davon aus, daß 70 Prozent aller in die VAE immigrierten Arbeiter in Arbeitslagern (Labor Camps) leben. Diese Camps liegen sowohl innerhalb als auch außerhalb von Städten. Hier leben nahezu ausschließlich Migranten, die überwiegend im Bau- und Produktionsgewerbe arbeiten. Wasser, Elektrizität, Klimaanlagen und Kochmöglichkeiten waren der Studie zufolge in 75 Prozent der Camps vorhanden. Die Kosten der im Regelfall sehr beengten Unterkünfte werden von den Arbeitgebern übernommen. Die Arbeiter werden täglich mit firmeneigenen Bussen zu den Baustellen, Fabriken oder anderen Arbeitsplätzen gefahren und von dort wieder zurück zu den Camps (Zachariah et al. 2001:180).

Nach einer detaillierten Studie des Bausektors in den VAE durch Human Rights Watch (2006) sind – besonders auf dem Bau – die Arbeitsbedingungen miserabel, die Häufung von schweren Verletzungen und Todesfällen ist alarmierend. Offiziell wurden in Dubai allein im Jahre 2004 34 Todesfälle gemeldet, 2005 waren es 39. Ausländische Botschaften sprechen von höheren Zahlen, ohne diese allerdings zu präzisieren (Human Rights Watch 2006:11).

Die Möglichkeit, aufgrund schlechter Arbeitsbedingungen den Arbeitgeber zu wechseln, bleibt den meisten verwehrt – die Arbeitsverträge werden von den Agenturen nur für einen bestimmten Arbeitgeber ausgestellt. Ein Arbeitnehmer darf erst nach zwei Jahren und nur mit Zustimmung des Arbeitgebers den Arbeitsplatz wechseln (gemäß Arbeitsgesetz Nr. 8, zitiert in: Human Rights Watch 2006:11, 36).

Die gesetzlichen Regelungen zur Verbesserung der Arbeitsbedingungen werden bislang nur wenig umgesetzt. So wurde trotz des für Rekrutierungsagenturen und lokale Arbeitgeber ausdrücklich im nationalen Arbeitsgesetz bestehenden Verbots, von Arbeitskräften Vermittlungs-

gebühren zu erheben oder ihre Pässe einzubehalten, wenig unternommen, die Verstöße betreffender Firmen zu ahnden (VAE Arbeitsgesetz Nr. 8 von 1980 und Ministerielle Anordnung Nr. 57, zitiert in: Human Rights Watch 2006:26f und 48).
Mißhandelte Arbeiter haben gesetzlich das Recht (Human Rights Watch 2006:50-55), vom Arbeitsministerium angehört und bei der Lösung eines Problems unterstützt zu werden. Befragungen seitens Human Rights Watch zeigten jedoch, daß selbst Staatsbedienstete die ungenügende Umsetzung der betreffenden gesetzlichen Regelungen kritisieren (Human Rights Watch 2006:51f). Zudem wird dem Arbeitsministerium immer wieder vorgeworfen, sich nicht an das geltende Arbeitsrecht zu halten, sondern das Interesse der Baufirmen an billigen und rechtlosen Arbeitskräften zu wahren (Human Rights Watch 2006:51f). Offizielle Statistiken über unbearbeitete Anfragen und Fälle fehlen jedoch (Human Rights Watch 2006). Obwohl auf nationaler Ebene Firmen, die Löhne nicht auszahlen, kaum geahndet werden (Human Rights Watch 2006:55), gibt es dennoch in einzelnen Emiraten immer wieder Bestrebungen, die bestehenden Probleme anzugehen. Als Folge der Streiks des Jahres 2005 und zur Schlichtung von Konflikten zwischen Arbeitern und Arbeitgebern setzte die Regierung von Dubai 2005 die Kommission für Arbeitsbeziehungen ein (Permanent Committee for Labor Affairs, PCLA, in: Human Rights Watch 2006:53f). Ebenso wurde bereits 1995 bei der Polizei das „General Department of Human Rights Care" eingerichtet (Human Rights Watch 2006:53[2]). Bis 2006 haben beide Institutionen für etwa 20.000 Arbeitskräfte ausstehende Lohnzahlungen seitens der Arbeitgeber ermöglicht (Human Rights Watch 2006:54). Wobei auch hier der Wermutstropfen bleibt, daß trotz der Lohnnachzahlungen die Arbeitgeber selber für ihre Vergehen nicht juristisch belangt wurden (Human Rights Watch 2006:55). Offiziell sind inzwischen auch alle Arbeitgeber verpflichtet, ihre Angestellten krankenzuversichern. Nach wie vor fehlt es jedoch an einheitlichen Standards für die gesamten VAE. Jedoch werden nur gesamtstaatliche Bemühungen bewirken, daß Rekrutierungsagenturen keine exorbitanten Gebühren mehr verlangen können, daß Minimallöhne gezahlt und Verletzungen des Arbeitsrechtes geahndet werden (Human Rights Watch 2006).
Ein spezifisches Problem von Hausangestellten ist, daß sie am Ort ihres Arbeitsplatzes leben und arbeiten und somit ‚unsichtbar' bleiben. Zudem fallen sie in den Golfstaaten nicht unter rechtlichen Schutz (Human Rights Watch 2007). Äußerst problematisch sind und bleiben das Leben und Arbeiten in sozialer Isolation, unangemessene Bezahlung und Ver-

pflegung und die Einbehaltung von Lohn und Reisepaß. Generell gilt, daß die Erfahrungen, die Lebens- und Arbeitsbedingungen und die Löhne von Hausangestellten (100 bis 150 US-Dollar) sehr stark variieren (Shah 2004). Von Mißhandlungen und sexueller Belästigung ist immer wieder in Zeitungsberichten zu lesen, Forschungen dazu gibt es bisher jedoch kaum. Der philippinischen Botschaft zufolge arbeiteten im Jahr 2006 36.000 legal registrierte philippinische Hausangestellte in Dubai. Etwa 6 Prozent davon meldeten sich bei der Botschaft wegen Rechtsverletzungen; diese reichen von unausgezahlten Löhnen bis hin zu körperlicher und sexueller Mißhandlung (IRIN-News 2. Juli 2006).

Dennoch bleibt wichtig zu erwähnen, daß viele – trotz der teils dramatischen Erfahrungen, die sie machen müssen – den Weg ins Ausland suchen und dabei auch Positives erfahren.

Rimessen als Einkommensquelle – und wenn ja, für wen?

Wie handhaben Gesellschaften und Staaten Mobilität und deren politische, ökonomische und kulturelle Konsequenzen? Eindeutig positiv zu bewerten sind die Gelder (Rimessen), die Migrantinnen und Migranten in ihre Herkunftsländer überweisen. Für die südasiatischen Staaten Indien, Nepal, Pakistan und Bangladesh sind sie die zweitwichtigste Einkommensquelle. An erster Stelle steht Indien: Pro Jahr überweisen Arbeitsmigranten aus dem Ausland 200 Milliarden US-Dollar. Die Wirtschaft des Bundesstaates Kerala hängt in hohem Maße von Rücküberweisungen aus den Golfstaaten ab (Zachariah et al. 2002).

In Nepal durchgeführte Studien zeigen, daß von rund 28 Millionen Einwohnern mehr als eine Million außerhalb des Landes arbeiten. Wurden in den frühen neunziger Jahren nur einige wenige Hundert gezählt, die in die Golfstaaten migrierten, so registrierte der Bevölkerungszensus 2001 mehr als 100.000 Männer und in geringerer Zahl Frauen, die die Reise antraten (Graner und Gurung 2001). Die VAE stehen dabei als Destination an fünfter Stelle. Die Summe aller Rücküberweisungen von etwa 604 Millionen Dollar übersteigt die internationalen Entwicklungszusammenarbeitsgelder um das Doppelte (Kollmair et al. 2007). Der größte Teil des Geldes wurde aus den Golfstaaten überwiesen. Sogar während des Bürgerkrieges zwischen 1996 bis 2003 fiel der Anteil der in Armut lebenden Bevölkerung Nepals von 42 auf 31 Prozent, und Migrationsgelder leisteten dazu den wesentlichen Beitrag (Ghimre 2008; Nepal Living Standard Survey 2004).

In Bangladesh ist ein ganzes Ministerium (Ministry of Expatriate Welfare and Overseas Employment) zuständig für den Schutz der Rechte der Migrierenden, die Unterstützung der Migration und die Verbesserung der Ausbildung und der Vorbereitung von Arbeitern, die ins Ausland gehen wollen. Ein Engagement, das kaum überrascht, wenn man bedenkt, daß Bangladeshis besonders in die Golfstaaten, nach Malaysia, aber auch Europa und die USA migrieren und die Rücküberweisungen 4 Prozent des Bruttoinlandsprodukts ausmachen (Barbora et al. 2008).

Auch in Pakistan bilden die Rimessen eine wichtige Einkommensquelle. Wie in vielen anderen Ländern sind die verschiedenen Regionen des Landes und die dort lebenden Familien unterschiedlich mit dem Thema Migration konfrontiert. Während in einigen Regionen erst seit den neunziger Jahren migriert wird, müssen Gebiete mit geringer landwirtschaftlicher Produktion – Teile der Nordwest-Grenzprovinz und von Jammu, Kashmir oder Punjab – schon seit Jahrzehnten als „Rimessen-Ökonomien" bezeichnet werden. In der Nordwest-Grenzprovinz ergaben Haushaltserhebungen, daß 10 Prozent der Gelder aus der Migration stammen, überwiegend aus den Golfstaaten. Im Punjab variierten die Rimessen zwischen 12 und 21 Prozent der Haushaltseinkommen (Gazdar 2003:10).

Die Investition von Rimessen

Makroökonomisch haben Rimessen also einen deutlich positiven Einfluß auf das Bruttoinlandprodukt und den Devisenverkehr. Genaue Auswirkungen der Finanzkrise auf Migrationsbewegungen sind bisher noch schwer abzuschätzen. Der Weltbank zufolge wird sich der Rimessenfluß weltweit um maximal 6 Prozent verringern (Ratha et al., 2008). Sowohl in der Öffentlichkeit, in der Politik als auch zwischen internationalen Geldgebern wird immer wieder darüber diskutiert, wie Rimessen ausgegeben und angelegt werden. Dabei stehen die beiden Diskussionsstränge ‚Konsum' und ‚Investition' einander kritisch gegenüber. Von der Konsumseite wird argumentiert, daß Familien ihre Gelder in unwichtige und oft importierte Konsumgüter oder in unproduktive Grundstücke ausschließlich für den Eigengebrauch investieren. Demgegenüber tritt die ‚Investitionsseite' dafür ein, Rimessen in Kleinunternehmen und andere Aktivitäten zu investieren, die langfristig Gewinne sowohl für die Familien als auch für die lokale und nationale Ökonomie generieren.

Die Wahrheit liegt wie so oft in der Mitte. Während zunächst der private Konsum steigt, gab und gibt es irgendwann positive Effekte für lokale Unternehmen und Dienstleistungen. So haben Investitionen in Grundstücke und Häuser einen wesentlichen Beitrag zur Verbesserung der Lebensbedingungen geleistet und den Bausektor in den jeweiligen Ländern stark aufleben lassen. Zudem gibt es zahlreiche Wirtschaftsbereiche, die von der Arbeitsmigration stark profitieren oder überhaupt erst entstehen konnten. Dazu gehören zum Beispiel Fluggesellschaften und Transportunternehmen, deren Gewinne in den letzten Jahren erheblich zugenommen haben. Und so erstaunt nicht, daß die Kerala-Vereinigung in Dubai das Monopol von Air India auf den Flugstrecken zwischen Indien und den Golfstaaten kritisierte (Zachariah et al. 2001:183). Besonders in der Hochsaison der Migration (Juni bis August) tragen überhöhte Flugpreise wesentlich zur finanziellen Belastung der meist gering bezahlten Arbeiter bei. Eine ähnliche Expansion erfuhren lokale Arbeitsvermittlungsagenturen; der Großteil der Arbeitsmigranten reist über sie ins Ausland. Für Gebühren bis zu 3.000 US-Dollar organisieren die Agenturen Arbeitsvertrag, Arbeitserlaubnis, Visa und Flug (Human Rights Watch 2006). Für die Deckung der Kosten nehmen die Arbeiter entweder Kredite direkt bei der Arbeitsvermittlungsagentur auf, bei anderen Geldverleihern oder innerhalb des Familien- und Freundeskreises, und auch hier entwickelte sich Geldverleih selbst als eine gute Einkommensquelle. Ähnliches gilt für den Finanzsektor. Auch wenn immer noch viel Geld persönlich oder über Freunde geschickt und mitgebracht wird, profitieren besonders auch in den Golfstaaten Banken und Finanzunternehmen wie Western Union von den Geldüberweisungen (dazu auch Nellen-Stucky 2008). Neben den formellen Überweisungswegen bilden Migrationsgelder aber auch die Existenzgrundlage für eines der ältesten, zwar informellen, aber allgemein als sehr effizient und vertrauenswürdig anerkannten Geldüberweisungssysteme, den Hundi beziehungsweise Hawala (Thieme 2006).

Individuelle Folgen der Migration

Während, national betrachtet, der Großteil der Rücküberweisungen aus der Migration in die Golfstaaten und aus westlichen Ländern stammt, ist die ökonomische Rolle der Migration auf individueller und Haushaltsebene etwas differenzierter. Der allgemeine Beitrag der Migrationsgelder zur Armutsreduzierung in Südasien ist in vielen Studien betont wurden (unter anderen Siddiqui und Kemal 2003; Gazdar 1999; Bhattacharya and Deb 2006). Selbst kleinste Beträge können bereits Ernterisiken und Nahrungsmitteldefizite abfedern. Bei größeren Geldsummen wird vorrangig in alltägliche Bedürfnisse, für die medizinische Versorgung, die Bildung, Heirat von Kindern und den Bau eines Hauses – oftmals eher in der Stadt als im Heimatdorf – investiert. Während des Erdbebens in Kashmir und in Pakistans Nordwest-Grenzprovinz (2005) erholten sich Migrationshaushalte schneller vom Schock, und die Häuser waren wegen besserer und aufwendigerer Bauweise generell weniger beschädigt als die von ärmeren Familien (Suleri und Savage 2006).

Neben den Rimessen hat die Migration weitere positive Nebeneffekte. Die hohe räumliche Mobilität führt langfristig zu teilweise tiefgreifenden Veränderungen des sozialen Umfeldes, die von Teilen der Bevölkerung auch als befreiend wahrgenommen wird. Im kastendominierten Nepal zum Beispiel bietet das Arbeiten im Ausland für jeden einzelnen auch die Möglichkeit, Arbeiten aufzunehmen oder Qualifikationen zu erlangen, die einem im eigenen Land traditionellerweise nicht erlaubt wären. Auch wenn es der unmittelbare Lebensunterhalt ist, der die Suche nach Arbeit im Ausland dominiert, ist der Wunsch nach einem ausreichenden Lohn häufig gepaart mit der Neugierde auf ein anderes Leben und mehr Unabhängigkeit. Zudem gewinnen erfolgreiche Migrantinnen und Migranten durch ihren höheren Lebensstandard und Investitionen in Haus und Land ein höheres Prestige für sich und ihre Familien.

In vielen Ländern Südasiens wie in Bangladesh, Pakistan und Nepal wird die Migration von Frauen sehr restriktiv gehandhabt und ist dementsprechend gering. Oft werden Sicherheits- und Moralaspekte vorgetragen, um Auswanderungsverbote und Einschränkungen für Frauen zu rechtfertigen. Durch die Einschränkung ihrer Entscheidungs- und Bewegungsfreiheit sollen Frauen so vor Unsicherheiten und Risiken bei der Reise und während der Arbeit im Ausland, vor Ausbeutung und dem Risiko sexuellen Mißbrauchs bewahrt werden. Viele Frauen sehen in der Migration jedoch auch eine Chance, eigenes Geld zu verdienen und damit Unabhängigkeit zu erlangen. Der Wunsch nach mehr Selbstverwirklichung und Anerkennung, nach Befreiung von restriktiven gesellschaftlichen Normen betrifft Männer und Frauen gleichermaßen, und hält demnach auch Frauen nur begrenzt davon ab, ihr Land zu verlassen.

Im patriarchalischen Kontext Südasiens hat die Migration einen nicht unwesentlichen Einfluß auf das gesellschaftliche Leben, auch auf die Beziehung zwischen Mann und Frau. Die Arbeit im Haushalt und auf Dorfebene wird neu diskutiert. Die Abwesenheit der Männer bietet Frauen die Chance, Arbeit und Verantwortung zu übernehmen auf Gebieten, die traditionell als männlich dominiert betrachtet werden, und damit nicht nur im Haushalt sondern auch auf Dorfebene mehr Mitspracherecht zu erlangen. So ist in Nepal und in Pakistan eine Feminisierung der Landwirtschaft zu beobachten. Die größere Arbeitsbelastung führt vielfach zur Teilhabe an Entscheidungen, die bislang – und vielfach noch immer – die Domäne von Männern sind.

Parallel zu den positiven Auswirkungen der Geldflüsse entstehen allerdings auch Probleme und neue Verletzlichkeiten sowohl für die Arbeitsmigranten als auch für die Familienmitglieder in der Herkunftsregion. Eine einseitige Abhängigkeit von – nicht immer regelmäßig erfolgenden – Geldüberweisungen verursacht in vielen Haushalten immer wieder Existenzkrisen (Kaspar 2005; Siegmann und Steimann 2005). Der Slogan „Dubai chalo!" ist damit auch zu einem Synonym für die sozialpsychologischen Konsequenzen der Migration geworden. In Pakistan zum Beispiel steht „Dubai chalo!" auch für soziale Isolation, Kulturschock, harte und gefährliche Arbeitsbedingungen, für schnellen Reichtum und darauffolgenden Absturz ins Nichts und in Verschuldung (Barbora et al. 2008). Krisenbedingter Stellenabbau trifft ausländische Arbeitskräfte häufig zuerst. Trotz erschwerter ökonomischer Bedingungen wie der aktuellen Finanzkrise bleibt jedoch die Verpflichtung, Geld nach Hause zu schicken. Dies führt häufig zu noch geringeren Ansprüchen und Lohnerwartungen an die Arbeit oder auch zur Inkaufnahme eines vorübergehenden Verlusts des Arbeitsplatzes, jedoch nicht zwangsläufig zu einer Heimkehr. Die ohnehin schon prekären und teilweise menschenunwürdigen Reise-, Arbeits- und Lebensbedingungen werden noch risikoreicher und im Diskurs über die Bedeutung der Gelder in den Heimatländern nach wie vor zu wenig diskutiert.

Ausblick

Die Arbeitsmigration macht Dubai als aufstrebendes internationales Wirtschaftszentrum ebenso wie weit abgelegene Dörfer in Pakistan, Indien und Nepal zu festen, eng miteinander verbundenen Bestandteilen der globalen Ökonomie. In ihren vielfältigsten Formen hat die Migration in beiden Regionen eine jahrhundertlange Geschichte. Ein Phänomen der letzten Jahrzehnte ist jedoch, daß die Migrationsdistanzen größer werden und Migranten wegen des größeren Angebots auch bereit sind, mehr Risiken einzugehen. Die Arbeitsmigration von Südasien nach Dubai und in die Golfregion insgesamt ist dafür beispielhaft. Angesichts fehlender Zukunftsperspektiven im eigenen Land suchen die Rückkehrer schnell wieder Arbeit im Ausland. Denn unsichere Rahmenbedingungen, fehlende gezielte Vorbereitung auf das Migrationsland, Illegalität und prekäre Arbeitsbedingungen behindern die persönliche Weiterentwicklung und die Investitionen von Rimessen im Heimatland. Die definitive Rückkehr geschieht häufig in die Hauptstadt des Heimatlandes, was dort ländliche Strukturdefizite verstärkt und eine generationsübergreifende Familienversorgung untergräbt.

Davon ausgehend, daß Migration und Mobilität den Alltag von vielen bestimmen, erscheint es mir wichtig, daß diesem Leben an verschiedenen Orten auch auf administrativ-rechtlicher Ebene wie der Organisation von Renten- und Sozialversicherungen oder der Verwaltung von Land und Häusern entsprochen wird. Häufig wird Migrantinnen und Migranten auch ein hohes Innovationspotential zugesprochen. Regierungen und internationale Geberorganisationen hoffen, daß sie ihre Gelder, ihr Wissen und ihre Erfahrungen nicht nur für ihre Familien sondern auch für die Etablierung von Unternehmen oder gemeinschaftliche Entwicklungsprojekte wie Schulen, Wasserversorgung oder Straßenbau bereitstellen. Diese hohen Erwartungen sollten jedoch mit der Forderung verbunden sein, daß die Gelder auch unter menschenwürdigen Umständen verdient werden können.

Im Hinblick auf Fallstudien in Nepal, Indien und Pakistan lassen sich mögliche Schritte für eine Vereinfachung der Migration so zusammenfassen:

- Sprachliche und fachliche Vorbereitungen von Migrantinnen und Migranten können eine sicherere und für die Migranten einträglichere Migration ermöglichen.
- Die Migranten müssen umfassend über ihre Rechte und Pflichten informiert werden.
- Mehr Wettbewerb im Flugverkehr und Geldtransfer senkt die Kosten für Flüge und Geldüberweisungen und schafft für die mobilen Arbeitskräfte mehr Transparenz im Angebotsdschungel der Reisebüros und Finanzdienstleister.
- Das Migrationsmanagement muß grenzübergreifend sein. Nur internationale Abkommen ermöglichen sichere und transparente Ein- und

Ausreisebestimmungen sowie Arbeits- und Lebensbedingungen. So müssen zum Beispiel mobile soziale Sicherungssysteme in Zusammenarbeit mit allen betroffenen Regierungen entwickelt werden, denn nach wie vor haben die meisten Migranten keine Sozialversicherung und keine Vorstellung darüber, wie sie ihr Geld für die Sicherung ihrer Zukunft anlegen können. Zugleich fallen sie aus den Versicherungssystemen ihrer Heimatländer. Das führt zu einem langfristigen Risiko der nichtmigrierten Familienmitglieder. Es geht damit auch um deren soziale und wirtschaftliche Absicherung.

- Da viele Migrantinnen und Migranten nach der Rückkehr in ihre Heimatlandländer in Städte ziehen, muß die ehemals ländliche Bevölkerung in die Stadt integriert werden. Zugleich aber braucht es ländliche Entwicklungsimpulse, um Investitionen und langfristig die Rückwanderung auf das Land zu ermöglichen.

Anmerkungen

1 Detaillierte Forschungsarbeiten über die Arbeitsmigration nach Dubai oder in die VAE gibt es bisher jedoch recht wenig. Gunatilleke (1991) bietet eine Gesamtschau der Migrationsdynamiken seit den 1970er Jahren zwischen Süd- und Südostasien und der Golfregion. Barbora et al. (2008) und Shah (2004) geben ein übergeordnetes Bild zu Migrationsdynamiken in Südasien und den Verbindungen in die Golfregion. Zachariah et al. (2002) führten 2001 eine detaillierte Untersuchung zur Migration zwischen dem indischen Bundesstaat Kerala und den Golfstaaten durch, unter anderem mit einer detaillierten Fallstudie in Dubai. Kollmair et al. (2003) geben mit nationalen Berechnungen von Rücküberweisungen, Graner und Gurung (2001) mit einer gleichermaßen detaillierten Analyse der Geldflüsse und des Rekrutierungsprozesses die Datengrundlage für die Verbindungen zwischen den Golfstaaten und Nepal. Gazdar (2003) liefert einen Überblick über die schon lange bestehenden wirtschaftliche Verbindungen zwischen Pakistan und der Golfregion, und Human Rights Watch (2006) bietet einen fundierten Einblick in die Arbeitsbedingungen im Baugewerbe in Dubai. Aufgrund der eingeschränkten Datenlage konnte der Schwerpunkt Beitrags nicht immer auf Dubai allein gelegt werden sondern auf die Vereinigten Arabischen Emirate beziehungsweise die Golfstaaten insgesamt.
2 https://www.dubaipolice.gov.ae/dp/english/centers.jsp?Page=A26&Id=1486&num=476&num2=476&mainlayid=476&ItemType=4, Zugriff 6. Oktober 2008)

Referenzen

Barbora, Sanjay; Thieme, Susan; Siegmann, Karin Astrid; Menon, Vineetha; Gurung, Ganesh (2008): Migration Matters in South Asia: Commonalities and Critiques, *Economic and Politically Weekly*, June 14:57-65

Bhattacharya, D. and Uttam K .Deb (2006): *Bangladesh 2020: An Analysis of Growth Prospects and External Sector Behaviour.* Centre for Policy Dialogue: Dhaka

CBS, Central Bureau of Statistics Nepal (2004): *Nepal Living Standard Survey 2003/2004.* Vol. 1. CBS: Kathmandu

Dubai Polizei, General Department of Human Rights Care: https://www.dubaipolice.gov.ae/dp/english/centers.jsp?Page=A26&Id=1486&num=476&num2=476&mainlayid=476&ItemType=4

Gazdar, Haris (2003): *A Review of Migration Issues on Pakistan.* Regional Conference on Migration, Development and Pro-Poor Policy Choices in Asia. 22–24. Juni 2003. Refugee and Migratory Movements Research Unit, Bangladesh und Department for International Development, GB: Dhaka, Bangladesh

Ghimire, Anita und Upreti, Bishnu Raj (2008): *From Migration to Migrants: Changing Concepts and using Diasporas in Nation Building.* Vortrag unpubliziert. Konferenz: Nepal at Crossroads: Transformation and Nation Building. NCCR North South and HNRSC: Kathmandu, Nepal

Graner, Elvira und Gurung, Ganesh (2003): Arab Ko Lahure: Looking at Nepali Labour Migrants to Arabian Countries. *Contributions to Nepalese Studies,* 30:295-325

Gunatilleke, Godfrey (1991): *Migration to the Arab World. Experiences of Returning Migrants.* United Nations University Press: Tokyo

Hermann, Rainer (2008): Arbeiten und schlafen in Dubai. *Frankfurter Allgemeine Zeitung.* 22. März 2008 [im vorliegenden Band S. 205ff]

Human Rights Watch (2006): *Building Towers, Cheating Workers Exploitation of Migrant Construction Workers in the United Arab Emirates.* 18/8E.

Human Rights Watch (2007): Letter to Governments in Asia and Middle East on International Migrants' Day. 18. Dezember 2007, http://hrw.org/english/docs/2007/12/17/uae17557.htm (Zugriff 6. Oktober 2008)

IRINnews (2006): Emirats Arabes Unis: Domestic Workers Face Abusive Employers. IRINnews 02.07.2006, http://www.irinnews.org/report.aspx?reportid=27089, Zugriff 6. Oktober 2008)

Kaspar, Heidi (2005): *"I Am the Household Now!": Gender Aspects of Outmigration for Labour in Nepal.* Nepal Institute of Development Studies, Kathmandu

Kollmair, Michael, Manandhar, Siddhi, Subedi, Bhim und Thieme, Susan (2006): New Figures for Old Stories: Migration and Remittances in Nepal. *Migration Letters,* 3/2:151-160

Leonard, Thomas (2006): *Encyclopedia of the Developing World.* Vol. 3. Routledge: New York, London

Nellen-Stucky, Rachel (2008): Rimessen: Das Milliardengeschäft mit internationalen Geldüberweisungen. Erklärung von Bern: Bern

Puntas Bernet, Daniel (2008a): Dubai wartet auf mich. *NZZ am Sonntag.* 10. Februar 2008: 27

Puntas Bernet, Daniel (2008b): Die ersten Opfer. *NZZ am Sonntag.* 28. Dezember 2008: 28-29

Shah, Nasra M. (2004): Gender and Labour Migration to the Gulf Countries. *Feminist Review,* 77:183-185

Shah, Nasra M. (1983): Pakistani Workers in the Middle East: Volume, Trends and Consequences. *International Migration Review,* (17): 3:410-424

Siddiqui, Rizwana and Kemal A R (2003): *Remittances, Trade Liberalisation, and Poverty in Pakistan: The Role of Excluded Variables in Poverty Change Analysis* Pakistan Institute of Development Economics: Islamabad. (http://www.gapresearch.org/production/RizwanaRemittR2.pdf – 27. Februar 2007)

Ratha, Dilip; Mohapatra, Sanket and Xu, Zhimei (2008): *Outlook for Remittance Flows 2008–2010.* Migration and Development Brief 8, The World Bank, Washington

Siegmann, Karin Astrid und Steimann, Bernd (2005): *Vulnerability and Resilience in Rural North-West Pakistan.* NCCR N-S: Zürich. (www.nccr-pakistan.org/publications_pdf/Gender/VulnerabilityPaper_Draft.pdf (27. Februar 2007)

Suleri, Abid Qaiyum and Kevin Savage (2006): *Remittances in Crisis: A Case Study from Pakistan.* Overseas Development Institute: London (http://www.sdpi.org/whats_new/recent_publications/BGPaper_Remittances_Pakistan.pdf (27. Februar 2007)

The World Bank, Washington (2006): *World Development Indicators 2006.* The World Bank: Washington DC (http://devdata.worldbank.org/wdi2006/contents/index.htm (27. Februar 2007)

Thieme, Susan (2006): *Social Networks and Migration: Far West Nepalese Labour Migrants in Delhi.* LIT: Münster, London

United Arab Emirates, Federal Law No. 8 for 1980 on regulation of Labour Relations (http://www.mol.gov.ae/Pages-EN/documents-en/rule-labour.HTML, Zugriff 6. Oktober 2008)

Wyss, Simone (2004): *Organisation and Finance of International Labour Migration* Nepal Institute for Development Studies (NIDS), NCCR North-South: Kathmandu

Zachariah, K. C.; Kannan K. P. und Irudaya Rajan S. (2002): *Kerala's Gulf Connection* Centre for Development Studies: Thiruvananthapuram, Kerala, India

In Al Quoz

Rainer Hermann

Arbeiten und schlafen in Dubai

22. März 2008. Dubai, sechs Uhr abends. Der gleißende Ball der untergehenden Sonne taucht die Glasfassaden der Skyline in flimmerndes Rot. Tief unten, in den Kellern der Türme A bis H, hat sich die Nachtschicht eingefunden. Im grellen Neonlicht zieht eine Karawane namenloser Bauarbeiter an der Stechuhr vorbei, jeder mit seiner Personalkarte in der Hand. Eine nach der anderen wird geräuschlos durch den Schlitz gezogen, die Schicht beginnt. Heute muß Scheschpol, der Arbeiter mit der Nummer 14219, nicht mehr nach ganz oben, auf die Spitze des Turms G. Nicht mehr also mit dem Aufzug in den 45. Stock, von dort drei Treppen weiter und dann die letzten fünf schmalen Leitern hinaus in schwindelerregende Höhen. Dort oben, in den Penthousewohnungen mit dem spektakulären Ausblick ist die Arbeit getan. Jede von ihnen ist jetzt Millionen Dollar wert.
Der Turm G gehört zum neuen Baugebiet „Business Bay". Bereits dreimal so hoch wie er ragt gegenüber der Burj Dubai in den Himmel. Tagsüber wirft er seinen schlanken Schatten auf die Baustelle. Scheschpols Baustelle ist heute Nacht eine der dreistöckigen Villen, die zwischen den Türmen errichtet werden. Unter ihnen tut sich der Schlund der Tiefgarage auf. Der Inder Scheschpol steht an der Brüstung. Vorschriftsmäßig hängt er den Haken seines gelb leuchtenden Sicherheitsgurts am Gerüst ein. Bis Mitternacht wird er Verschalungen zimmern, in die anschließend Beton gegossen wird. Dann hat er zwei Stunden Pause. Wenn die Sonne um sechs Uhr morgens am flachen Horizont aufgeht, steht er wieder vor der Stechuhr. Ein Bus voller hundemüder Nachtschichtarbeiter bringt ihn anschließend zurück ins Camp „al Qouz".

So wollte er nicht länger leben

Auch der Schweißer Gulbahar, ein Paschtune aus Afghanistan, hat seine Schlafstelle in „al Qouz". Er arbeitet in einer Fabrik an den Konstruktionen der Eisenverstrebungen. Mit fünf anderen Afghanen teilt Gulbahar

das kahle Zimmer. Eine riesige afghanische Flagge ist die einzige Wandverzierung. An einem Haken hängen braune Pakolmützen und die typisch afghanische Männerkluft, Schalwar und Kamiz, die weite Hose mit dem langen Hemd darüber. In der Ecke läuft der Fernseher, eingestellt auf einen Satellitensender aus Afghanistan. Von Staatspräsident Karzai ist die Rede und von Geländegewinnen der Taliban. Viel lieber seien ihnen Musik und Tanzclips, sagt der Paschtune beiläufig.
Gulbahar läßt mit flinker Hand ein paar Zutaten aus dem Kühlschrank in eine gelbe Plastiktüte fallen. Hinter ihm steckt sein Freund Sattar den Kautabak Naswar in die rechte Backe. Gulbahar bedeutet „Rose des Frühlings". Den Frühling seiner Jugend haben ihm die Taliban genommen. Unsicher neigt er seinen Kopf, er lächelt wieder und zeigt seine breiten Zahnlücken. Wegen der Taliban sei er Analphabet, sagt Gulbahar leise. Nur Koranschulen habe es in seinem Dorf gegeben, und Frauen, die sich allein auf die Straße getraut hätten, seien auf der Stelle umgebracht worden.
So wollte er nicht länger leben. Vor neun Jahren verließ er Afghanistan, setzte sich mit anderen Familienmitgliedern nach Pakistan ab und fand einen Weg nach Dubai. Umgerechnet 125 Euro verdient er nun im Monat als Schweißer. Für sein Essen braucht er 45 Euro, den Rest überweist er jeden Monat über eine Wechselstube nach Hause. Von seinem Scheck leben dort 15 Familienmitglieder. Frau und Kinder, Eltern und Geschwister. An Sparen ist da nicht zu denken. Immerhin konnten sie ein kleines Häuschen bauen.

Das Bauunternehmen zahlt, was es für richtig hält

Der Inder Scheschpol ernährt nur fünf Personen, seine Frau und vier Kinder. Einmal in der Woche telefoniert er mit ihnen, alle zwei Jahre besucht er sie im gebirgigen Norden Indiens. Dafür nimmt er zwei Monate unbezahlten Urlaub. Auch er spart nichts. Die ersten drei der acht Jahre in Dubai hatte er den Kredit der Arbeitsvermittlung zurückgezahlt. Jedes Jahr war ein Zins von 36 Prozent fällig. Die Agentur hatte ihn als Zimmermann angeworben. Dieses Handwerk hatte Scheschpol, der in die Kaste der Viswakarma hineingeboren wurde, in seinem Gebirgsdorf am Fuße des Himalaja erlernt.
Scheschpol darf kein Fehler mehr unterlaufen. In der Kategorie der Facharbeiter ist er bereits auf den untersten Rang C abgerutscht. Noch eine Herabstufung, und er ist nur noch ein einfacher Arbeiter, verdient dann

keine 25 Dirham mehr am Tag, sondern nur noch 20 Dirham. Das steht allerdings in keinem Tarifvertrag. Das Bauunternehmen zahlt, was es für richtig hält, und nur gelegentlich sieht sich die Regierung des Emirats veranlaßt, gegen Lohndrücker einzuschreiten. Vor einem halben Jahr stiegen mehrere tausend Bauarbeiter des Burj Dubai um sechs Uhr abends nicht in den Bus, sondern zogen auf die breite Straße, auf der die allradgetriebenen Luxuswagen im Feierabendstau stehen. Sie verlangten mehr Lohn. Wenig später machten es ihnen im „Business Bay" die Arbeiter der Türme A bis H nach. Die Regierung des Emirats, um den Ruf Dubais in der Welt besorgt, bestellte das Bauunternehmen Habtoor ein und forderte es auf, den Tageslohn um drei Dirham anzuheben.

Denn allein des Geldes wegen sind sie in Dubai

Habtoor, eins der großen und seriösen Bauunternehmen Dubais, baut im „Business Bay" zwölf der 174 Wohn- und Bürotürme. Jeder von ihnen wird zwischen 45 und 55 Stockwerke hoch. Dazu beschäftigt das Unternehmen allein auf dieser Baustelle 7.000 Arbeiter. Insgesamt hat Habtoor 33.000 Bauarbeiter unter Vertrag, das ist zehnmal so viel wie 1995. Bald werden es noch viel mehr sein.
Lange haben sie jede Art von Schinderei schweigend ertragen und allenfalls aufbegehrt, wenn sich die schweren Unfälle häuften. Heute gehen die Bauarbeiter nur noch für bessere Bezahlung auf die Straße, denn allein des Geldes wegen sind sie ja nach Dubai gekommen. Auch Gulbahar. So lange wie möglich will er hierbleiben. Er ist der Einzige seiner großen Familie, der überhaupt etwas verdient. Er hat Glück gehabt, denn er arbeitet für ein angesehenes Unternehmen. Bei den Subunternehmen der großen Baufirmen sind die Bedingungen schlechter. Auch Habtoor hat Aufträge weitervergeben: an ein chinesisches Unternehmen die Fassadenverkleidung und an ein lokales die Verlegung der Elektroleitungen.
Wie viel er verdient, will Joseph nicht sagen. Nur, daß auch er mit seinem Lohn nicht zufrieden ist. Meist erhalten Sicherheitsbeauftragte wie er 13 Dirham in der Stunde, also 2,50 Euro. Joseph gehört zu den wenigen auf dem Bau, die Englisch sprechen. In seiner philippinischen Heimat hat er Betriebswirtschaftslehre studiert. Eine Weile arbeitete er in einer Gemeindeverwaltung, dann wechselte er in die Bauindustrie. Es zog ihn nach Dubai, weil dort die Löhne höher sind und keine Arbeitslosigkeit droht. Nur ist eben die Familie sehr weit weg.

Anders als die Arbeiter tritt Joseph selbstsicher auf und ohne Scheu. Ein fester Handschlag, ein gerader Blick in die Augen. Habtoor setzt ihn auf der Baustelle 820 ein, beim Ausbau des Flughafens. 22.000 Bauarbeiter sind dort beschäftigt, und Joseph ist für die Sicherheit von 1700 zuständig. Stolz erzählt er, daß es in den letzten 58 Millionen Arbeitsstunden seiner Leute nur einen Unfall gegeben habe. Ein unachtsamer Arbeiter sei auf eine „unechte Decke" getreten und vier Stockwerke in die Tiefe gestürzt. Zum Glück habe er sich nur einen Arm gebrochen.

Sie sprechen nichts als den Dialekt ihrer Heimat

Joseph muß den Arbeitern die Mindeststandards für die Sicherheit beibringen – keine leichte Aufgabe, die meisten sind ja Analphabeten. Werden neue Arbeiter angeheuert, weist er sie zwei Wochen lang ein, demonstriert ihnen den Gebrauch ihrer persönlichen Sicherheitsausstattung und hämmert ihnen ein: „Wer auf der Baustelle keinen Helm trägt, keinen Sicherheitsgurt oder wer raucht, dem wird ein Tageslohn abgezogen." Jeden Samstag beginnt die Woche um sechs Uhr mit Lektionen aus den Erfahrungen der letzten Woche. Joseph bringt die Fälle zur Sprache, bei denen er auf der Baustelle seine schrille Trillerpfeife hatte einsetzen müssen, um allen klarzumachen: Da verstößt wieder einmal einer gegen die Sicherheitsvorschriften.
Die Verständigung ist nicht leicht. Arbeiter wie der Afghane Gulbahar und der Inder Scheschpol kommen aus entlegenen ländlichen Gebieten, sie sprechen nichts als den Dialekt ihrer Heimat. Joseph demonstriert daher und gestikuliert, ruft Vorarbeiter herbei, die sich oben auf den Gerüsten in vielen Sprachen verständlich machen müssen, auf Urdu und Paschtu, auf Arabisch und in den vielen Sprachen Indiens. Dann geht es bei der Sicherheitsstunde in der Baracke zu wie in Babel, dessen Turmbau schließlich an der Unfähigkeit zur Verständigung scheiterte.

„Wenn einer religiöse Probleme verursacht, greifen wir ein"

Nach Schichtwechsel stellt sich das Fußvolk der Globalisierung in blauer Arbeitsuniform am Halbrund vor dem „Business Bay" auf. Über ihnen nimmt ein weiterer Abschnitt der Silhouette von Dubai Konturen an. Gleich kommen mehrere Dutzend Busse und verschlucken die Arbeiter.

Joseph findet es gar nicht gut, daß die Sicherheitsbeauftragten im gleichen Camp untergebracht sind wie die Arbeiter, die sie kontrollieren und immer wieder zu disziplinieren haben. Aber auch sonst gebe es Probleme.
Al Qouz ist eines der zwölf Arbeitscamps der Baufirma Habtoor. 3300 Arbeiter wohnen hier wie in einer kleinen Stadt. Sie kommen aus Indien, Pakistan und Afghanistan, aus Sri Lanka und Bangladesch, aus Ägypten und Sudan, aus dem Libanon und aus Palästina, aus Nepal und Vietnam. Jeder bringt seine Sprache mit, seine Kultur, sein Essen, seine Religion. Die Afghanen sind Muslime, die Inder Hindus, die Filipinos Christen. Abdullah, einer der Aufseher, läßt keinen Zweifel: „Wenn einer religiöse Probleme verursacht, wenn er fanatisch wird, dann greifen wir sofort ein." Jeder soll beten können, in der kleinen Moschee oder auf seinem Zimmer. Mehr ist aber nicht drin. Ein Grund, auf dem radikale Ideen gedeihen könnten, soll erst gar nicht entstehen. Schließlich stammen viele der Arbeiter aus Ländern, in denen Dschihadisten für ihren unheiligen Krieg trommeln.

Träume von dem, was unerreichbar weit weg ist

„Jedes Jahr schicken wir zwei bis drei Prozent der Arbeiter nach Hause", fährt Abdullah fort, „meistens wegen Schlägereien." Analphabetismus und Verständigungsschwierigkeiten seien die größten Probleme im Lager. Wer sich da nicht unter Kontrolle hält und gewalttätig wird, der fliegt. Manchmal, sagt Abdullah, sei dabei Alkohol im Spiel, obwohl der im Camp streng verboten ist. Was er nicht erwähnt, sind die Lebensbedingungen, die selbst friedfertige Menschen aggressiv machen können. Zwischen zwei und drei Uhr strömen die Camp-Bewohner aus allen Zimmern in die Küchen. Die liegen jeweils an einem Ende der langgezogenen dreistöckigen Wohnblocks. Unterschiedliche Auffassungen von Sauberkeit, auch Gerüche, die in der Küche zurückbleiben, können die latenten Spannungen jederzeit zur Entladung bringen. Facharbeiter haben einen Anspruch auf Zimmer mit nur sechs Betten. Einfache Arbeiter wie die Vietnamesen sind zu zwölft in einem Raum. Vor den Toiletten bilden sich mitunter lange Schlangen.
Statt Vorhängen zieren bunte Poster die kahlen Fenster, einmal von Real Madrid, dann mit kitschigen Naturbildern. Träume von dem, was unerreichbar weit weg ist. Unter den Fenstern stehen kleine Holzkästen. In ihnen bringen die Gulbahars und Scheschpols ihre Wertsachen unter.

Dokumente, die die meisten nicht lesen können, Bilder ihrer Familien, die sie nicht im Schlafsaal den Blicken der anderen aussetzen möchten. Auch einmal ein Marienbild. An hohen christlichen Feiertagen gehen die Christen des Camps in eine der Kirchen von Dubai. Habtoor ist eine der ersten Baufirmen, die ihren christlichen Bauarbeitern an Weihnachten einen bezahlten Urlaubstag geben.

Die Vokabel für Arbeit

Der Hindu Scheschpol hat da mit seinen Zimmergenossen bereits das Lichterfest Diwali gefeiert mit einem Besuch im Hindutempel von Dubai, mit Tanzen und mit Süßigkeiten. Natürlich auch mit Trinken. Noch Wochen später leuchten seine Augen auf, wenn er von dem Fest erzählt. Viel Abwechslung bietet sein Leben nicht. Arbeiten, schlafen und kochen. Arbeiten, schlafen und essen. Freitags, wenn er nicht arbeitet, fährt er mit seinen Kollegen manchmal in die Stadt. Sie besteigen eine Abra, eines der tuckernden alten Wassertaxis, die die beiden Seiten des Creek miteinander verbinden. Der Creek ist ein Meeresarm, der sich nach Dubai hineinschlängelt und dort einen natürlichen Hafen geschaffen hat. Während der wenigen Minuten der Überfahrt bestaunt Scheschpol das Lichtermeer von Dubai, das Bauarbeiter wie er mit ihren Händen geschaffen haben. Einen Dirham kostet die Überfahrt, keine 20 Cent. Mehr könnte sich Scheschpol auch nicht leisten.
„In meiner Heimat ist Dubai die Vokabel für Arbeit, für Geldverdienen", sagt Scheschpol. Gewiß sei die Wirklichkeit rauher, und nicht alle seine Erwartungen hätten sich erfüllt. Er zuckt mit den Achseln. Ja, was weiß man schon im fernen indischen Dorf über Dubai. Und natürlich würde er wiederkommen, fährt er ohne Zögern fort. Für seine Familie sei er ja zur weiten Reise nach Dubai aufgebrochen. „Wie denn sollte ich sie sonst ernähren?"

Mythen und Blasen

Wolfgang Lipps

Der Immobilienmarkt in Dubai.
Stand der Dinge, Aussichten

Bis zum September 2008 mußten Dubai-Besucher den Bauboom dort wie in den übrigen Staaten der Vereinigten Arabischen Emirate für ungebrochen halten; nach wie vor schossen in großer Zahl Wolkenkratzer, unter ihnen Superlative, aus dem Wüstenboden an Stellen, an denen ein Jahr zuvor Leere herrschte. Dann kam die weltweite Finanzmarktkrise, die sich in den letzten Monaten des Jahres 2008 rasch zu einer globalen Wirtschaftskrise auswuchs. Heute ist nichts mehr so, wie es eben noch war. Wo also steht der Immobilienmarkt in Dubai?

Ein Blick zurück

Schon in den letzten zwei, drei Jahren fragten sich insbesondere ausländische Investoren, wann die immer wieder diskutierte Immobilienblase platzen werde. Im Februar 2007 lag eine von der ägyptischen Investmentbank EFG Hermes verfaßte, 45 Seiten umfassende Analyse des Immobilienmarktes in Dubai vor. Basierend auf dieser und auf eigenen Beobachtungen der DLES Dubai Legal Expert Services ließ sich diese Frage damals eingrenzen und einigermaßen zuverlässig beantworten. Obwohl es so aussah, daß in Dubai erheblich zu viel gebaut würde, hatte man den Eindruck, daß die Nachfrage das Angebot übersteige, was allerdings von einer Analyse der gesamtwirtschaftlichen Situation im Mittleren Osten abhängig gemacht wurde – für Prognosen eine schwierige und unsichere Grundlage. EFG Hermes ging davon aus, daß es in der Wirtschaft des Emirats Dubai nach 2007 keine spürbare Rezession geben und Dubai weiterhin hoch attraktiv sein werde – für den Zuzug von Ausländern ebenso wie für ausländisches Kapital.
Dubai entwickele, argumentierte die Investmentbank, seinen Finanzsektor in großer Geschwindigkeit und nehme sich dabei Hong Kong zum Vor-

bild – auch in bezug auf die Entwicklung des Tourismussektors: Das Projekt Dubailand orientiere sich an *Disney-Land* Hong Kong. Die Steuern in Hong Kong seien niedrig, in Dubai gebe es sie praktisch nicht. Hong Kong sei das Einfallstor nach China, Dubai ein Einfallstor in den nahen und Mittleren Osten. China habe zwar eine erheblich größere Wirtschaftskraft, aber das Defizit der Vereinigten Staaten gegenüber den Ölproduzenten sei mehr als doppelt so hoch wie sein Defizit im Handel mit China.

Da es für die Immobilienentwicklung in Dubai keine historischen Anhaltspunkte gibt, orientierte sich die Investmentbank EFG Hermes an den letzten Marktbewegungen in Singapur. Sie hielt es für möglich, aus der dortigen Immobilienentwicklung Schlüsse zu ziehen. Singapur habe zwischen 1998 und 2000 einen Boom erlebt mit Preissteigerungen von rund 37 Prozent. Ihm folgte eine kurze Periode der Stabilität, bevor die Preise scharf um 30 Prozent fielen. Dies entspreche ungefähr dem Szenario für Dubai mit einer Stabilitätsperiode im Jahre 2007 – gefolgt von einem Preisverfall von etwa 25 bis 30 Prozent bis zum Jahre 2010.

Letztlich mußte man damals zu dem Ergebnis kommen, daß Preise und Mieten hoch bleiben würden, solange die Bautätigkeit mit der Nachfrage nicht Schritt hält, was 2007 noch nicht der Fall war. Dabei mußten zwei unterschiedliche Märkte unterschiedlich gewichtet werden: der Markt fertiggestellter Einheiten und der Markt vom Plan weg zu verkaufender, erst noch zu bauender Einheiten. Bei letzteren war festzustellen, daß es sich im wesentlichen um sogenannte Retail-Objekte handelte. um Objekte also, die von spekulativ operierenden Investoren gekauft wurden, um sie im Zuge steigender Bau- und Grundstückspreise einige Zeit später – zum Teil noch vor Vollzahlung des Kaufpreises, die der Käufer übernehmen mußte – mit teils erheblichem Gewinn über die Anzahlung hinaus weiterzuverkaufen. Diese ‚Blase' wurde schon damals als empfindlich angesehen. Aber man konnte davon ausgehen, daß der Immobilienmarkt in Dubai auf eine ‚weiche Landung' zusteuern werde, am ehesten in bezug auf vom Plan weg verkaufte Objekte.

Viele dieser Retail-Objekte wurden unter Hinweis darauf angeboten, daß es sich empfehle, früh zu investieren, eine Reihe von Einheiten zu kaufen und sie zwei Monate nach Fertigstellung mit Profit weiterzuverkaufen – eine Spekulation, die zunehmend ‚nach hinten losgehen' konnte. Denn Investoren, die unter diesem Gesichtspunkt kaufen, spekulieren auf einen ständig wachsenden Markt und haben meist die Absicht, nur die Anzahlung (deposit) zu leisten und die Restzahlung vom Zweitkäufer leisten zu lassen. Käme aber der Immobilienmarkt in Dubai in – keineswegs auszuschließende – Schwierigkeiten, dann dürften die entsprechenden Probleme sich zuerst in diesem Marktsegment zeigen.

Anfang 2007 nahm die Zahl der Retail-Objekte zu, von denen bereits damals abzusehen war, daß sie sehr wahrscheinlich nicht realisiert werden würden. So wurde die Fertigstellung des einen oder anderen Wohnturms für das Frühjahr 2007 angekündigt – Projekte, deren Baustellen bis heute nicht eingerichtet sind. Die betreffenden Investoren drohen mit Prozessen, aber der Rechtsschutz von Investoren war stets und ist in Dubai immer noch rudimentär, insbesondere gegenüber Entwicklungsgesellschaften, die keine staatliche Beteiligung aufweisen.

Fazit der seinerzeitigen Betrachtung: Der Immobilienboom in Dubai werde – zumindest noch im Jahre 2007 – in allen Segmenten ungebrochen sein. Bei Wohnungsimmobilien, und dort insbesondere im Segment Highrise-Apartments, war ein Rückgang der Preise und Mieten erkennbar, aber eben wohl auch eher in der Form einer ‚weichen Landung' als eines Crash, eine Entwicklung, die sich im Jahre 2008, vielleicht auch 2009 fortsetzen und 2010 wieder erholen werde. Bei gut gelegenen Villen hielt man Preis- und Renditestabilität für vorherrschend. Bei Geschäftsimmobilien einschließlich der Investitionen in Hotels wurde ein unveränderter Boom erwartet.

Über den Immobiliensektor hinaus konnte man darauf hinweisen, daß sich Dubai zunehmend als Handelszentrum für den nord- und südamerikanischen, insbesondere aber für den mittelöstlichen und asiatischen Handel etabliert hat. Abgesehen vom ständig wachsenden Touristiksektor – auch er ernährt den Bauboom –, dürften auf dem Wirtschaftssektor die Investitionen und die Handelsbeziehungen sowie die Warenbewegungen und die Dienstleistungsangebote weiterhin steigen und Dubai zu einem zunehmend interessanten Standort für Investoren werden lassen, auch für mittelständische Unternehmen, weitgehend unabhängig von den Ölreserven des Landes und von der Ölpreisentwicklung insgesamt.

Die Lage im Dezember 2008

20 Monate nach diesen Feststellungen, also zum Jahresende 2008, muß man konstatieren, daß sich zwar die eine oder andere Einschätzung bestätigt hat, der Immobilienmarkt in Dubai aber angesichts der auch in Dubai und in den Vereinigten Arabischen Emiraten mit voller Wucht angekommenen Finanzkrise insgesamt ein verwirrendes Bild bietet, das aufzulösen und zu interpretieren keine leichte Aufgabe ist.

Fact Finding

Die beste Quelle für Informationen ist das Land-Department der Regierung von Dubai (http://www.dubailand.gov.ae/ld_website/English/Yearly_Transactions.aspx). Wie alle Abteilungen der Regierung des Emirats ist auch das Land-Department mit seinem Internetauftritt technisch und inhaltlich auf der Höhe der Zeit und liefert eine Fülle von Daten. Inzwischen sind nach dem *Law No. 7/2006 Concerning Land Registration in the Emirate of Dubai* – dem Gesetz über die Grundbuchpflicht – weitere Gesetze und Verordnungen erlassen worden. So sieht das *Gesetz Nr. 13* vor, daß Immobilienentwickler in Dubai ihre Verkäufe vom Plan weg registrieren müssen: Das war bislang nicht der Fall und machte dieses Marktsegment sehr intransparent. War der Stichtag für diese Registrierung ursprünglich die erste Woche im November, so ist er nun auf den 31. Dezember verlegt worden. Danach nicht registrierte Planverkäufe müssen mit Ordnungsstrafen rechnen. Damit ist sichergestellt, daß wirklich alle Transaktionen registriert werden und so zur Kenntnis und in die Statistiken des Land-Department gelangen. Die Behörde führt Statistiken über die TOP 20 Communities sowie über jährliche, monatliche und tägliche Transaktionen. In letzteren werden Regionen (etwa Al Jadaf, Arabian Ranches und Emirates Hills) nach ihren Gebieten unterschieden; täglich werden die Transaktionen bei Grund und Boden, Wohnungen und Villen erfaßt. Für den 13. November 2008 sieht das beispielhaft wie folgt aus (Preise in Euro zum Kurs 50 Dirham = 10,6 Euro; Flächen in Quadratfuß):

Einige Bewegungen am 13. November 2008

Region	*Fläche*	*Beschreibung*	*Preis/Fuß^2*	*Gesamtwert des Tages*
Al Jadaf	12395	Bauland	231,93	2.874.747,50
Arabian Ranches	8073	Gebäude	unbekannt	944.012,25
Emirates Hills	13393	Gebäude	unbekannt	696.608,25

Den Gesamtwert des Tages in allen Grundstücksbereichen gibt das Department mit 10.026.769,00 Euro an. Für diesen Tag hat das Land-Department ferner gemeldet, daß alle Immobilientransaktionen in Dubai für das Jahr 2008 den Betrag von 253,65 Mio. Dirham beziehungsweise etwa 53.636.000,00 Euro (gerundet) überschritten haben.

Statistiken nach diesem Muster werden auch für Wohnungsverkäufe (Daily Flat Transactions) geführt und sehen dann für denselben Tag etwa so aus (Beispiele aus einer größeren Liste):

Region	Fläche	Beschreibung	Preis/Fuß²	Gesamtwert
Arabian Ranches	5765	gebaut	unbekannt	636.000,00
SADAF 1 (Marsai Dubai)	1896		752.600,00	
Saba 3 (Emirates Hills)	1387		317.788,00	
Gesamtwert des Tages in allen Wohnungs-Bereichen:				1.745.353.00 EUR

Für Villen wird eine entsprechende Statistik verwendet. Damit ist das Land Department eine sehr verläßliche und aktuelle Quelle für Immobilientransaktionen. Durch die Meldepflicht für Vom-Plan-Verkäufe dürfte sie im Jahre 2009 noch genauer werden.

Die jährlichen Verkäufe werden ebenfalls erfaßt und ergeben für die Jahre 2007 und 2008 (bis einschließlich November) gerundet und in Euro umgerechnet folgende Ergebnisse:

2007

Monat	Zahl der Transaktionen	Gesamt in € (gerundet)
Januar	316	333.052.000,00
Februar	244	412.128.000,00
März	317	575.792.000,00
April	315	582.576.000,00
Mai	396	864.324.000,00
Juni	267	729.704.000,00
Juli	262	702.144.000,00
August	330	784.770.000,00
September	288	1.041.556.000,00
Oktober	394	1.275.180.000,00
November	507	1.688.580.000,00
Dezember	361	1.076.748.000,00

2008

Monat	Zahl der Transaktionen	Gesamt in € (gerundet)
Januar	417	1.033.712.000,00
Februar	512	1.715.716.000,00
März	559	1.153.916.000,00
April	863	1.761.720.000,00
Mai	793	2.461.108.000,00
Juni	671	1.796.488.000,00
Juli	575	1.442.872.000,00
August	383	1.000.428.000,00
September	326	1.122.752.000,00
Oktober	320	537.208.000,00
November	144	270.724.000,00

So nützlich Statistiken wie diese sind, so schwierig ist es, aus ihnen nicht nur ein Bild der einzelnen Regionalmärkte und funktionalen Märkte (Flats,

Villen, Plots etc.) zu gewinnen, sondern die erforderlichen Trends für eine vergleichsweise verläßliche Marktbewertung und Zukunftsprognose abzuleiten, wenngleich die starke Umsatzeinbuße der Monate Oktober und November 2008 bereits einen Trend erkennen läßt. Die vorgenannte Aufgabe wird einem auch zunehmend weniger von anderen Institutionen abgenommen. So hat zwar die Investmentbank EFG Hermes am 3. Januar 2008 (freilich ohne damals die Finanzkrise vorhersehen zu können) prognostiziert, daß Preise und Mieten im Jahre 2008 fallen werden. Sie befürchtete einen Überhang von Wohneinheiten bereits für 2008 und hielt einerseits fest, daß sich die Zahl der Wohneinheiten auf 530.000 im Jahre 2010 verdoppeln werde, befürchtete aber andererseits, daß diese Verdoppelung bereits ab 2008 schon an der tatsächlichen Nachfrage der Folgejahre vorbeigebaut werden würde. Für 2010 sei bei Immobilienwerten ein kumulativer Rückschritt um 25 bis 30 Prozent zu erwarten – eine Einschätzung, die allerdings noch davon ausgeht, daß weltwirtschaftlich degressive Entwicklungen den Zuzug nach Dubai nicht beeinträchtigen; eine, wie man inzwischen weiß, falsche Annahme. EFG Hermes nahm seinerzeit zugleich an, daß die Ölpreise mehr oder minder stabil bleiben würden – eine Annahme, die angesichts der stark gefallenen Ölpreise überholt ist, aber im Auge zu behalten ist, da sich der Rückgang der Ölpreise schneller wieder umkehren dürfte, als mit einer wirtschaftlichen Erholung der globalen Märkte zu rechnen sein wird. Sybillinisch schließt die Analyse mit den Worten: „For while it may look as though Dubai is building far too much real estate, the supply could still be too slow to keep up with a surge of demand under some scenarios, and who can really predict what is going to happen in the Middle East over the next four years? Analysts do not have an easy task." Das konnte EFG Hermes bereits nach etwa zehn Monaten konkretisieren. In einem „In Dubai geht die Angst vor einem Immobilien-Crash um" überschriebenen, am 14. November 2008 erschienenen Beitrag des unabhängigen Wirtschaftsinformations-Portals *moneycab* (www.moneycab.presscab.com) heißt es: „Die ägyptische Investmentbank EFG Hermes sieht in Dubai ein ‚eklatantes Mißverhältnis' zwischen dem Angebot an Luxuswohnungen und der Nachfrage nach bezahlbarem Wohnraum für die breite Masse. An der Krise tragen die Immobilienfirmen in der Tat eine Mitschuld, weil sie vor allem auf das gehobene Luxussegment setzen, anstatt bezahlbaren Wohnraum für Dubais Mittelschicht zu bauen, die in Massen ins billigere Nachbaremirat Sharjah umzog. Die Mieten stiegen in Dubai 2007 um 17,5 Prozent. Der höchste Quadratmeterpreis wird mit rund 1.500 US-Dollar im DIFC [Dubai International Finance Centre] verlangt."[1]

Signifikante Meldungen

Der Chor sonstiger Analysten – EFG Hermes und Morgan Stanley, beide haben einen Preisverfall für das Jahr 2010 vorhergesagt, sowie ungezählte, außerhalb Dubais tätige Experten – ist vielstimmig und uneinheitlich. So konnte man bei UAE Lists am 12. November 2008 lesen, daß die Immobilienpreise in Downtown Burj Dubai – einem der Flaggschiffe von Emaar – um 50 Prozent gefallen seien. Tatsächlich sind die Preise dort etwa um 22 Prozent gefallen – der 50-prozentige Abschlag bezog sich lediglich auf den Burj Dubai, den Tower, der dem Quartier den Namen gibt. Die Informationen stammen von dem englischen Immobilienberater Sherwoods; sie geben weder darüber Auskunft, innerhalb welcher Zeitspanne diese Preise derart verfallen sind, noch läßt sich der Analyse entnehmen, wann der Preisverfall eingesetzt hat. Unerwähnt bleibt schließlich, daß die Preise dort zunächst bis September 2008 innerhalb eines Jahres um immerhin 88 Prozent (!) gestiegen waren. Der derzeitige Preisverfall dürfte also eher als Normalisierung überhöhter Preise einzelner Prestigeobjekte zu bewerten sein denn als Indikator für den gesamten Immobilienmarkt. Das ist denn auch die beruhigende Auffassung des Rulers von Dubai.
Interessant sind einige signifikante Meldungen aus den täglichen Kurzberichten von UAE Lists, die einen erhellenden Eindruck davon geben, was Dubai Ende letzten Jahres erlebte:

12. November 2008   Vom-Plan-Verkaufspreise sind um 15 Prozent gefallen.
Gleichzeitig: Damac Properties (einer der Projektentwickler in Dubai) entläßt 150 Mitarbeiter. In Downtown Burj Dubai fallen die Immobilienpreise um 50 Prozent.

16. November 2008   Die Preise für Vom-Plan-Verkäufe in Dubai Marina fallen um 38 Prozent.

18. November 2008   Ein interessanter Tag voller gemischter Nachrichten:
85 Prozent der Leser von *Arabian Business* glauben, es werde schlimmer. Der Bau von The Palm Jebel Ali wird verlangsamt.
Zugleich wird erwartet, daß die Immobilienpreise in Dubai steigen (sagen angeblich die meisten Makler). UAE Lists kommentiert das negativ.

19. November 2008	Anstieg der Immobilienangebote um 5 Prozent.
21. November 2008	Die Preise auf The Palm Jumeirah fallen um 40 Prozent (!).
22. November 2008	Auch die Mieten in Dubai beginnen zu fallen.
23. November 2008	Das Hotel The Atlantis (gerade für angeblich 20 Mio. US-Dollar eröffnet) kappt die Preise, weil Besucher ausbleiben.
25. November 2008	Der VAE-Immobilienentwickler Tameer entläßt seine halbe Belegschaft. Grund: Der Niedergang des Immobilienmarktes infolge der globalen Finanzkrise
28. November 2008	Immer mehr Vom-Plan-Käufer geraten in Verzug und können die Endpreise nicht mehr zahlen.
30. November 2008	Der staatliche Immobilienentwickler Nakheel entläßt 500 Mitarbeiter und verschiebt eine Reihe von Projekten, unter ihnen die Projekte Trump International Hotel and Tower, Frond N Villas und Gateway Tower (alle auf The Palm Jumeirah), in Dubai Waterfront Teile der Waterfront und sechs künstliche Inseln, die Nakheel an der Dubai Waterfront geplant hatte, sowie die meisten Projekte im Inselprojekt The Universe.
22. Dezember 2008	Firmen in Dubai im Berater- und Immobiliengeschäft entlassen Tausende von Mitarbeitern.

Das sind nur einige der vielen, die Krise und in deren Gefolge überwiegend den Immobilienmarkt betreffenden Meldungen – sie enthalten noch nicht die gleichzeitig publizierten Nachrichten darüber, wie stark die Aktienkurse und die Kapitalreserven der großen Gesellschaften durch die Krise in Mitleidenschaft gezogen worden sind. Tatsächlich wurde unter den Ländern der Vereinigten Arabischen Emirate Dubai am härtesten von der Finanzkrise getroffen. Deutlichstes Zeichen dafür sind die Einbrüche bei den Aktienkursen von Nakheel und Emaar. Nakheel verfolgt immerhin Projekte im Wert von etwa 80 Mrd. (!) US-Dollar und plant eine Kapitalaufnahme an der Börse von rund 15 Mrd. US-Dollar, um die Finanzierung seiner Projekte zu sichern.

Die Zentralbank der VAE hat bereits im September eine Kreditstützung von 9,3 Mrd. Euro vorgenommen, um den arabischen Interbankverkehr in der Folge des Zusammenbruchs der Lehman Holding zu retten, eine

VAE-Maßnahme, die unter anderen auch von der Zentralbank in Kuwait übernommen wurde. In den VAE fand eine starke Bewegung aus dem Dollar in den Dirham statt. Am 8. Oktober 2008 und danach brachen die Börsenkurse in den arabischen Ländern weiter ein, wobei sich Saudi-Arabien mit einem Verlust von 1,5 Prozent und Kuwait mit einem Verlust von 1,4 Prozent noch am besten hielten. Beide Zentralbanken haben den Leitzins gesenkt, die Zentralbank der VAE senkte den Refinanzierungssatz auf 3 Prozent. Insgesamt haben die sieben Wertpapiermärkte der Golfstaaten am 8. Oktober 2008 etwa 30 Mrd. US-Dollar verloren, zusammen mit den vier Tagen zuvor etwa 180 Mrd. US-Dollar. Der Fall der Ölpreise hat diese Tendenz verstärkt und zudem die Kritik islamischer nationalistischer Kräfte gestützt, die die Globalisierung als schädlich erachten – was nicht ohne Wirkung bleiben wird, insbesondere auf langfristige und zugleich empfindliche Märkte wie den Immobilienmarkt.[2]

Schlußfolgerungen

Man muß wissen, daß Dubai erheblich stärker von Abu Dhabi abhängig ist und gelenkt wird, als es für ‚Outsider' den Anschein hat. Abu Dhabi hat Öl zum Export für mindestens weitere 150 Jahre, Dubai nicht. Abu Dhabi stützt die Wirtschaft des Nachbarlandes in hohem Maße – darunter mit bisher 70 Mrd. US-Dollar-Krediten – und sorgt zugleich dafür, daß Dubais Träume nicht in den Himmel wachsen.[3]
Dubai ist, nach arabischen Maßstäben und zugleich als absolutistisch verfaßter Staat, das liberalste Emirat, weswegen die Investoren der prächtigen Projekte überwiegend aus Saudi-Arabien, Kuwait und Indien stammen. Die Vereinigten Staaten oder Europa spielen unter den Investoren eine eher nachrangige Rolle.
Wenn auch eine Reihe von Verwaltungseinrichtungen, beispielsweise die Finanzaufsicht oder der (wohl sehr effektive) Geheimdienst, deutlich us-amerikanisch beeinflußt sind, ist Dubai insbesondere für seine Nachbarn, in erster Linie für Saudi-Arabien, von großem Interesse. Dubai ist ein Garant der Bindung an den Westen, des Antiterrorismus[4] und ein weitgehend liberales Ventil. Zahlreiche Investoren stammen aus den Nachbarländern, vor allem aus Saudi-Arabien. Die Tourismus-Angebote, gegen die

Nächste Seiten: „Nakheel's innovative and diverse portfolio redefines home, holiday and investment." Quelle: Verkaufsprospekt Marina Residences The Palm Jumeirah

Disney-World Orlando aussieht wie ein kleines Spielmodell, sind darum überwiegend auf den arabischen und danach vielleicht den us-amerikanischen Geschmack zugeschnitten, während etwa der europäische Tourismus sich zunehmend anderwärts orientiert, etwa nach Qatar.

Was man jetzt in Dubai beobachten kann, ist weniger das Platzen als ein – wenn auch deutlicher – Luftverlust einer großen Blase oder, genauer, der unterschiedlich schnelle Druckabfall in verschiedenen Blasen des Immobilienmarktes. Auch die Mieten fallen. Für Investoren interessante Vermietungsobjekte – beispielsweise Business-Hotels oder Büro- oder Fabrikationsgebäude in den Freihandelszonen oder im Hafenbereich – sind allerdings in Dubai ohnehin dünn gesät. Wenn sich Objekte derzeit schon nicht verkaufen lassen, werden sie zunächst vermietet. Grundsicherheiten als Finanzierungsmittel sind immer noch erschwinglich, aber Kredite aufzunehmen wird schwieriger; von den großen staatsgetragenen Gesellschaften werden sie eher gewährt als bei sonstigen Investoren. Das Überangebot an Wohnungen erleichtert die Suche nach geeigneten Adressen; verkehrsgünstige

Lagen sind in Dubai nach wie vor gesucht, schon angesichts des permanenten Verkehrsinfarkts. Da die Preise breit nachgeben, ist der Retail-Handel besonders stark betroffen. Mit anderen Worten: Die an Spekulanten vom Blatt weg verkauften Objekte gehen nicht mehr. Hier werden Units billig auf den Markt geworfen, wenn Erst- oder Zweitkäufer nicht mehr zahlen können. Im Marktsegment Retail-Objekte dürfte es zu einem rapiden Zusammenfallen der Blase kommen, während sich die sonstige Bautätigkeit verlangsamen und auf einem erträglichen Niveau einpendeln dürfte.

Interessante Projekte wie die oben bezeichneten Vermietungsobjekte oder attraktive touristische Einrichtungen sowie wirtschaftlich fundierte Gewerbeimmobilien werden sicherlich fertiggestellt. Dubailand aber, viel zu groß geplant und nicht stark nachgefragt, stockt, und andere Projekte werden verbilligt angeboten, was sich wiederum schädlich auf die ohnehin nicht besonders ausgeprägte Bauqualität auswirkt. Nachdem Nakheel die sechs „manmade islands" in der Dubai Waterfront aus der Planung genommen hat, dürfte die Aufschüttung künstlicher Inseln zurückgehen.

Wer die Palm Jumeirah Anfang 2009 besuchte, konnte sich davon überzeugen, daß 90 bis 95 Prozent der Villen auf den Palmenwedeln (fronds) fertiggestellt waren. Die ökologischen Probleme der Inseln verteuern die Projekte. The Palm Jumeirah dürfte so auf absehbare Zeit ein Patient mit bedenklichen Krankheitsmerkmalen bleiben.

Wenn sich Dubai trotz der weltweiten Finanzkrise wirtschaftlich weiterentwickelt – im Tourismus, im Luftverkehr, im Schiffsverkehr, beim Zwischenhandel und insbesondere mit den Freihandelszonen (Free Zones) sind weitere Wachstumschancen eingeleitet worden, die mit arabischen Geldern, in erster Linie aus Abu Dhabi, weiter gefördert werden –, wird es weiterhin einen interessanten Immobilienmarkt geben. Aber er wird durch normalisierte Preise, bessere Qualitäten, niedrigere Margen und spezifischere Angebote gekennzeichnet sein. Zudem ist damit zu rechnen, daß der Einbruch des Immobilienmarktes angesichts der gesamtwirtschaftlichen Bedeutung dieses Marktes für Dubai zeitweise negativ auf andere Wirtschaftszweige des Emirats durchschlägt.[5]

Per Saldo jedoch dürfte sich wohl, wie das Beispiel Hong Kong zeigt, die außerhalb der verschiedenen Immobilienmärkte (um nicht zu sagen: Immobilienblasen) begonnene Ausrichtung des Emirats unter Einbeziehung eines gesundeten Immobilienmarktes positiv entwickeln.

7. Januar 2009

Nachtrag

Zum Zeitpunkt der Drucklegung dieses Buches überschlugen sich die Ereignisse: Die Vorhersagen von Banken über den möglichen Preisverfall bei Dubai-Immobilien bis Ende 2009 variieren zwischen 30 und 60 Prozent, die Aktien der großen Immobilienentwickler erleben wechselnde Kurseinbrüche, die Einwanderungszahlen gehen drastisch zurück, Mieten werden teils stark gesenkt und, soweit sie in 2008 vereinbart wurden, zunächst gesetzlich eingefroren.

So skizziert der Beitrag zwar ein gewogenes und auf viele Parameter gestütztes Bild, allerdings ist angesichts der Turbulenzen nicht auszuschließen, daß in den verschiedenen Immobiliensegmenten weitere kurz- oder mittelfristige Bewegungen stattfinden.

W. L. 20. Januar 2009

Anmerkungen

1 Eine weitere verläßliche Quelle für statistische Daten ist AME Info (www.ameinfo.com). Nützliche Informationen liefern die UAE Lists (www.uaelists.com), bei denen sich Interessenten einloggen müssen. Das gilt auch für www.zawya.com, ein privates Netzwerk, das sich im wesentlichen mit Informationen über den Mittleren Osten befaßt. Eine Fülle von Detailinformationen erhält man von einzelnen großen Developern wie betterhomes www.bhomes.com. Große Investmentgesellschaften wie Emaar unterhalten eigene Websites (www.emaar.com) und berichten dort im einzelnen über Projekte wie etwa Arabian Ventures, Downtown Burj Dubai, Dubai Marina, Emaar Towers, Emirate Hills und andere mehr. Für eine objektive Bewertung von Preisen und zukünftigen Entwicklungen sind die Verlautbarungen einzelner Interessenten notwendigerweise weniger wertvoll.
2 Der Informationsdienst *Dubai Newsletter* meldete am 1. Dezember 2008: „Die globale Finanzkrise hat auch vor den VAE keinen Halt gemacht. Besonders betroffen ist die Immobilien- und Investmentbranche. Damac [Bauträger] hat 200 Stellen abgebaut, Omniyat Properties [Bauträger] hat ebenfalls 69 Arbeitnehmer entlassen und Tameer [Bauträger] hat 180 Leute gefeuert. Emaar [staatlicher Bauträger] hat angekündigt, daß höchstwahrscheinlich bald Stellen abgebaut würden. Der Chief Financial Officer des staatlichen Bauträgers Limitless hat gekündigt und meinte gegenüber den Medien, daß die Firma nur noch Gehälter für vier Monate zahlen könne. Die beiden größten Hypothekenhäuser der VAE, Amlak und Tamweel, wurden von der föderalen Regierung in Abu Dhabi ‚gerettet'. Die Aktien der beiden Firmen wurden von den Börsen genommen. Die förderale Regierung hat Amlak, Tamweel, die Industrial Bank und die Real Estate Bank zu einer neuen Einheit zusammengefaßt: Die Emirates Development Bank. Der Chef des Dubaier Wirtschaftsamts gab bekannt, daß Dubai gegenüber Abu Dhabi und anderen Emiraten Schulden in Höhe von 80 Mrd. US-Dollar habe" (Das sind etwa 148 Prozent des GDP – Gross Domestic Product – von Dubai, Anm. d. Verf.). (Aus dem Englischen vom Verfasser)
3 Das hat sich etwa gezeigt, als Dubai das Nachbaremirat Sharjah unter seinen Einfluß zu bringen suchte, als dessen Emir in London seine Doktorprüfung ablegte. Abu Dhabi hat dieses Ansinnen im Keim erstickt.
4 Dieser Gesichtspunkt muß allerdings höchst kritisch gesehen werden; daß in den VAE bislang weder Anzeichen für islamistischen Fundamentalismus oder gar Terrorismus beobachtet werden, schließt nicht aus, daß man sich mit derartigen Praktiken nicht fallweise arrangiert, wie dies ja in anderen arabischen Ländern der Fall ist. Einer der intimsten Kenner der VAE, Christopher M. Davidson, Professor für Middle Eastern Affairs an der englischen Durham University, setzt sich in seinem Buch *Dubai. The Vulnerability of Success* (New York, Columbia University Press, 2008) mit Themen auseinander, die im Schatten des Dubai-Brand nicht zu übersehen sind: Schmuggel, Geldwäsche, Menschenhandel, Waffengeschäfte und Finanzierung des Terrorismus.
5 So meint Davidson zwar, „Dubai is more precarious than it has ever been, if the property industry collapses in Dubai, it will be finished", sieht dies aber zugleich als Stärkung der VAE insgesamt: „You may see Dubai's wings clipped somewhat but the UAE could become stronger as a result. Maybe that is the silver lining to this cloud. You might see a resurrection of the UAE brand" („Crisis that dims the bright light of Dubai", *The Herald*, 26. November 2008).

Lucia Tozzi
Willkommen in der Immobilienwüste!

„Kein Zeichen von Rückgang", titelte kühn das offizielle Magazin von *Cityscape Dubai*, der weltweit wichtigsten Immobilienausstellung. Am 7. Oktober 2008, während von der Wallstreet bis London die Börsen Milliarden verbrannten und die europäischen Regierungen sich darum bemühten, den Paulsen-Plan zur Rettung der Banken zu imitieren, ließ sich in der Perle der Emirate noch einmal ein unverschämter Optimismus vortäuschen. Die Investoren konnten ruhig schlafen, die Finanzkrise habe den Golf und dessen stabile Wirtschaft nicht einmal gestreift: [...] Die Pavillons der *Cityscape* waren überlaufen. Welches andere Gefühl wenn nicht das des Vertrauens hätte Zehntausende von Geschäftsleuten zu diesem gigantischen Business To Business-Anlaß gedrängt?
Aber trotz übereifriger Pressebüros sind die, die gekommen waren, um die über tausend Stände der reichsten arabischen Immobilienhändler zu besuchen, genau wie der Rest der Welt beherrscht von Angst und Argwohn. Vielleicht sogar von einem profunden Schrecken: In Dubai ist der Spieleinsatz sehr viel höher. Der Wald aus Wolkenkratzern spiegelt weder eine stufenweise erfolgte Entwicklung, selbst wenn sie so stürmisch ist wie in einer Stadt, die sich so ausdehnt wie New York in seiner großen Zeit, noch ist er das Resultat einer klotzigen Planung wie derjenigen, die der Geburt von Shenzhen vorausging. Die Millionen Kubikmeter, ob realisiert oder noch im Bau, dienen nicht dazu, eine wachsende Bevölkerung zu beherbergen, ja nicht einmal die zahlreichen Touristen und durchreisenden Geschäftsleute. Die mit bester Aussicht versehenen Wohnungen in Dubai Marina und die Villen auf der Palm [Jumeirah] sind überwiegend unbewohnt, sie sind [...] nichts als die Hülse der Finanztransaktionen. Dubai ist praktisch eine abstrakte Stadt, Inbegriff des Immobilienkapitals in reinster Gestalt: der Grund dafür, daß die Krise die Existenz der Stadt aufs Spiel setzt. [...] Bereits vor einigen Jahrzehnten entwickelte sich die Grundrente von einem passiven Element, von einer substantiellen Behinderung zum kapitalistischen Wachstum, zur finanziellen Investition, zum

erstrangigen Produzenten von Reichtum. Mit dem Platzen der New Economy-Blase wurde der Immobilienbesitz zur Königin der globalen Märkte, zugleich zur Quelle exponentieller Gewinne, zum Katalysator der ökonomischen Energie und spürbar zum Zeichen der Macht. Der enorme Geldüberhang, den das Öl und die vom Freihafen und den Free Zones angezogenen Geldströme bewirkten, hat es erlaubt, in kürzester Zeit mehr als 500 höchste Türme zu errichten, künstliche Inseln [...], und dies auf einer Fläche, die einem Mehrfachen des Gebietes von Manhattan entspricht [...]. Tag für Tag werden Milliarden bereitgestellt für neue Gebäude, Quartiere, Geschäftszentren, überwiegend ohne Trottoirs, Wasserstraßen, Palmen, Nebenstraßen, öffentlichen Verkehr.

Was aber geschieht, wenn die Maschine stehen bleibt? Wenn, wie in New York oder Milano, die Immobilienmakler zum Ausverkauf gezwungen sind? Fragen, die den Geschäftsleuten aus Russland, aus England, aus Saudi-Arabien, aus dem Libanon und aus Indien, die die Cityscape besucht haben, ins Gesicht geschrieben standen. Eigentümer, Architekten, die ein Büro eröffnen möchten, die unendliche Zahl der jungen Leute, die nach Dubai gekommen sind, um für ein paar Jahre für ein schwindelnderregendes Gehalt zu arbeiten [...]. Sollte die Bilanz negativ ausfallen, dann sind alle bereit zu verschwinden und dieses staubige und aufregende Loch seinem Schicksal zu überlassen, auch weil im Grunde von einer Bevölkerung von einundhalb Millionen Menschen vier Fünftel Ausländer sind, die nie die Staatsbürgerschaft erhalten werden. [...] Vor allem aber hat die Ausstellung *Cityscape* die verzweifelte Verteidigung eines auf der perfekten Verschränkung von Autoritarismus und Markt gegründeten Stadtmodells gezeigt: Der Raum ist vollständig privat, zwischen Reichen und Armen wird sauber getrennt. Ein Paradigma, das viele aus dem Westen fasziniert, angefangen bei den Touristen [...] bis zu einer bestimmten politischen Klasse, der die Möglichkeit, ein Territorium ohne die unendliche Einmischung demokratischer Institutionen zu regieren, wie ein Traum vorkommt – einfach indem man es privatisiert.

In den letzten Tagen gaben die Zeitungen der Golfregion zu, daß die Preise bis zu 10 Prozent gefallen waren. Der Anfang vom Ende?

Veröffentlicht am 28. Oktober 2008 von der italienischen Website *Eddyburg* unter http://www.eddyburg.it/article/articleview/12065/0/307/

Aus dem Italienischen von Peter Neitzke

Am I too much of a dreamer?

My Dubai is a public city. While 'public city' may appear a redundant expression, the forces of globalization and the postmodern conditions they impose have increasingly priviledged the private! The privatization of all aspects of urban life is evident [...]. My Dubai will assert its 'public-ness', will balance its intransigent embrace of laissez-faire economics with its fervent commitment to the collective good. Dubai, like many good cities, must be people-centered, a place where people and the social life they produce is the driving impetus for its making. [...] My Dubai is a city of a vibrant civic life and exciting collective engagement. [...]

My Dubai is a charming city. […] As such, Dubai will refocus its energy on place-making and not only on place-marketing. Dubai will not be, as Ian Parker declares in The New Yorker, an 'advertisement for a city, as much as a city itself'. The qualities of its buildings, as well as the spaces between them, will be inspiring. […]

My Dubai is a just and inclusive city. It is a city where food, shelter, safety, education, and hope are fairly and equitably distributed among all people. Where people – all people – participate in its governance and contribute to an effective civil society […].

Amer A. Moustafa: My Dubai

Autoren, Herausgeber, Gesprächspartner

Elisabeth Blum Architektin und Autorin. Lehrte als Gastdozentin und Assistenzprofessorin an der ETH Zürich, als Visiting Critic an der Syracuse University, NY, zur Zeit an der ZHdK Zürcher Hochschule der Künste. Bücher: *Le Corbusiers Wege. Wie das Zauberwerk in Gang gesetzt wird*, 1988; *Wem gehört die Stadt?* (Hg.), 1996; *Ein Haus, ein Aufruhr. Anmerkungen zu Zaha Hadids Feuerwehrhaus*, 1997; *Boulevard Ecke Dschungel* (Co-Hg.), 2002; *Schöne neue Stadt*, 2003; *FavelaMetropolis. Berichte und Projekte aus Rio de Janeiro und São Paulo* (Co-Hg.), 2004

Keller Easterling Architektin und Autorin, New York City, Associate Professor an der Yale School of Architecture. Buchveröffentlichungen: *Organization Space: Landscapes, Highways and Houses in America*, Boston (The MIT Press) 1999, bezieht die Netzwerktheorie auf eine Diskussion amerikanischer Infrastruktur- und Entwicklungsformate; *Enduring Innocence: Global Architecture and its Political Masquerades*, Boston (The MIT Press) 2005, untersucht bekannte räumliche Produkte, die weltweit in schwierigen oder hyperbolischen politischen Situationen anzutreffen sind; das demnächst erscheinende Buch *Extrastatecraft* untersucht globale Infrastrukturnetzwerke als Medium der Politik.

George Katodrytis Praktizierender Architekt, Forscher und Universitätslehrer, Associate Professor of Architecture an der American University of Sharjah (VAE). Architekturstudium an der University of Manchester and der Architectural Association (AA), London. Praxis in Paris und London, Lehre an der Architectural Association. Seine Arbeit beschäftigt sich mit der Architektur der Gegenwart, mit Urbanismus und Kulturtheorie, Experimente und Schriften über aktuelle Designmethoden und ‚Stadt', insbesondere mit deren Entwicklung im 21. Jahrhundert.

Rainer Hermann Studium der Volkswirtschaftslehre in Freiburg, Rennes, Basel und Damaskus, vom dritten Semester an zusätzlich Studium der Islamwissenschaft (Arabisch, Persisch, Türkisch). Diplom-Volkswirt, 1989 Promotion mit einer Arbeit über moderne syrische Geistesgeschichte. 1998-2008 Wirtschaftsredakteur der Frankfurter Allgemeinen Zeitung in Istanbul, seit November 2008 in Abu Dhabi. Buchveröffentlichung: *Wohin geht die türkische Gesellschaft? Kulturkampf in der Türkei*, München 2008

Jost Kreussler Architekturstudium in Lübeck. 1992-2004 eigene Büros, Beratungstätigkeiten, Projektentwicklung, Planung und Realisierung. Seit Oktober 2004 Senior Technical Architect/Head of Department bei Majid Al Futtaim: Mall of the Emirates, Dubai, City-Center Dubai-Mirdif. Ab 2007 Senior Manager Architecture & Design/Department Manager bei Nakheel LLC, Projekt: Palm Jebel Ali/Spine & Fronds, Crown: Entwicklung und Implementierung des Masterplans und der Bauleitplanung für 40 Towers, 1.000 Townhouses, 16 Hotels, Freizeitpark, Infrastrukturmaßnahmen, Retail, Beach Resorts. Steuerung externer Planer aller Fachbereiche

Wolfgang Lipps Rechtsanwalt, Doktor beider Rechte (Heidelberg), Diplom im Internationalen Recht (Paris), Mitglied der Auditeurs et Anciens Auditeurs der Akademie für Internationales Recht in Den Haag, Postgraduate der London School of Economics. Buchveröffentlichungen: *Kartellrecht*, Bonn 31982; *Außensteuerrecht*, Baden-Baden 21987. Zahlreiche Aufsätze auf den Gebieten des Gesellschaftsrechts, des Steuerrechts und des Wettbewerbsrechts

Kevin Mitchell Associate Professor of Architecture und Direktor des Office of Graduate and Undergraduate Programs an der American University of Sharjah (VAE). Forschungs- und Praxisschwerpunkt ist die Beziehung zwischen kontextuellen Bedingungen und gebauter Form. Eine Studie zu Transformationen der gebauten Umwelt in den VAE erscheint in A. Kanna (Hg.), *The Superlative City: Dubai and the Urban Condition in the Early Twenty-First Century*, Cambridge/Mass. (Harvard University Press). Weitere Texte in: Katodrytis, G. (Hg.), *Dubai: Growing through Architecture*, London (Thames & Hudson) sowie in N. Rabbat (Hg.), *The Courtyard House: Between Cultural Expression and Universal Application* (Ashgate). Kevin Mitchell war Co-Leiter der Konferenz 'Instant Cities: Emergent Trends in Architecture and Urbanism in the Arab World' (2008) und Mitherausgeber eines vom Center for the Study of Architecture in the Arab Region veröffentlichten Bandes mit ausgewählten Essays.

Dr. jur. Naseef Naeem wurde im Juni 2007 mit der Arbeit *Die neue bundesstaatliche Ordnung des Irak* an der Juristischen Fakultät der Universität Hannover promoviert. Von 1999 bis 2002 war er als selbständiger Anwalt in Syrien tätig, 2001 bis 2002 auch als wissenschaftlicher Assistent an der Universität Damaskus. Der Autor habilitiert sich derzeit an der Universität Göttingen und gibt außerdem ein Seminar über das Verfassungsrecht islamisch geprägter Staaten an der Freien Universität Berlin.

Peter Neitzke Architekt und Publizist. Mit Ulrich Conrads Herausgeber der Buchreihe *Bauwelt Fundamente*. Jüngste Veröffentlichungen: *FavelaMetropolis. Berichte und Projekte aus Rio de Janeiro und São Paulo* (Co-Hg.). 2004; *Schwarze Wände*. Roman, Hamburg (textem) 2008

Nadine Scharfenort Mag. Dr. phil.; Studium der Geographie in Köln und Wien; Promotion im Fach Geographie mit Schwerpunkt Stadtentwicklung (Oil-Urbanisation. Post-Oil-Cities am Beispiel von Abu Dhabi, Dubai und Sharjah), Mitarbeiterin im Institut für Stadt- und Regionalforschung (ISR) der Österreichischen Akademie der Wissenschaften (ÖAW); Forschungsaufenthalte in den arabischen Golfstaaten (v. a. VAE); Veröffentlichungen zu politischen, wirtschaftlichen und sozialen Transformationsprozessen in den arabischen Golfstaaten

Michael Schindhelm 1979 Studium an der Staatlichen Universität Woronesch (UdSSR), Diplom in Quantenchemie. 1984 bis 1986 Forschungsassistent an der Akademie der Wissenschaften (DDR), 1990 Referent des Intendanten des Theaters Nordhausen, 1992 Intendant der Bühnen der Stadt Gera, 1994 bis 1996 Generalintendant des Theaters Altenburg-Gera, 1996 bis 2006 Direktor und Intendant des Theaters Basel. 2005 Direktor und Intendant der Opernstiftung Berlin, zudem als Schriftsteller (Roberts Reise, Zauber des Westens, Die Herausforderung), Librettist und Übersetzer tätig. Dokumentarfilme: ‚Lied der Steppe', 2004 (mit Jörg Jeshel), ‚Bird's Nest', 2008 (mit Christoph Schaub). Seit 2007 Direktor der Cultural & Arts Authority in Dubai

Dr. Heiko Schmid Lehrt als PD Geographie an der Universität Heidelberg und arbeitet seit 2003 in zahlreichen Forschungsprojekten zur Stadt-, Wirtschafts- und Tourismusentwicklung in Dubai. 2005 Gastprofessor an der American University in Sharjah. Intensive Kontakte zu Kollegen und Wirtschaftsvertretern aus den Vereinigten Arabischen Emiraten. Habilitationsschrift: Ökonomie der Faszination. Dubai und Las Vegas als Beispiele inszenierter Stadtlandschaften, Universität Heidelberg, 2007.

Dr. Susan Thieme Wissenschaftliche Mitarbeiterin am Geographischen Institut der Universität Zürich, Schweiz. Arbeitsschwerpunkte: Arbeitsmigration und Fragen der Lebensunterhaltssicherung in Süd- und Zentralasien

Lucia Tozzi Wissenschaftlerin auf den Gebieten Städtebau und Design. Beiträge in il manifesto, L'Unità, Abitare und Specchio+. 2008 hat sie die Ausstellung *Torino Geodesign. La Mobilitazione dell'Intelligenza Collettiva* mitkuratiert und den gleichnamigen Ausstellungskatalog betreut.

Dominic Wanders studierte 1992–1999 Architektur in Delft, Stockholm und Berlin. 2001–2005 Architekt und Architekturführer der Agentur Ticket-B in Berlin. 2005–2008 Design Director der Spielmann German Group, eines Gemeinschaftsbüros der Spielmann Design Consulting und Jo Franzke Architekten, Frankfurt/M. 2006 zusammen mit Hannes Werner Gründung der zum internationalen Netzwerk guiding-architects.net gehörenden Agentur ticket_dXb. 2008 zusammen mit Mansoor Al Falasi Gründung von Wanders Werner Falasi Consulting Architects, Dubai. Das Büro bearbeitet Projekte im Bereich Architektur, Innenarchitektur und Städtebau. In Planung: die derzeit zweitgrößte Moschee Dubais.

Hannes Werner studierte Architektur in Barcelona und Berlin. Danach als Architekt, später als Projektleiter für Museumsprojekte in Potsdam und Oranienburg tätig. 2004–2008 Geschäftsführer der Spielmann German Group, eines Gemeinschaftsbüros der Spielmann Design Consulting und Jo Franzke Architekten, Frankfurt/M. 2006 zusammen mit Dominic Wanders Gründung der zum internationalen Netzwerk guiding-architects.net gehörenden Agentur ticket_dXb. 2008 zusammen mit Mansoor Al Falasi Gründung von Wanders Werner Falasi Consulting Architects, Dubai. Das Büro bearbeitet Projekte im Bereich Architektur, Innenarchitektur und Städtebau. In Planung: die derzeit zweitgrößte Moschee Dubais.

Bauwelt Fundamente
(lieferbare Titel)

1 Ulrich Conrads (Hg.), Programme und Manifeste zur Architektur des 20. Jahrhunderts
2 Le Corbusier, 1922 – Ausblick auf eine Architektur
12 Le Corbusier, 1929 – Feststellungen
16 Kevin Lynch, Das Bild der Stadt
50 Robert Venturi, Komplexität und Widerspruch in der Architektur
53 Robert Venturi/Denise Scott Brown/Steven Izenour, Lernen von Las Vegas
56 Thilo Hilpert (Hg.), Le Corbusiers „Charta von Athen". Texte und Dokumente. Kritische Neuausgabe
86 Christian Kühn, Das Schöne, das Wahre und das Richtige. Adolf Loos und das Haus Müller in Prag
118 Thomas Sieverts, Zwischenstadt – zwischen Ort und Welt, Raum und Zeit, Stadt und Land
123 André Corboz, Die Kunst, Stadt und Land zum Sprechen zu bringen
125 Ulrich Conrads (Hg.), Die Städte himmeloffen. Reden und Reflexionen über den Wiederaufbau des Untergegangenen und die Rückkehr des Neuen Bauens (1948/49)
126 Werner Sewing, Bildregie. Architektur zwischen Retrodesign und Eventkultur
127 Jan Pieper. Das Labyrinthische
128 Elisabeth Blum, Schöne neue Stadt. Wie der Sicherheitswahn die urbane Welt diszipliniert
129 Hermann Sturm, Alltag & Kult. Gottfried Semper, Richard Wagner, Friedrich Theodor Vischer, Gottfried Keller
130 Elisabeth Blum/Peter Neitzke (Hg.), FavelaMetropolis. Berichte und Projekte aus Rio de Janeiro und São Paulo
131 Angelus Eisinger, Die Stadt der Architekten
132 Karin Wilhelm/Detlef Jessen-Klingenberg (Hg.), Formationen der Stadt. Camillo Sitte weitergelesen
133 Michael Müller/Franz Dröge, Die ausgestellte Stadt
134 Loïc Wacquant, Das Janusgesicht des Ghettos und andere Essays
135 Florian Rötzer, Vom Wildwerden der Städte
136 Ulrich Conrads, Zeit des Labyrinths
137 Friedrich Naumann, Ausstellungsbriefe Berlin, Paris, Dresden, Düsseldorf 1896–1906. Anhang: Theodor Heuss – Was ist Qualität? (1951)
138 Undine Giseke/Erika Spiegel (Hg.), Stadtlichtungen. Irritationen, Perspektiven, Strategien
140 Erol Yildiz/Birgit Mattausch (Hg.), Urban Recycling. Migration als Großstadt-Ressource
141 Günther Fischer, Vitruv NEU oder Was ist Architektur?
142 Dieter Hassenpflug, Der urbane Code Chinas
143 Elisabeth Blum/Peter Neitzke (Hg.), Dubai. Stadt aus dem Nichts

Bei Fragen zur Produktsicherheit wenden Sie sich bitte an:
If you have any questions regarding product safety,
please contact:

Birkhäuser Verlag GmbH
Im Westfeld 8
4055 Basel, Schweiz
productsafety@degruyterbrill.com